U0500496

新时代公民
慈善美德培育研究

李寒梅◎著

知识产权出版社

全国百佳图书出版单位

—北京—

图书在版编目（CIP）数据

新时代公民慈善美德培育研究/李寒梅著 . —北京：知识产权出版社，2023.9
ISBN 978-7-5130-8523-6

Ⅰ.①新…　Ⅱ.①李…　Ⅲ.①公民教育—研究—中国　Ⅳ.①D648.3

中国版本图书馆 CIP 数据核字（2022）第 244679 号

责任编辑：韩婷婷　王海霞　　　　　　　责任校对：王　岩
封面设计：邵建文　马倬麟　　　　　　　责任印制：孙婷婷

新时代公民慈善美德培育研究
李寒梅　著

出版发行：**知识产权出版社** 有限责任公司		网　　址：http://www.ipph.cn	
社　　址：北京市海淀区气象路 50 号院		邮　　编：100081	
责编电话：010-82000860 转 8790		责编邮箱：9376063@qq.com	
发行电话：010-82000860 转 8101/8102		发行传真：010-82000893/82005070/82000270	
印　　刷：北京中献拓方科技发展有限公司		经　　销：新华书店、各大网上书店及相关专业书店	
开　　本：720mm×1000mm　1/16		印　　张：13.75	
版　　次：2023 年 9 月第 1 版		印　　次：2023 年 9 月第 1 次印刷	
字　　数：223 千字		定　　价：76.00 元	

ISBN 978-7-5130-8523-6

出版权专有　侵权必究
如有印装质量问题，本社负责调换。

前　言

　　慈善美德是保证慈善事业持续健康发展的前提和基础。慈善美德在发展慈善事业、构建和谐社会以及提升公民道德素养等方面具有显著的作用。在社会转型时期，存在对弱势群体缺乏应有的慈善关怀、贫富差距加大等问题。慈善事业发展面临新的挑战，慈善美德作为慈善事业的道德支撑，传统的慈善美德俨然已无法积极回应这些问题。加强新时代公民慈善美德培育，是中国特色社会主义慈善事业持续健康发展的新要求，是新时代公民道德建设的新使命，是社会主义现代化建设的新需求。

　　本书以"问题提出—内涵归纳—理论溯源—问题透视—比较分析—对策探讨"的内在逻辑展开。首先，厘清新时代公民慈善美德的基本概念是本书的出发点。慈善美德来源于"同情心"，其动机以道德责任为基础，其价值取向在于实现人格完善、人人幸福。慈善美德的基本属性决定了其具有时代性，本书结合时代背景分析了新时代公民慈善美德的本质与特征，并将法治思维与契约精神、平等友善与权责共生、多元合作与助人自助、志愿精神与为民奉献、感恩回馈与财富分享等纳入新时代公民慈善美德培育的范畴。

　　其次，厘清新时代公民慈善美德培育的理论溯源和意旨是本书的重要依据。马克思主义经典作家的慈善思想从"人的本质"出发，立足于无产阶级的现实条件，批判了资产阶级的"伪慈善"，倡导共产主义式的慈善。中国化的马克思主义慈善思想从"以人为本"的原则出发，在继承和发展马克思主义经典作家慈善思想的基础上，创建并发展中国特色社会主义慈善思想，为新时代公民慈善美德培育提供了思想指导。中国优秀的传统文化为新时代公民慈善美德培育提供了重要的思想资源；同时，明晰了新时代公民慈善美德培育的意旨，廓清了新时代公民慈善美德培育的理论逻辑和时代意义。

最后，对比美国、德国、日本等国家的公民慈善美德培育路径，阐释了它们在培育模式上的差异和共性。美国采用典型的政府和社会协同培育的模式，充分发挥政府和社会的力量，不断培育公民的慈善美德。德国采用"家校社"相互协同育人的模式，充分发挥家庭、学校和社团等的作用来培育公民的慈善美德。日本受多元文化的影响，结合本国特点，注重在慈善公益活动中培育公民的慈善美德。因此，以上国家主要从建设慈善文化，强化政府责任，注重家庭、学校、社区的载体优势，完善慈善法律制度等方面培育公民慈善美德，为我国新时代公民慈善美德的培育提供了一定的参考。本书通过剖析新时代公民慈善美德培育在政府、社会、公民和法治等方面存在的现实困境，提出新时代公民慈善美德培育的实践路径。

总之，新时代公民慈善美德培育是一项长期的公民道德建设工程，是政府、社会、公民共同推进精神文明建设的工作内容。新时代公民慈善美德培育需要强化政府责任，从加强慈善文化的整合、健全公民参与慈善活动体制、完善公民慈善激励机制等方面激发公民行善的积极性；需要重视社会环境的优化，主要以家庭、学校、媒体以及社区等社会环境为切入点，为新时代公民慈善美德培育创建良好的社会环境；需要加强公民的自我教育，不断提升公民对慈善美德的认知和践行能力；需要加快慈善法治的建设进程，做到依法行善，为公民践行慈善美德提供有效的法律依据，从而充分发挥公民慈善美德的精神动力作用，为中华民族伟大复兴汇聚凝聚力和向心力。

目 录

****** CONTENTS ******

导　论

中华民族素有乐善好施、扶贫济困、扶弱助残和守望相助的传统慈善美德，这些慈善美德不仅体现在人们的道德价值和日常行为中，还形成了中华民族特有的慈善文化，引导人们行善，维护了社会稳定，推进了经济发展。1949 年以来，党和国家对慈善美德与慈善事业的认识经历了一个"否定之否定"的过程，从批判到复兴，再到鼓励与规范，是一个逐步提升的过程。新中国成立初期，受历史条件的限制，出现过异化慈善美德的"偏颇"和"过失"，错误地曲解了慈善美德的价值定位，认为慈善事业是社会主义的"毒瘤"，是资本主义的"糖衣炮弹"。文化大革命期间，一些人对慈善事业持否定态度，甚至认为慈善事业是给社会主义"抹黑"。在改革开放以后，我国对慈善美德的价值定位开始发生变化，慈善事业开始复苏，并逐步被纳入中国特色社会主义事业中，成为社会保障体系的重要组成部分。党的十七大报告明确指出"鼓励和支持慈善事业发展"❶，推动和谐社会的构建。但是，慈善美德在公民层面并未获得同步发展，因此，国家开始逐步重视公民慈善文化的全面普及和培育工作。2011 年的《中国慈善事业发展指导纲要（2011—2015 年）》提出，在社会主义核心价值体系的引导下，逐步普及慈善文化，大力宣传慈善理念，重视慈善文化建设，并将其纳入社会主义精神文明建设的内容，以弘扬扶贫济困、诚信友爱、互相帮助、奉献社会的慈善美德。党的十八大以来，以习近平同志为核心的党中央重新定位慈善事业并提出了新的论断，同时从依法治善和顶层设计等方面开始对慈善事业进行创新。2016年 3 月《中华人民共和国慈善法》（以下简称《慈善法》）的颁布是开启依

---

❶ 中共中央文献研究室. 十七大以来重要文献选编：上［M］. 北京：中央文献出版社，2009：321.

法行善的一个里程碑，进一步拓展了慈善活动的空间和领域，把传统意义上"扶贫济困救灾"的"小慈善"的涉足领域扩展至维护社会公共利益的活动。公益慈善事业被重新定位，对于公益慈善的认识也由"小慈善"发展到"大慈善"。党的十九大报告明确提出："完善公共服务体系，保障群众基本生活，不断满足人民日益增长的美好生活需要"，同时也强调，"加强社会保障体系建设""完善社会救助、社会福利、慈善事业、优抚安置等制度。"❶ 从人民现实生活出发，发展慈善事业是满足人民日益增长的美好生活需要的重要体现，以培育现代的、正确的、新型的慈善美德为价值目标，促使全社会形成一种崇尚慈善、行善和乐善的价值取向，最终推进慈善事业又好又快地发展。

第一节　问题的提出

当前我国已进入经济社会发展与社会矛盾相对集中的时期，经济上，市场经济"优胜劣汰"的法则，导致对弱势群体缺乏慈善关怀；政治上，政府在向"服务型政府"转型的过程中，还不能完全满足人们的各种需求，无法为全体公民提供充分的慈善服务；文化上，传统文化与现代文化、本土文化与外来文化等的相互碰撞，深深地渗透、影响着我国慈善事业与慈善文化的建设。在一定意义上，慈善事业与慈善文化的发展需要慈善美德提供道德支撑，同时慈善美德的培育需要慈善事业与慈善文化提供现实条件。由此可见，在这些际遇中，传统的公民慈善美德培育已经"力不从心"，迫切需要深化新时代公民慈善美德培育研究，这也是思想政治教育的重要研究内容。

第一，新时代公民慈善美德培育研究是时代的命题，是社会主义现代化建设的新需求。党的十八大报告提出了"两个一百年"奋斗目标。面对国内外形势和我国发展的实际情况，党的十九大报告提出"两个阶段"战略安排：第一个阶段，从 2020 年到 2035 年，在全面建成小康社会的基础上，再奋斗

---

❶ 习近平. 决胜全面建成小康社会　夺取新时代中国特色社会主义伟大胜利：在中国共产党第十九次全国代表大会上的报告 [M]. 北京：人民出版社，2017：47.

十五年，基本实现社会主义现代化；第二个阶段，从 2035 年到 21 世纪中叶，在基本实现现代化的基础上，再奋斗十五年，把我国建成富强民主文明和谐美丽的社会主义现代化强国。● 当前我国社会主义现代化建设正处在关键期，也是"两个一百年"奋斗目标的历史交汇期，在实现全面建成小康社会的基础上，启动全面建设社会主义现代化国家的战略任务，努力实现第二个百年奋斗目标。在"两个一百年"的交汇期，"慈善"作为中华民族的传统美德，既是个体的德性意识，更是一种社会的文化行为。"科学地理解慈善的人性的和历史的基础、慈善发展规律、未来走向及把握的尺度，成为中国特色社会主义理论体系必须面对、迫切需要科学解答的重大问题。"●

从经济学上说，慈善承担着"第三次分配"社会财富的功能；从政治学上说，慈善追寻完善的人格、幸福的生活；从社会学上说，慈善具有社会保障和公共服务的社会功能；从伦理学上说，慈善追寻人的道德境界的升华和人类共同的道德事业。简言之，慈善"是物质文明、制度文明与精神文明的综合体现"●。新时代公民慈善美德培育是对我国社会转型期贫富差距这一社会问题的回应，也是对全面建成社会主义现代化强国的时代发展的回应。因此，积极培育公民慈善美德与社会慈善文化，营造人人可慈善、人人皆慈善的社会氛围，实现人和社会的现代化，这是新时代公民慈善美德培育研究的新课题。

第二，新时代公民慈善美德培育研究是教育的需求，是新时代思想政治教育发展的新使命。思想政治教育的对象一般包括社会全体成员，其肩负着为社会主义培养思想道德素质过硬、人格素养高尚的建设者和接班人的任务。随着新时代中国特色社会主义思想政治教育内涵和外延的不断拓展，公民道德建设工程的内容优化成为时代所需。慈善作为一种美德，关乎人的心灵和道德境界，不能狭隘地将金钱与慈善等同划一，"慈善是为所有有爱心的人提供一个奉献的平台和机会，这才是慈善的真谛"●。因此，应将慈善美德作为

● 习近平. 决胜全面建成小康社会 夺取新时代中国特色社会主义伟大胜利：在中国共产党第十九次全国代表大会上的报告 [M]. 北京：人民出版社，2017：28-29.
● 任平. 论马克思主义慈善观 [J]. 学术研究，2010 (5)：9-15.
● 陈东利. 论慈善意识的本质特征 [J]. 学术界，2016 (7)：66-77.
● 王来柱. 中国需要从"熟人慈善"走向"公民慈善" [J]. 领导决策信息，2005 (47)：9.

公民道德建设工程的内容，并将其纳入思想政治教育的范畴，这是时代赋予我们的新使命。

首先，培育公民慈善美德有利于扩展中国特色社会主义思想政治教育的内涵。长期以来，思想政治教育的内容体现出"内卷化"特征，较多地囿于运用固有的思想意识教化社会成员，但效果却大打折扣。随着时代的变迁，中国特色社会主义思想政治教育的内容不再局限于爱国主义、集体主义与社会主义教育，同时还包含道德、法制、纪律、理想、国防和民族团结等教育。公民慈善美德培育作为一种爱心培育、道德教育，更是公民履行权利和义务的重要方式。这种培育方式能够有效地促进公民积极参与慈善活动，对人与人、人与社会之间的联结形成更深刻的理解，从而塑造公民完善的人格、新的财富观念，以及强烈的社会责任感，因而这与思想政治教育的历史使命相辅相成，将公民慈善美德培育纳入思想政治教育的范畴，是新时代对思想政治教育提出的新要求。其次，培育公民慈善美德有利于拓展中国特色社会主义思想政治教育的外延。"思想政治教育是一种有目的性、具有超越性的实践性活动"❶，这强调思想政治教育发展在关注自身学科理论建构的同时，也要对现实问题做出及时的回应。这不但促进了思想政治教育学科的发展，而且拓展了思想政治教育视野的新需求。《慈善法》第 88 条明确规定："学校等教育机构应当将慈善文化纳入教育教学内容。"❷ 可见，国家对慈善美德培育已经从倡导层面提升至国家意志层面，公民慈善美德培育在思想政治教育中的作用逐步显现。"慈者爱，出于心"❸，爱心和同情心是慈善美德的原动力，这表明慈善美德具有道德蕴意。慈善始终以自愿奉献为精神归宿，人们通过在参与慈善活动过程中的浸润，逐步得到激励和感化，实现身心上的洗礼，从而提高了自身的道德素质。因而培育公民慈善美德，有利于公民从传统慈善走向现代慈善，为塑造公民的无私奉献精神、提升公民的整体道德素养、拓宽公民责任的空间领域提供了宽广的平台。

第三，新时代公民慈善美德培育研究是现实的选择，是中国特色社会主义慈善事业的新要求。提升公民慈善美德境界有利于促进中国特色社会主义

---

❶ 郑永廷. 论思想政治教育的本质及其发展 [J]. 教学与研究，2001（3）：49-52.

❷ 法律出版社法规中心. 中华人民共和国慈善法 [M]. 北京：法律出版社，2016：24.

❸ 孔颖达. 左传注疏 [M]. 上海：上海古籍出版社，2017：68.

慈善事业的发展。培育公民慈善美德有利于提升公民对慈善和慈善事业的认知水平，进而形成对慈善的认同，激发公民参与慈善和慈善事业的积极性，是推动中国慈善事业发展的精神层面因素。新中国成立以来，公民对慈善和慈善美德的认识也打下了时代的烙印，呈现出不同的甚至是截然相反的认识，我国社会主义慈善事业的发展也几经周折，从历史发展与时间顺序的角度来分析，大致分为以下四个阶段。

第一阶段是否定资本主义社会的慈善美德，民间慈善事业处于停滞阶段。新中国成立之初，国家没有明确制定慈善事业的相关政策。直至 1950 年，时任政务院副总理董必武所作的《新中国的救济福利事业》报告中旗帜鲜明地表明了政府对民间慈善事业的态度，即救济福利事业"不再是统治阶级欺骗和麻醉人民的装饰品，……而是政府和人民同心协力医治战争创伤并进行和平建设一系列工作中的一个组成部分"[1]。因此，当时的政府赋予了救济福利事业新的意义和新的内容。但在 1954 年之后，国内有些慈善机构是外国传教士创办的，这些慈善机构被认为是外国传教士以"慈善"为幌子，其实质上充当了"殖民主义的警探和麻药"[2]。鉴于政府对慈善机构的态度，外国传教士成立的慈善机构被赶出中国国门，且中国本土成立的慈善组织也被视为地主阶级的"大毒瘤"，最终难逃解散的命运。以至于在文化大革命期间，人与人之间的关系受到阶级斗争的影响变得紧张，慈善俨然成了"禁言"之领域。人们对慈善事业的认识越来越模糊，甚至会存在偏见，慈善事业被遗失在角落里，逐渐被人们所淡忘，甚至衰息和停滞。

第二阶段开始重新归位慈善美德，慈善事业得以复兴与发展。党的十一届三中全会以后，"解放思想、实事求是"成为党的思想路线，党开始全面进行拨乱反正工作，并将改革开放确立为重要的方针政策，这一系列政策的变化为慈善事业重新回归人们的视野奠定了坚实的政治基础。首先，随着社会的转型，一些长期从事民政服务的工作者意识到政府包揽一切福利救济工作的经济压力。社会救济问题开始凸显，甚至超出了政府的预期，政府在解决社会救济问题上遇到了前所未有的压力。一些从事社会福利救济的工作者主

---

[1] 董必武. 董必武选集 [M]. 北京：人民出版社，1985：281.
[2] 陈旭麓. 陈旭麓学术文存 [M]. 上海：上海人民出版社，1990：135.

张通过引入民间力量来缓解政府的财政压力，政府采纳建议并允许社会各界加入社会福利救济工作中来。20 世纪 90 年代，政府对慈善事业的态度开始舒缓，国家领导人更是在公开场合多次表明了政府对慈善事业的支持态度。政府态度的转变为我国慈善事业的复兴与发展创建了良好的政治环境。其次，经济体制的转型催生了贫富差距的问题，部分人开始先富起来，而有相当一部分人仍处于贫困境况，有些人甚至连温饱问题都没有解决。贫富差距拉大，单靠政府财政解决贫困问题难以为继，这样民间慈善事业迎来了机遇。再次，在我国从计划经济向市场经济转型的过程中，部分人还没有从计划经济"吃大锅饭"的依赖思维中转变过来，而市场经济"优胜劣汰"的竞争法则必然会导致一部分人处于劣势甚至面临生计问题，弱势群体成为社会开始关注的对象。政府原有的福利救济制度已无法解决由社会转型带来的新问题，构建新的社会保障体系是局势所需，如政府出台了慈善的相关法律法规，《中华人民共和国红十字会法》和《中华人民共和国公益事业捐赠法》也就应运而生。最后，"解放思想、实事求是"也给人们的思想文化注入了春风，引导着人们的思想发生变化。学术界开始"对慈善、慈善事业及人道主义有了新的认识"❶。1994 年，人民日报刊发了名为《为慈善正名》的文章，特别指出"社会主义需要自己的慈善事业，需要自己的慈善家"❷。同年，中华慈善总会于北京成立，这标志着新中国第一个民间慈善组织的诞生，在慈善事业发展史上具有里程碑意义。由此，我国慈善事业开始了新的发展历程，并逐步尝试转向民间社会化道路。

第三阶段重视践行慈善美德，支持发展慈善事业。新世纪以来，政府对慈善事业的发展给了政策上的支持，人们对慈善事业的认识也开始从模糊逐步变得清晰，这为慈善事业的发展提供了良好的时机。一方面，党和政府以文件的形式明确了慈善事业的地位，中国特色社会主义慈善事业的发展有了政策上的依据，摆脱了原来无身份的尴尬境地。例如，党的十六届四中全会决议明确指出"健全社会保险、社会救助、社会福利和慈善事业相衔接的社会保障体系"❸，慈善事业在社会保障中的作用得到认可，并凸显了其在构

---

❶ 周秋光，曾桂林. 中国慈善简史 [M]. 北京：人民出版社，2006：382.

❷ 孙月沐. 为慈善正名 [N]. 人民日报，1994-02-24（02）.

❸ 中共中央文献研究室. 十六大以来重要文献选编：中 [M]. 北京：中央文献出版社，2006：287.

建和谐社会中的作用。党的十六届五中全会再一次强调"支持社会慈善、社会捐赠、群众互助等社会扶助活动"❶。党的十七大报告中更是明确提出"要以社会保险、社会救助、社会福利为基础，以基本养老、基本医疗、最低生活保障制度为重点，以慈善事业、商业保险为补充，加快完善社会保障体系"❷。另一方面，随着人们对慈善事业的认识逐渐变得清晰，其投入慈善事业的热情明显提升。例如，民间慈善机构的数量开始增多，据统计："至2000年，全国已有26个省、自治区、直辖市成立了省级的慈善会、协会或总会，并作为团体会员加入中华慈善总会。"❸ 特别是在一些比较严重的自然灾害中，慈善组织发扬人道主义精神，开展了大量的慈善救助活动，发挥了缓解灾情、救济民生的作用，如1998年抗洪救灾、2003年抗击非典、2008年汶川地震救援、2010年玉树地震救援、2012年雅安地震救援等。党的十七大报告第一次指明了慈善事业和社会保障之间的关系，慈善事业在改善民生、构建和谐社会中开始发挥其应有的作用。这一阶段的慈善事业主要具有以政府为主导、以民间慈善组织积极参与为辅的特点，具体体现在民间慈善组织开始以慈善活动为载体宣传慈善意识；民间慈善组织从多渠道筹集慈善资金，筹资对象不局限于慈善组织的会员，逐步扩大到企事业单位、个体私营企业、其他团组织以及社会各界人士的赞助；慈善活动越来越结合生活实际，实现了慈善活动的日常化、生活化、经常化；民间慈善组织相互之间交流的机会开始增多，交流的范围不再受地域的影响，甚至扩大到国外。

　　第四阶段注重慈善美德培育，规范发展慈善事业。党的十八大报告明确提出："完善社会救助体系，健全社会福利制度，支持发展慈善事业。"❹ 民间慈善组织进入一个繁荣发展的新时代，在政府的大力支持下，民间慈善组织的"官味"逐步淡化，但是也出现了一些现实问题，如慈善组织骗捐、善款流向不明、慈善组织乱象等。因此，迫切需要加强公民慈善美德培育，提升公民慈善意识，使慈善事业逐步走向规范化、法治化，推进慈善事业迈向

---

❶ 中共中央文献研究室. 十六大以来重要文献选编：中 [M]. 北京：中央文献出版社，2006：1080.

❷ 胡锦涛. 高举中国特色社会主义伟大旗帜，为夺取全面建设小康社会新胜利而奋斗：在中国共产党第十七次全国代表大会上的报告 [M]. 北京：人民出版社，2007：39.

❸ 周秋光. 中国慈善简史 [M]. 北京：人民出版社，2006：388.

❹ 胡锦涛. 坚定不移沿着中国特色社会主义道路前进，为全面建成小康社会而奋斗：在中国共产党第十八次全国代表大会上的报告 [M]. 北京：人民出版社，2012：37.

现代慈善，如 2014 年国务院印发了《关于促进慈善事业健康发展的指导意见》，2016 年通过了《中华人民共和国慈善法》。随着时代的发展与社会的转型，世界慈善事业呈现出多元化的发展态势，慈善不再局限于传统意义上的"扶贫济困"，还包括社会公益活动，慈善事业发展被提升到新的高度，这也是构建"小政府、大社会"的必然趋势。

总之，建设新时代中国特色社会主义慈善事业是推动中国特色社会主义事业发展伟大征程的重要载体。要实现这一目标，最为有效的方法不仅在于完善慈善事业的制度和法规，也在于培育出一种能推动慈善事业持续健康发展的精神力量，这种精神力量就是适合中国国情的、面向未来的新时代公民慈善美德。

第二节　新时代公民慈善美德培育研究的现状视域

随着人类社会的发展，私有制的产生逐步衍生出贫富差距，慈善事业开始崭露头角，关于慈善事业的争论之音也相伴而生。20 世纪 50 年代，世界经济呈现出迅速发展的态势，推动了全球化进程，与此同时，出现了一系列令人关注的全球性问题，其中由财富分配不均导致的贫富差距逐步成为当今世界需要解决的问题。由瑞信研究院发表的《2018 年全球财富报告》指出，"超半数的底层成年人仅拥有全球 1% 的财富，与之形成鲜明对比的是，全球 1% 最富裕的成年人却占据全球 85% 的财富，单单最高财富人群就占据所有家庭财富的 47%，将近一半。"❶ 因此，世界各国都比较关注慈善事业对于缩小贫富差距的探讨，具体来说，国外对慈善问题的研究主要体现在慈善思想、慈善行为、慈善事业等方面。

第一，关于慈善思想的研究。玛丽·J. 奥茨（Mary J. Oates）（1995）缕析美国早期由天主教教徒进行组织性慈善捐赠的历史，探索教会社团迅速发展的原因。马丁·唐顿（Martin Daunton）（1996）从词源和词的内涵出发，

---

❶ 徐迎雪. 2018 全球财富报告：中国主要家庭财富不是金融资产［EB/OL］.（2018-11-12）［2020-01-04］. http://www.aixinbaomu.com/a/jiazhengzhishi/2018/1112/13808.html.

剖析了慈善、自利和福利等内容。施尼温德（Schneewind）（1996）从历史与哲学的角度，分析了古代、中世纪、早期现代和维多利亚时代慈善思想的变迁，系统地研究了西方慈善思想史。安妮·麦坎茨（Anne McCants）（1997）从地域的角度出发，主要分析了17—18世纪荷兰阿姆斯特丹等地慈善事业和慈善组织的发展情况。沃伦·伊尔奇曼（Warren F. Ilchman）（1998）认为，需要在西方传统文化中理解捐赠与服务中的"善"，他深入研究了宗教慈善问题，其慈善文化研究涉及的地域包括拉丁美洲、东欧、中东、非洲和亚洲等区域。卡内基在《财富的福音》中论述了如何合理地管理财富，创造和谐的贫富关系，其慈善观念主要是在对财富观念的阐释中体现出来的："人死富有，死而蒙羞。"❶ 这是美国人研究慈善观较早的理论成果。罗伯特·伯姆纳（Robert H. Bremner）重点阐述了美国人的慈善观念，其出发点主要是慈善动机、慈善精神等方面。❷ 施尼温德主要从比较的视角分析了中西方慈善观的异同，"对慈善、公正与道德进步，动机、认知与慈善捐赠三者之间的联动关系做了分析"。❸ 马秀·S. 胡兰德（Matthew S. Holland）在《爱的纽带与美利坚的形成》中，从政治科学的视角，阐述了基督徒之爱或慈善思想成为影响温斯罗普、杰斐逊与林肯的政治思想的重要思想基础，把美国宗教史与政治理论结合在一起，指出市民慈善是美国民族性中的一个重要组成部分。❹ 罗伯特·伯姆纳在《捐赠：西方慈善公益文明史》中，从慈善文明的历史出发，按照时间逻辑，以"讲故事"的方式介绍了西方慈善文化与思想的发展脉络。❺

　　第二，关于慈善行为的研究。国外对慈善行为的研究，主要从内部和外部两个方面进行分析。舍维什（Schervish）（1998）从个体行为的角度出发，将慈善主要界定为社会关系，将商业、政治关系排除在外；行善要符合关心的美德与认同的情感；慈善之爱亦是于人、于己的双向之爱。舍维什和黑文斯（Havens）在关系理论的基础上，提出了关于慈善捐赠的认同模型，认为

❶ 卡内基. 财富的福音 [M]. 杨会军，译. 北京：京华出版社，2006.

❷ BREMNER R H. American Philanthropy [M]. Chicago：The University of Chicago Press，1988.

❸ SCHNEEWIND J B. Giving：Western Ideas of Philanthropy [M]. Bloomington：Indiana University Press，1996.

❹ 胡兰德. 爱的纽带与美利坚的形成 [M]. 褚莹，译. 北京：社会科学文献出版社，2018.

❺ 伯姆纳. 捐赠：西方慈善公益文明史 [M]. 褚莹，译. 北京：社会科学文献出版社，2017.

慈善捐赠的动机来自认同，而认同则来自际遇，际遇来自社会关系，社会关系又形成于社会参与，并构成一个关于捐赠的五变量模型：社区参与、意识框架、直接的募捐请求、幼年时的经历和示范作用、可支配资源。加里·贝克（Gary S. Becker）将慈善行为定义为"将自身的时间和产品转移到那些没有利益关系的人或组织，这种行为可称为慈善或者博爱"，其主要是从内部因素来分析慈善行为。[1] 亚瑟·布鲁克斯（Arthur C. Brooks）认为，身心健康、宗教信仰等内因会影响慈善行为，同时，公民的自由度、慈善社团的生命力、国家的繁荣等外因也会在不同程度上影响慈善行为。[2] 马修·比索普（Matthew Bishop）和迈克尔·格林（Michael Green）在《慈善资本主义：富人在如何拯救世界》中论述了私人资金用于帮助政府解决棘手的公共问题，特别是一些事业有成的大人物运用慈善资金解决社会问题，加快新型的慈善机构的发展。例如，从某种程度上说，志愿救助组织的发展加快了国家发展的速度。他们还指出，慈善除了影响国家财富的积累之外，还关涉人的幸福、健康以及自由人的行善能力。[3] 罗伯特·佩顿（Robert L. Payton）和迈克尔·穆迪（Michael Moody）等学者从多学科视角分析美国的慈善现象和行为，重点剖析了慈善事业的道德属性，将慈善定义为是道德行为的慈善，具有典型的人文特征。[4] 马克·布雷弗曼（Marc T. Braverman）等在《慈善基金会和评估学：有效慈善行为的环境和实践》中探讨了慈善基金会评估的理论，剖析了进行评估实践的方法，对于深刻理解基金会评估具有重要的贡献。[5] 保罗·布雷斯特（Paul Brest）和何豪（Hal Harvey）在《善款善用：聪明慈善的战略规划》中认为，慈善成功的关键不在于捐赠的数额，而在于战略的效能。[6] 托马斯·蒂尔尼（Thomas J. Tierney）和约尔·弗莱什曼（Joel L. Fleishman）将

[1] 贝克. 人类行为的经济分析 [M]. 王业宇，陈琪，译. 上海：上海人民出版社，1995.

[2] 布鲁克斯. 谁会真正地关心慈善：保守主义令人称奇的富于同情心的真相 [M]. 王青山，译. 北京：社会科学文献出版社，2008.

[3] 比索普，格林. 慈善资本主义：富人在如何拯救世界 [M]. 丁开杰，等译. 北京：社会科学文献出版社，2011.

[4] 佩顿，穆迪. 慈善的意义与使命 [M]. 郭烁，译. 北京：中国劳动社会保障出版社，2013.

[5] 布雷弗曼，康斯坦丁，斯莱特. 慈善基金会和评估学：有效慈善行为的环境和实践 [M]. 陈津竹，刘佳，姚宇，译. 北京：中国劳动社会保障出版社，2013.

[6] 布雷斯特，何豪. 善款善用：聪明慈善的战略规划 [M]. 李存娜，译. 北京：中国劳动社会保障出版社，2013.

慈善视为历史最悠久的优良传统之一，主要采用捐钱和提供服务等形式来实现人类的幸福生活，其分析了慈善行为主体关注的价值观和信念等六个问题，这是关于当代慈善事业的另一本权威指南。❶ 彼得·弗朗金（Peter Frumkin）主要探讨了捐赠方的策略，捐赠方必须综合考虑多种要素才能更好地表达自身的捐赠意愿，其中包括赠与渠道、赠与目标、达成赠与目标的方式、预估参与项目实施的可能性、赠与时间等。只有综合考察，才能优化慈善策略，达成捐赠方的目标，同时才能更好地满足公众需求。❷ 亚瑟·布德克斯根据慈善捐赠的调查数据，论证了美国的慈善捐赠者比未捐赠者更容易取得成功，而且慈善捐赠行为能够极大地促进国民经济的发展，同时，相关数据显示，捐赠者和志愿者是美国最健康、最幸福的公民。❸ 上述研究成果主要从慈善动机、慈善环境、慈善道德等几个方面分析慈善行为，同时，注重采用理论与实证相结合的分析方法，更加明晰了现代慈善的理念和特征，这为新时代公民慈善美德的培育理论研究提供了思路和方法。

　　第三，关于慈善事业的研究。20 世纪 80 年代，以美国为代表的西方国家聚焦慈善事业系统化的研究。罗伯特·佩顿结合实际情况成立了第三部门研究委员会，将慈善事业研究纳入美国高等教育研究的内容，并将该学科定位为多学科交叉的特殊学科。莱斯特·萨拉蒙（Lester M. Salamon）在《第三域的兴起：西方志愿工作及志愿组织理论文选》中探讨了第三域的迅速发展及其面临的新挑战，明确了慈善在社会财富资源第三次分配中的重要作用，❹ 这是研究慈善事业的重要著作之一。贝奇·布查特·阿德勒（Betsy Buchalter Adler）分析了慈善产生的经济收益，翔实地诠释了美国的慈善法律，并明确指出慈善机构在管理上要实现自我治理才能更好地发展。同时，为了实现美国与其他国家在慈善领域的合作，其重点阐释了美国本土慈善机构与国外慈

❶　蒂尔尼，弗莱什曼. 从梦想到影响：一流慈善的艺术 [M]. 于海生，译. 北京：华夏出版社，2014.

❷　弗朗金. 策略性施予的本质：捐赠者与募捐者实用指南 [M]. 谭宏凯，译. 北京：中国劳动社会保障出版社，2013.

❸　布鲁克斯. 谁会真正关心慈善：保守主义令人称奇的富于同情心的真相 [M]. 王青山，译. 北京：社会科学文献出版社，2008.

❹　萨拉蒙. 第三域的兴起：西方志愿工作及志愿组织理论文选 [C]. 李亚平，于海，等编选. 上海：复旦大学出版社，1998.

善机构的法律关系。❶ 比索普和格林论述了慈善的历史、发展及其在当今社会中的作用，分析了慈善运作与国家、市场的关系，指出要不断创新从事慈善以及社会公益事业的手段。❷ 劳伦斯·弗里德曼（Lawrence J. Friedman）和马克·麦加维（Mark D. Mc Garvi）在《美国历史中的慈善组织、公益事业和公民性》中，主要从历史视角出发，从美国慈善事业的发展变化入手，剖析了美国与欧洲慈善事业的区别，从而总结出美国慈善事业的特色。其以美国三大基金会为典型案例，论述了基金会构建的精英知识网络在美国经济建设中的主导地位。❸ 英德杰特·帕马（Inderjeet Parmar）在《以慈善的名义：美国崛起进程中的三大基金会》中认为，美国借助"慈善"基金会实现了对全球的思想和文化渗透，分析了"慈善"基金会对美国霸权的塑造和影响。❹ 英国慈善事业发展历史悠久且处于世界领先水平，《英国慈善委员会指引》一书分析了英国慈善组织的成立、运营和监管，为英国慈善组织如何高效与合规运行提供了指南，对英国慈善组织的健康发展具有重要作用。❺ 加雷斯·琼斯（Gareth Jones）在《慈善法史（1532—1827）》中分析了宗教、经济和社会等因素对慈善法发展的影响，以及对慈善的界定和近似原则的影响，指出了程序性因素对界定法律中的慈善及其界限的重要性。❻ 马修·哈丁（Matthew Harding）在《慈善法与自由国》中论述了由慈善法引发的国家行为及其公共话语，主要阐释了国家促进慈善发展的目的，慈善法与利他主义、税收以及分配正义的关系，同时特别强调了慈善法中掺杂的宗教和政治因素。❼ 莱斯特·萨拉蒙在《慈善新前沿》中介绍了目前在发达国家和发展中国家正在执

❶ 阿德勒. 美国慈善法指南 [M]. NPO 信息咨询中心, 译. 北京：中国社会科学出版社, 2002.

❷ 比索普, 格林. 慈善资本主义：富人在如何拯救世界 [M]. 丁开杰, 等译. 北京：社会科学文献出版社, 2011.

❸ 弗里德曼, 麦加维. 美国历史中的慈善组织、公益事业和公民性 [M]. 徐家良, 等译. 上海：上海财经大学出版社, 2016.

❹ 帕马. 以慈善的名义：美国崛起进程中的三大基金会 [M]. 陈广猛, 李兰兰, 译. 北京：北京大学出版社, 2018.

❺ 英国慈善委员会. 英国慈善委员会指引 [M]. 林少伟, 译. 北京：法律出版社, 2017.

❻ 琼斯. 慈善法史（1532—1827）[M]. 吕鑫, 译. 北京：社会科学文献出版社, 2017.

❼ 哈丁. 慈善法与自由国 [M]. 吕鑫, 李德健, 译. 北京：社会科学文献出版社, 2019.

行的社会投资新工具和新主体，如杠杆运行机制原理。❶ 综上所述，以美国为首的西方国家学者多结合社会学、心理学、历史学等多个学科，依据慈善事业的发展，综合考察慈善的发展历程、慈善的法治化、慈善的价值观等问题，厘清这些内容为新时代公民慈善美德的培育提供了丰富的经验。

国外对慈善观的研究方法多种多样，特别是用计量和实证的方法研究慈善观的具体影响因素，提高了结论的可信性和政策的科学性。同时，对慈善事业发展历程的有效梳理为国家制定科学、合理的慈善政策提供了经验借鉴。国外的慈善研究，从理论基础、方法论原则到分析工具都值得我们学习和借鉴。但是，我们也应该看到，国外学者对慈善的研究是在资本主义制度和成熟的市场经济条件下开展的，在理论假设的设定、变量的选取和计量等方面并不完全适合我国的慈善研究。因此，在借鉴国外的研究成果时，要从我国的实际出发，丰富新时代公民慈善美德的理论内涵，从而明确新时代公民慈善美德"新"在何处。

20 世纪 80 年代末，随着慈善的"解封"，国内学者重新开始关注慈善问题的研究。20 世纪 90 年代，随着对慈善的认可、慈善事业的发展和理论研究的涉足，以及多学科研究方法的介入，国内学者对我国慈善问题进行了初步探索。20 世纪末，一些专题著作和学位论文开始将中国传统慈善事业作为选题，之后慈善研究视角开始拓宽，慈善研究成果日益丰富起来。在中国国家数字图书馆中进行检索抽样，以"慈善"为题名，对 1980—2020 年的"图书"文献类型进行高级检索，检索到 570 篇著作；在中国知网中进行检索抽样，以"慈善"为篇名，以"慈善"为关键词，对 1980—2020 年的所有文献进行高级检索，其中期刊论文有 442 篇，博士和硕士学位论文有 572 篇。通过筛选与本书相关的著作和论文，直接以慈善美德为主题进行研究的文章和硕士论文寥寥可数，博士论文和著作尚未出现，但相关内容的研究则比较丰富，其主要聚焦于以下几个方面。

第一，关于慈善思想的研究。周秋光、曾桂林主要从历史的视角出发，以中国古代、近代、当代的慈善发展为线索，分析了每个时期中国的慈善思想、文化以及制度等内容，厘清了中国古代慈善事业发展的思想渊源，为廓

❶ 萨拉蒙. 慈善新前沿［M］. 深圳国际公益学院，译. 北京：社会科学文献出版社，2019.

清中国慈善观的发展提供了丰富的史料。❶ 王俊秋以中国古代、近代和现代为线索梳理中国慈善事业的发展，主要以政府救济和民间救济为主线，剖析了中国传统文化中的慈善思想。❷ 王卫平从历史视角，梳理中国慈善事业发展的思想基础，主要包括西周以来的民本主义思想、以儒家为典型的仁义学说、由道家思想发展而来的道教思想、佛教中的慈悲为怀以及善恶报应等内容。❸ 牛延峰认为，我国的五大宗教都有慈善济世的思想传统和兴办慈善事业的历史传统，并提出研究慈善事业对构建和谐社会具有重要意义。❹ 王薇溯源中国传统慈善思想的流变，结合儒、墨、道、释四家的慈善思想，着重评析了中国传统慈善思想，特别指出传承中国传统慈善思想需要持有批判的思维，怀揣审慎的态度，做到批判性继承。❺ 张志云、王丰从佛典入手，阐释了善恶报应说、慈悲为怀思想以及福田思想。❻ 这些文献主要侧重于中国传统慈善思想的研究。

潘乾在其博士论文《马克思恩格斯慈善观研究》中，梳理了马克思恩格斯慈善观的历史演变，并对其文本进行了理论解读，指出了其对构建当代中国特色社会主义慈善观的实践意义。❼ 楼慧心提出，要借助科学的方法来解读马克思、恩格斯对慈善活动的否定性论述，结合时代背景肯定了发展社会主义慈善事业的意义，指出这与马克思、恩格斯关于慈善的论述不相违背，❽ 并强调拓展马克思主义的研究视野，结合马克思主义思想来开展慈善问题研究，这是马克思主义理论研究和建设工程的重要任务。❾ 靳环宇从马克思主义中国化的视角，分析马克思主义慈善事业观在中国的演变历程，重新解读了慈善

---

❶ 周秋光，曾桂林. 中国慈善简史 [M]. 北京：人民出版社，2006.

❷ 王俊秋. 中国慈善与救济 [M]. 北京：中国社会科学出版社，2008.

❸ 王卫平. 论中国古代慈善事业的思想基础 [J]. 江苏社会科学，1999（2）：116-121.

❹ 牛延峰. 中国五大宗教的"慈善济世"思想 [J]. 福建宗教，2006（2）：74.

❺ 王薇. 中国传统慈善思想评析 [D]. 北京：北京师范大学，2008.

❻ 张志云，王丰. 浅析中国佛教的慈善思想渊源 [J]. 湖南民族职业学院学报，2009（4）：37-40.

❼ 潘乾. 马克思恩格斯慈善观研究 [D]. 长春：东北师范大学，2014.

❽ 楼慧心. 如何解读马克思恩格斯关于慈善的否定性论述 [J]. 马克思主义研究，2008（12）：91-97.

❾ 楼慧心. 马克思主义研究领域在慈善研究中的集体失语及其分析 [J]. 人文杂志，2009（2）：8-14.

事业，肯定了我国慈善事业的发展。❶ 任平从哲学视角缕析马克思主义慈善观，充分肯定了马克思主义慈善观的中国化进程，并强调中国特色社会主义慈善观要做到与时俱进、互学互鉴；同时强调立足中国实际，形成中国特色社会主义慈善理论。❷ 金利娟梳理了马克思恩格斯慈善思想的主要内容，强调要结合中国社会现实问题来分析中国特色社会主义慈善事业发展中遇到的问题，重视对马克思主义中国化的慈善理论的研究。❸ 玉苗和陈元明采用阶级分析的方法，试图剖析马克思主义慈善观，并将马克思主义慈善观分为劳动人民之间的慈善和统治阶级的慈善，同时提出劳动人民之间的慈善是随着人类社会的发展而产生的，是真诚的慈善，具有社会主义的价值取向，体现了人民大众的道德素养和社会的和谐程度。❹ 胡晓梅和胡帆分析了马克思恩格斯慈善观的逻辑意蕴，❺ 历史逻辑，❻ 哲学基础探析，❼ 以及当代价值，❽ 着重剖析马克思恩格斯慈善观产生的时代背景、理论渊源、发展历程、主要内容以及主要特征。这些文献主要侧重于马克思主义慈善思想的研究。

吴宏洛认为，中国共产党人对马克思主义慈善观的认识经历了一个从片面认知到与时俱进的发展历程，这一认识过程主要是由所处时代的历史背景决定的。❾ 张永光、胡婷以党的十八大以来中国共产党人的慈善观为研究对象，指出慈善事业自改革开放以来被列入社会建设中，并在伟大的改革实践中生成了丰富的慈善思想，同时，指出了慈善事业在改革开放进程中逐步绽放其光彩，为改善民生、全面建成小康社会和建设社会主义精神文明提供了

❶ 靳环宇. 马克思主义理论中慈善事业观的演变探讨 [J]. 商业时代，2008 (26)：127-128.

❷ 任平. 论马克思主义慈善观 [J]. 学术研究，2010 (5)：9-16.

❸ 金利娟. 马克思主义慈善观与中国特色社会主义慈善事业的建构 [J]. 商场现代化，2012 (7)：251-252.

❹ 玉苗，陈元明. 论马克思主义慈善公益观 [J]. 学术论坛，2013 (7)：1-5.

❺ 胡晓梅. 马克思、恩格斯慈善观的生成逻辑 [J]. 开封教育学院学报，2017, 37 (4)：8-9.

❻ 胡帆，胡晓梅. 论马克思恩格斯慈善观形成的历史逻辑 [J]. 洛阳理工学院学报 (社会科学版)，2018, 33 (1)：65-69.

❼ 胡晓梅，胡帆. 马克思恩格斯慈善观及其哲学基础探析 [J]. 湖北文理学院学报，2017, 38 (1)：43-47.

❽ 胡帆，胡晓梅. 马克思恩格斯慈善观及当代价值 [J]. 齐齐哈尔大学学报 (哲学社会科版)，2017 (10)：29-31.

❾ 吴宏洛. 中国特色慈善事业的历史演进与发展路径 [J]. 东南学术，2016 (1)：70-79.

重要的补充力量。^❶ 胡婷在《建国以来中国共产党人的慈善观研究》中梳理了历届中国共产党领导人的慈善观念。^❷ 这些文献主要侧重于中国共产党人慈善思想的研究。

莫文秀等选取社会发展的视角，缕析了中国慈善思想和实践的发展过程，指出创建中国特色现代慈善公益观的理论意义和现实意义，为本研究提供了新的视角。^❸ 卢德之把中国现代慈善思想理念阐释于演讲内容之中。^❹ 沈朝霞主要分析了现代西方流派中的慈善思想，大体包括情感论、功利主义、义务论、进化论和自由主义等。^❺ 陶瑛琪从现实出发，尤其针对我国慈善事业发展中出现的问题，认为构建中国特色现代慈善观势在必行。^❻ 宋颖和梁香竹分析了在社会主义市场经济条件下，我国公民慈善观念中存在的慈善责任意识、慈善民主自由意识、慈善自由精神、慈善法治意识，以及慈善开放意识缺乏等问题，并提出现代慈善观念培育要在以"以人为本"的科学发展观指导下，从主观和社会两条路径培育公民现代慈善观。^❼ 郭静霖和周玉萍从文化层面分析了传统义利观转向现代慈善观的途径。^❽ 刘绥媛认为，需要发扬传统慈善观中的互爱、互助思想，这是解决当代慈善事业发展所面临问题的重要策略。^❾ 郭静霖主要从公民和社会两方面出发，重点分析了现代慈善观的内容，具体包括公民权利观、公民社会责任观、利他主义价值观、理性社会财富观以及企业公民观，同时也论及慈善观的教育问题，认为慈善教育不能脱离中国的实际情况，应从校内和校外的教学入手，从而实现慈善观教育的目的。^❿ 韩文华以大学生群体为例，指出大学生现代慈善观教育具有重要意义，并针对存

❶ 张永光，胡婷. 试论十八大以来中国共产党人的慈善观 [J]. 山西高等学校社会科学学报，2015, 27 (11)：9-12.

❷ 胡婷. 建国以来中国共产党人的慈善观研究 [D]. 太原：太原科技大学，2014.

❸ 莫文秀，邹平，宋立英. 中华慈善事业：思想、实践与演进 [M]. 北京：人民出版社，2010.

❹ 卢德之. 论慈善事业 [M]. 北京：人民出版社，2013.

❺ 沈朝霞. 慈善事业的人性基础与现实发展：论西方几个派别的慈善思想 [J]. 社会科学，1998 (4)：76-79.

❻ 陶瑛琪. 当代中国慈善思想与实践研究 [D]. 上海：上海师范大学，2016.

❼ 宋颖，梁香竹. 初探社会主义市场经济条件下公民现代慈善观的培育 [J]. 长春理工大学学报（高教版），2010, 5 (3)：183-184.

❽ 郭静霖，周玉萍. 从传统义利观到当代慈善观的转变 [J]. 改革与开放，2011 (10)：195-196.

❾ 刘绥媛. 中国传统慈善观与当代社会慈善事业的发展 [D]. 西宁：青海师范大学，2012.

❿ 郭静霖. 中国现代慈善观教育研究 [D]. 太原：太原科技大学，2013.

在的问题，指出理论和实践相结合的方法更能促进大学生慈善观教育工作。❶
周中之和祝叶飞从慈善价值的角度出发，认为慈善公益与社会主义核心价值
观都体现了向上向善的正能量，两者在内涵和价值上具有一致性。❷ 刘威认
为，慈善就是"好人好事"，提出在"亲亲"等儒家文化的影响下，以及传
统社会结构的塑造下，"好人好事"展现的主要是以地缘、血缘和姻缘关系为
基础，最终形成"同心圆"似的社会支持网络。❸ 上述研究主要梳理了传统
慈善思想、马克思主义慈善思想、中国共产党人的慈善思想以及现代慈善思
想的内容，这为新时代公民慈善美德培育提供了有价值的思想资源，也为新
时代公民慈善美德培育的实践探索提供了坚实的理论基础和方法论意义。这
些文献主要侧重于现代慈善思想的研究。

　　第二，关于慈善美德内涵的研究。对于慈善美德的研究，早期主要零星
见于对慈善精神的研究，如许察金认为，从社会心理学的角度看，慈善美德
关涉人的情感和品性，培育和发扬公民慈善精神为构建和谐社会提供了重要
的精神动力。❹ 朱友渔从历史的视角出发，将慈善定位为一种美德，并追溯了
中国古代先哲的慈善思想，是对中国古代传统的慈善事业和精神进行系统梳
理的经典之作。❺ 陈静和栾文敬认为，慈善生态的社会基础是家国同构，慈善
精神萌发的源泉是家庭伦理，提出培育中国特色现代慈善精神，需要营造
"家"与"国"和谐互益的慈善生态。❻ 郝文清从大学生群体出发，从慈善意
识和慈善精神两个方面分析了慈善美德的内容，并将"平等、互助、友爱、
共享"列为培育公民慈善精神的主要价值取向；同时，借助思想政治教育理
论等课程平台和校园慈善公益活动来提升学生的道德品质。❼ 毕素华从网络民
权社会的角度出发，分析慈善是"以主动姿态追求利他价值"为核心要素，

　　❶ 韩文华. 大学生现代慈善观教育的意义、现状及途径 [J]. 法制与社会，2014 (9)：172-173.
　　❷ 周中之，祝叶飞. 慈善公益与社会主义核心价值观的培育和践行 [J]. 思想理论教育，2015
(6)：21-25.
　　❸ 刘威. "好人好事"与中国人的慈善观 [J]. 社会科学战线，2015 (8)：188-196.
　　❹ 许察金. 公民的慈善精神及其培育与发扬 [J]. 西华大学学报（哲学社会科学版）2008，27
(6)：107-108.
　　❺ 朱友渔. 中国慈善事业的精神：一项关于互助的研究 [M]. 北京：商务印书馆，2016.
　　❻ 陈静，栾文敬. 从"家"到"国"：慈善精神培育与慈善生态营造研究 [J]. 社会工作与管
理，2018 (2)：66-71.
　　❼ 郝文清. 论大学生慈善意识与慈善精神的培育 [J]. 思想政治课研究，2014 (3)：33-36.

其价值的实现受社会背景和人们的社会、文化等心理要素的多重影响。[1]

目前，就笔者搜集的资料来看，关于慈善美德的研究主要见于论文之中，尚未形成专著，而且硕士学位论文较少，专门的博士学位论文还没有。例如，胡发贵从道德的视角，主张慈善内涵道德价值意蕴和人文诉求，指出慈善之爱的具体内容有人道精神、博爱情怀和奉献精神，反映了人类文明的发展，并强调慈善美德应该得到传承和发扬。[2] 闫钊主要对慈善的概念、分类和特征进行分析，阐述了慈善美德的理论依据和实践方式；其在论及慈善美德的价值时，主要从个人、社会和国家三个层面进行剖析。[3] 石国亮认为，慈善从本质上属于道德范畴，通过厘清慈善与道德的关系，特别是明晰慈善与恩赐、同情、仁爱、人道主义等道德领域相关概念的异同，是正确认识和理性判断慈善与道德之间关系的重要前提。[4] 连万桂分析，伴随着中国慈善事业的发展，慈善道德教育对培育公民慈善道德起着重要作用。[5] 由此可见，国内学者不仅对公民慈善美德的基本内容、发展阶段与哲学基础等作了初步论述，还提倡应当发挥政府、社会组织等主体的作用，形成合力来培育公民慈善美德，这些研究为新时代公民慈善美德培育提供了丰富的研究基础，具有重要的借鉴价值。

第三，关于慈善美德培育内容和途径的研究。通过对文献的筛选和梳理，笔者发现并没有专门的关于慈善美德培育途径的研究，相关的研究有所涉及，主要包括慈善意识和慈善理念的培育路径研究、慈善伦理和慈善行为的养成研究，以及慈善文化的建设研究，这些研究成果为新时代公民慈善美德培育路径研究提供了有效的借鉴。

其一，关于慈善意识培育内容和途径的研究。许琳和张晖采用社会调查方法，依据调查中翔实的数据，分析我国公民总体上呈现慈善意识比较落后的现状，并指出目前全社会还没有形成自觉的慈善意识。[6] 蔡勤禹认为，慈善

[1] 毕素华. 网络民权社会与公共慈善精神的培育 [J]. 理论探讨, 2013 (6): 168-172.
[2] 胡发贵. 论慈善的道德精神 [J]. 学海, 2006 (3): 154-157.
[3] 闫钊. 慈善美德及其社会价值研究 [D]. 石家庄: 河北师范大学, 2009.
[4] 石国亮. 论慈善与道德的关系及其他 [J]. 浙江社会科学, 2014 (2): 47-53.
[5] 连万桂. 我国慈善道德教育的历史与现实研究 [D]. 福州: 福建师范大学, 2014.
[6] 许琳, 张晖. 关于我国公民慈善意识的调查 [J]. 南京社会科学, 2004 (5): 89-94.

意识本来属于一种自觉的心理反应，具体表征为"捐款捐物给需要的人"和"对人类的普遍的爱"，并指出借助弘扬传统慈善文化和树立正确的财富观以更好地培养公民慈善意识。❶ 郑功成明确了培养公民慈善意识的要点，具体包括：确立现代慈善意识；树立符合现代文明与社会理念的财富观；营造相应的舆论与社会氛围；设置慈善学堂与培训课程；发挥慈善榜样的带动作用。❷ 欧阳光明和张婷认为，培育公民的慈善意识是发展我国慈善事业的前提，而培育公民慈善意识需要政府、企业、学校和社区的同时发力。❸ 张弛认为，公民慈善意识对慈善事业发展、社会道德重建、社会管理、和谐社会建设，以及公民自身的发展与幸福具有重要意义，并强调现代公民慈善意识培育突出民间性的特征，强调责任意识是重要的培育内容，慈善组织是重要的培育实体，培养公民慈善意识要发挥政府、媒体、慈善组织、各级学校和家庭等慈善主体的作用。❹ 陈东利聚焦中国公民慈善意识培育的研究，主要从影响公民慈善意识的不良环境及成因的角度入手，从政府、慈善组织、企业公民、法律和大众传媒五个方面提出公民慈善意识的培育路径，具有一定的代表性。❺ 石国亮编制了慈善意识测量问卷，在调研的基础上，论述了当代中国公民慈善问题现状。❻ 闫佳璐运用问卷调查和个别访谈的方法，主要针对当代中国公民慈善意识现状进行分析，强调了社会主义核心价值观的引领作用，并指出应从道德和法律两方面探究公民慈善意识培育。❼ 这些资料为新时代公民慈善美德培育的理论探讨和路径提供了有益的指导。

其二，关于慈善理念培育内容和途径的研究。杨守金和汪继福认为，要发展慈善事业，首先要认同慈善事业。他们提出培育公民慈善理念可从继承传统慈善美德的优秀思想、完善慈善立法以及强化慈善事业的研究与宣传等

❶ 蔡勤禹. 慈善意识论 [J]. 社会学，2006（1）：10-16.

❷ 郑功成. 中国慈善事业的发展与需要努力的方向：背景、意识、法制、机制 [J]. 学海，2007（3）：64-69.

❸ 欧阳光明，张婷. 论慈善意识的培养 [J]. 思想理论教育，2012（12）：12-16.

❹ 张弛. 中国公民慈善意识培养研究 [D]. 北京：北京化工大学，2013.

❺ 陈东利. 中国公民慈善意识培育 [M]. 上海：上海大学出版社，2014.

❻ 石国亮. 我国居民的慈善意识及其影响因素：基于全国五大城市的调查分析 [J]. 理论探讨，2014（2）：157-161.

❼ 闫佳璐. 公民慈善意识培育与核心价值观引领 [D]. 上海：上海师范大学，2017.

方面着手。❶ 高红和窦正斌认为，慈善事业的发展会受到慈善观念更新与否的影响，并指出当前慈善观念缺乏更新，需要从充分吸收传统慈善文化资源的精华部分、提倡公民互惠互助的人际关系、倡导公民养成公共责任意识，以及营造制度空间等方面入手。❷ 周秋光和孙中民从政府的视角出发，提出培育公民现代慈善理念可以从政府履行职责入手，要在慈善文化建设和慈善相关法律法规建设上下功夫。❸《慈善理念与社会责任》一书从个人、企业、宗教三个方面出发，探究了建设慈善文化和重构慈善理念的问题。❹ 王守杰认为，我国慈善事业处在从传统恩赐向现代公益转型的阶段，要学会批判地吸收传统慈善文化中的优秀资源和发达国家的公益慈善理念，并强调良好的制度环境是培育公民公益理念的制度基础。❺ 高永峰基于慈善理念的历史沿革，提出将政府、社会团体、民间组织作为慈善理念的研究对象，并明确指出将慈善理念培育作为新时期思想政治教育的重点内容。❻ 郭祖炎指出，现代慈善理念呈现出多样化特征，具体包含"资本精神的财富观、超越性的大爱精神、契约精神、责任与权利并重"四大基本观念。❼ 田红静从人文视角出发重新解读现代慈善理念，指出现代慈善理念包括公民的权利观和社会责任感、利他主义的价值观和理性财富观，同时还包括企业的社会责任观和志愿服务精神等内容。❽ 上述研究成果重点突出慈善理念的构成、功能与作用以及培育路径等内容，为发展中国慈善事业提供了顶层设计的参考，勾画了中国慈善改革发展的理念路线，为新时代公民慈善美德培育的具体内容提供了丰富的资料。

其三，关于慈善伦理的实现路径研究。汪志真考察了慈善伦理和慈善制

❶ 杨守金，汪继福. 试论慈善理念的培育 [J]. 东北师大学报（哲学社会科学版），2006（1）：43-47.

❷ 高红，窦正斌. 中国社会现代慈善理念的匮乏与培育 [J]. 东方论坛，2007（6）：114-119.

❸ 周秋光，孙中民. 政府在培育社会慈善理念方面的作用与责任研究 [J]. 道德与文明，2008（1）：91-95.

❹ 上海市慈善基金会，上海慈善事业发展研究中心. 慈善理念与社会责任 [C]. 上海：上海社会科学院出版社，2008：2-3.

❺ 王守杰. 慈善理念从传统恩赐向现代公益的转型与重构 [J]. 河南师范大学学报（哲学社会科学版），2009（2）：56-59.

❻ 高永峰. 慈善理念的思想政治教育功能研究 [D]. 太原：山西财经大学，2010.

❼ 郭祖炎. 试论中国现代慈善基本理念 [J]. 伦理学研究，2013（1）：123-127.

❽ 田红静. 探究现代慈善理念培育的途径 [D]. 太原：山西财经大学，2013.

020

度对慈善事业的影响，认为在培育公民慈善美德时要注重慈善伦理的研究。❶
彭柏林从公益伦理的定义出发，考察了权利与义务、原则和价值等问题，为
构建中国公益慈善伦理提供了理论基础。❷周中之教授另辟蹊径，认为培养公
民的人生观和财富观是慈善伦理建设的突破口，同时应做到诚实守信、尊重
人格，以求实现理想与现实的统一。❸郑恩同等学者在考察了温州人的新慈善
模式之后，总结了家庭、学校、新闻媒体以及慈善法治等因素对青少年慈善
教育架构的影响。❹陈继红和辛晓红认为，中国传统的儒家"亲亲"思想要
实现与现代慈善伦理的对接，必须依据现实社会的发展需要，才能成功地实
现转换。❺李小兰指出，现代慈善伦理只有在吸收传统慈善伦理精华的基础上
才能实现价值重构，并进一步论证了价值重构的路径主要包括慈善文化的建
设、政府责任的落实、慈善组织公信力的塑造等，最终推进慈善事业的发
展。❻周中之指出了慈善伦理在当代中国社会发展中的现实意义，并提出建构
慈善伦理的出发点，重点厘清慈善伦理的基本问题、慈善伦理与中国传统文
化的关联，以及慈善伦理与公民慈善美德教育的关系等问题。❼王银春以"慈
善伦理"为主题，考察了社会慈善产生的伦理根源，分析了慈善伦理的内涵，
并从政府、国有企业、慈善组织和公民四个载体层面探究慈善伦理的实现路
径。❽以上文献资料主要从观念转变、制度优化、培育载体等视角分析慈善伦
理的实现路径，为新时代公民慈善美德培育的理论基础、培育途径提供了借
鉴资料。

　　其四，关于慈善行为实现路径的研究。马小勇和许琳试图从理性经济人
假设的视角出发，运用消费理论来研究慈善行为，从而构建慈善行为的数学

　　❶　汪志真. 慈善伦理及其在当代中国的重要价值［D］. 上海：上海师范大学，2008.
　　❷　彭柏林. 当代中国公益伦理［M］. 北京：人民出版社，2010.
　　❸　周中之. 当代中国慈善伦理的理想与现实［J］. 河北大学学报（哲学社会科学版），2011
（3）：12-18.
　　❹　郑恩同，等. 温州慈善的教育范式［M］. 杭州：浙江大学出版社，2012.
　　❺　陈继红，辛晓红. 从"亲亲"之爱到路人之爱：儒家"亲亲"思想与现代慈善伦理通约的可
能性进路［J］. 江海学刊，2012（3）：208-213，239.
　　❻　李小兰. 现代慈善伦理的价值重构与彰显［J］. 北京工业大学学报（社会科学版），2013
（2）：45-48.
　　❼　周中之. 当代中国慈善伦理的价值及其理论建构［J］. 齐鲁学刊，2013（1）：64-68.
　　❽　王银春. 慈善伦理引论［M］. 上海：上海交通大学出版社，2015.

模型。● 何光喜对中国慈善捐赠进行了调查研究，认为多数慈善行为产生于"自上而下"的呼吁动员，而非"自下而上"的个体需求，并提出"被动性"体现的是行为的主动与被动关系，"自愿性"体现的是行为的强制与认同关系。● 刘新玲认为，慈善行为主体的经济状况直接决定了慈善行为的产生，当然，慈善行为还受外部条件和道德基础的制约，她还分析了外部条件包括慈善氛围与制度措施，道德基础主要是指文化传统、宗教信仰、同情和善爱之心，以及理性财富观等因素。● 赵曙明指出，企业的慈善责任成为社会考察企业优劣的重要参考标准之一，提倡企业履行其慈善责任，促进企业走向新的发展阶段。● 蔡巧霞从现代慈善行为属性的视角，分析得出现代慈善行为的伦理动因从本质上说，是个人、群体或社会组织三个层面责任意识的体现。● 郑风田和江金启将行为动机作为考察对象，认为慈善行为受行为动机因素的制约较大，包括纯利他、光热效应和信号驱动三个方面的动机。● 迟毓凯论述了心理学上慈善行为的三个理论模型，即进化心理学的"遗传与本能"、社会交换论的"代价与回报"、学习理论的"观察与模仿"。● 彭怀祖在《在财富归宿中彰显道德力量》中提出，慈善行为是财富归宿与道德力量之间的桥梁。● 企业的慈善行为主要表现为企业的慈善责任意识，其中仁爱理念、人道主义精神是对企业慈善行为最精练的概括。● 龙静云和戴圣鹏认为，慈善责任是企业在所承担社会责任体系中处于最高地位的责任。企业作为社会的一部分，在享有权利的同时还应当承担相应的慈善责任，这既是社会提倡的内容，也

● 马小勇，许琳. 慈善行为的经济学分析 [J]. 西北大学学报（哲学社会科学版），2001（4）：93-98.

● 何光喜. 被动的自愿：对四城市个人慈善捐赠行为的多因素分析 [C] //郑也夫，沈原，潘绥铭. 北大清华人大社会学硕士论文选编（2004）. 济南：山东人民出版社，2004.

● 刘新玲. 论个体慈善行为的基础 [J]. 福州大学学报（哲学社会科学版），2006（4）：83-87，116.

● 赵曙明. 和谐社会构建中的企业慈善责任研究 [J]. 江海学刊，2007（1）：101-106，239.

● 蔡巧霞. 责任意识：现代慈善行为的伦理动因 [D]. 兰州：兰州大学，2008.

● 郑风田，江金启. 公共品社会动员机制：关于慈善捐赠的一个理论综述 [J]. 浙江社会科学，2009（10）：107-113.

● 迟毓凯. 亲社会行为启动效应研究：慈善捐助的社会心理学探索 [M]. 广州：广东人民出版社，2009.

● 彭怀祖. 在财富归宿中彰显道德力量 [J]. 山东社会科学，2009（8）：63-65.

● 胥银华. 论企业的慈善责任 [D]. 武汉：华中师范大学，2009.

是民众对企业的一种期盼。❶ 张北坪认为，在慈善捐赠中，"道德胁迫"具有
一定的合理性，并提出从制度和舆论两个层面来化解"道德胁迫"。❷ 张璐在
考察慈善行为的特点、形式和内容之后，主要从利己和利他行为的角度出发，
剖析了慈善行为的动机与效果的关联，并提出提升公民的道德修养，提倡公
民参与行善，会给国家、社会以及个人带来不可替代的价值。❸ 这些资料主要
是关于慈善行为与道德评价、财富价值观、社会责任等的研究，加深了公民
对慈善行为的认识，为新时代公民慈善美德本体解读和培育内容研究奠定了
基础。

其五，关于慈善文化建设的研究。蒙长江认为，建设中国特色的慈善文
化不能完全依附于我国的传统慈善文化，因为部分传统慈善文化已经跟不上
时代的节奏，他建议适当借鉴外来慈善文化。❹ 王小波认为，要实现人人行
善，首先要从塑造慈善文化氛围入手，同时强化公民现代公益精神，这样才
能逐渐建立人人成为慈善捐赠主体的慈善捐助新体制。❺ 陈勇从比较中西方慈
善文化的角度入手，认为"仁"是我国传统慈善文化的内核理论，因此，我
国慈善文化的建设需要以人道主义精神为基础进行考察。❻ 王卫平和黄鸿山将
现代慈善理念与中国传统慈善文化进行多角度对比，并指出发扬中国传统慈
善文化的重要意义。❼ 苗国强认为，慈善文化建设是一项复杂的工程，他从慈
善观念、慈善制度和建设载体三个方面进行了综合考察，并提出具有一定设
想性的建议，❽ 但其只是从宏观上提出慈善文化的建设构想，没有实际操作作
为支撑。武菊芳主要考察了我国慈善文化建设应遵循的一些基本原则，但对

　❶ 龙静云，戴圣鹏. 论企业的慈善责任［J］. 伦理学研究，2010（4）：70-74.

　❷ 张北坪. 困境与出路：反思慈善捐赠活动中的"道德胁迫"现象［J］. 西南大学学报（社会
科学版），2011（6）：71-76.

　❸ 张璐. 我国慈善行为的道德性建设研究［D］. 太原：山西师范大学，2016.

　❹ 蒙长江. 中国传统慈善文化的历史沿革及现实挑战［J］. 西南民族大学学报（人文社科版），
2005（1）：43-47.

　❺ 王小波. 试论普通人参与慈善事业的意义、影响因素及其途径［J］. 道德与文明，2006
（2）：12-15.

　❻ 陈勇. 慈善文化与和谐社会建设的伦理思考［M］. 伦理学研究，2006（3）：34-37.

　❼ 王卫平，黄鸿山. 中国传统慈善文化与和谐社会建设［J］. 苏州科技学院学报（社会科学
版），2006（3）：98-103.

　❽ 苗国强. 和谐社会背景下的慈善文化建设路径探析［J］. 河南师范大学学报（哲学社会科学
版），2010，37（5）：262-265.

于在践行中如何使慈善日常化、行为化并未做进一步探讨。❶ 李萍分析了建设中国特色社会主义慈善文化的思想资源,她明确地将优良传统慈善文化、西方慈善文化成果和马克思主义慈善理论列入思想资源的内容,并提出需要从慈善文化宣传、慈善理念普及、慈善机构建设、慈善制度安排等方面综合考虑建设"中国特色"慈善文化。❷ 侯雷君提出,应从加强培育慈善理念和注重体制机制建设两个方面来破解慈善文化建设中的难题,强调从定位政府职能、挖掘传统文化价值、弘扬博爱精神、倡导文明的现代财富观以及慈善制度和慈善氛围等维度进行慈善文化的建设。❸ 谢培栋等从慈善文化建设功能的角度出发,分析构建和谐文化要注重慈善文化的融合,并进一步剖析社会主义核心价值体系和慈善文化的包含与被包含关系,提出慈善文化建设对于加强公民思想道德建设具有重要的推进作用。❹ 池子华和郝如一从历史和事件、宏观和微观方面,系统地论述了"红十字运动与慈善文化"这一议题。❺ 余日昌在《中华传统美德丛书·慈善卷》的"概论"部分,从中华慈善文化历史沿革、中华慈善思想源流和慈善事业发展状况三个方面,重点论述了中华慈善。❻ 刘威用"多元模式共存"来概括我国的社会慈善救助系统,具体内容包括传统自助互助模式、政府福利救助模式和专业慈善组织模式,从而形成了复杂的慈善文化系统;同时提出在慈善事业转型过程中,慈善文化建设需要促进慈善文化从冲突走向和解,逐步达成社会共识。❼ 潘乾认为,传统慈善文化是一种思想体系和教育资源,需要教育实践的支持,并提出传统慈善文化教育实践主要在于培育慈善的文化认知、增进慈善的价值认同、融入慈善的理性精神、养成慈善的主体自觉。❽ 这些资料主要是关于慈善文化的内涵、思想资源,以及慈善文化建设途径等的研究,能够为新时代公民慈善美德培育研究提供相应的素材和丰富的文化养分。

---

❶ 武菊芳. 我国慈善文化建设的方法论原则 [J]. 中共石家庄市委党校学报, 2010 (12): 27, 41.

❷ 李萍. 建设中国特色慈善文化研究 [D]. 上海: 华东理工大学, 2011.

❸ 侯雷君. 中国当代慈善文化建设研究 [D]. 郑州: 郑州大学, 2012.

❹ 谢培栋, 金作良, 王保畲. 慈善文化与社会和谐 [J]. 武汉学刊, 2007 (1): 4-6.

❺ 池子华, 郝如一. 红十字运动与慈善文化 [M]. 桂林: 广西师范大学出版社, 2010.

❻ 余日昌. 中华传统美德丛书·慈善卷 [M]. 南京: 南京大学出版社, 2013.

❼ 刘威. 冲突与和解: 中国慈善事业转型的历史文化逻辑 [J]. 学术论坛, 2014 (2): 84-91.

❽ 潘乾. 传统慈善文化的教育实践逻辑 [J]. 社会科学文摘, 2018 (9): 43-48.

第四，关于慈善美德培育与思想政治教育关系的研究。目前，关于慈善美德培育与思想政治教育相结合的专门的研究成果甚微，查找文献发现相关研究主要涉及慈善意识、慈善理念、慈善活动、慈善教育与思想政治教育的关系，这些研究成果为缕析慈善美德培育与思想政治教育的关系奠定了坚实的理论基础。

其一，关于培育公民慈善意识与思想政治教育关系的研究。武晓峰将大学生群体作为切入点，提出培养大学生慈善意识有利于公民权利意识和公共意识的形成，这是思想政治教育的应有之义，并指出借助慈善教育、营造良好的慈善氛围、完善大学生综合测评制度是培育大学生慈善意识的路径。❶ 吴显华、欧阳凤莲从思想政治教育的方法论出发，探析培养大学生慈善意识的方法，重点考察了思想政治教育的功能、载体和课程等几个方面，以促进对大学生慈善意识的培养。❷ 陈东利认为，两者在培育内容、目标以及方法上有着共同性。培育公民慈善意识有助于增强公民的社会责任感，两者在培育内容和目标上有一致性；培养公民慈善意识更能有效地利用情境体验法增强培育的时效性，两者的培育方式具有共同性。❸

其二，有关慈善理念与思想政治教育关系的研究。在由上海市地方编著的《慈善理念与社会责任》中，虽然没有阐明慈善理念与思想政治教育的关联，但其以社会责任为切入点，较好地诠释了慈善理念的培育与思想政治教育的关系，并从政府、企业、媒体、公民四个方面具体说明了责任在培育公民慈善理念中的重要性。❹ 高永峰从慈善理念和思想政治教育的区别与联系入手，分析了慈善理念的培育是思想政治教育的可行性手段，也是当前创新思想政治教育方法和拓展思想政治教育内容的时势所需，重点分析了培育慈善理念的过程，也彰显了思想政治教育的功能。❺

❶ 武晓峰. 思想政治教育视域中大学生慈善意识的培养 [J]. 教育理论与实践, 2010, 30 (15)：32-34.

❷ 吴显华, 欧阳凤莲. 论思想政治教育视角下大学生慈善意识的培养 [J]. 学会, 2012 (5)：13-18.

❸ 陈东利. 中国公民慈善意识培育 [M]. 上海：上海大学出版社, 2014：4.

❹ 上海市慈善基金会, 上海慈善事业发展研究中心. 慈善理念与社会责任 [C]. 上海：上海社会科学院出版社, 2008.

❺ 高永峰. 慈善理念的思想政治教育功能研究 [D]. 太原：山西财经大学, 2010.

其三，关于慈善活动与思想政治教育关系的研究。韦丽娟和徐杨荪以献血方式的慈善公益活动为例，论证了大学生通过参与献血活动加强了自身的社会服务意识。[1] 范春艳运用实证调查法剖析了慈善活动与大学生思想政治教育的关联，并指出实践活动对提升大学生思想道德素质的重要性，尤其是通过参与慈善活动，大学生有更多机会接触社会中的弱者，在潜移默化中使他们懂得了关爱他人、善待自己，有利于大学生思想政治工作的开展，并就两者的内容和开展途径进行了探索。[2] 周中之认为，微公益慈善活动更贴近生活、操作性和可接受性更强，这有利于思想政治工作的开展，提高了思想道德建设的实效性。[3] 同时，周中之从社会主义核心价值观视角出发，指出慈善公益活动是重要的道德实践活动内容之一，充分发挥慈善活动的德育功能，为培育和践行社会主义核心价值观提供了更广阔的路径，同时他从价值取向、内容与实践三个维度分析了两者之间的关系。[4] 林文诗、叶少芳、史龙鳞认为，大学生的无偿献血行为是学生慈善教育的实践载体，是大学生参加社会公益活动的重要方式，大学生通过献血行为感知到助人助己的重要性，达到了思想政治教育的目的。[5] 曹勇从自然灾害的视角出发，认为思想政治教育是突发自然灾害治理的人文手段，应借助科学合理的赈灾救灾公益慈善活动来发挥思想政治教育的实际效能。[6]

其四，关于慈善教育与思想政治教育关系的研究。郭永链明确指出，慈善教育与思想政治教育紧密相连，慈善教育是思想政治教育过程中的内容补充和扩展，更是在思想政治教育中发挥着支点的作用，只有充分探究其支点作用，才能进一步促进慈善教育与思想政治教育的融合，以增强思想政治教

[1] 韦丽娟，徐杨荪. 通过无偿献血增强大学生服务社会意识 [J]. 江苏卫生事业管理，2013，24（6）：254-255.
[2] 范春艳. 慈善活动与大学生思想政治教育 [J]. 高校辅导员学刊，2014，6（5）：42-45.
[3] 周中之. 微公益在社会思想道德建设中的价值 [J]. 思想政治工作研究，2010（4）：20-22.
[4] 周中之. 慈善公益与社会主义核心价值观的培育和践行 [J]. 思想理论教育，2015（6）：21-25.
[5] 林文诗，叶少芳，史龙鳞. 慈善教育视域下大学生无偿献血动员模式的构建 [J]. 医学与社会，2016，29（3）：45-47.
[6] 曹勇. 思想政治教育功能研究：基于突发自然灾害的视角 [M]. 北京：社会科学文献出版社，2018：156-175.

育的实效性。❶ 周中之认为，慈善伦理教育作为德育新的生长点，应采用搭建平台、社会实践等方法逐渐提高德育的实效性。❷ 陈国庆和沈韬从人性的角度出发，主要探索了慈善教育与人性良善的关系，认为慈善教育能有效地激发人性之善，阐明了慈善和友善的关联，并进一步指出要引导公民践行慈善和友善的理念，从而提升思想政治教育的有效性。❸

国外学者对慈善相关问题的探究比较早，研究成果也相对丰富和趋于成熟，而国内在研究慈善相关问题方面起步比较晚，确切地说，目前尚处于"初级阶段"，因此理论基础比较薄弱。近年来，国内关于慈善的专著与论文越来越多，学者们以多维度、多方法、多层次来研究我国慈善问题，大体上呈现出研究视野拓宽、研究领域延伸等特点，取得了比较丰富的研究成果。从上述研究综述来看，当前我国对慈善美德的研究还存在以下不足。

首先，从研究内容来看，一方面，已有研究多集中在与慈善美德相关的历史概述与启示、现状与问题、改革与发展路径等方面，而且研究内容局限于对历史史料的描述，或介绍西方慈善思想等，缺少对新时代公民慈善美德培育的专题研究。另一方面，已有研究多将慈善美德归到慈善精神中来研究，本书认为，新时代公民慈善美德培育属于道德教育的一部分，可以考虑将其纳入思想政治教育的范畴。随着进一步探究新时代公民慈善美德培育，有利于丰富思想政治教育的内涵、拓展思想政治教育的外延，进而促进思想政治教育学的发展。

其次，从研究视角来看，已有研究多是孤立地站在慈善美德本身的角度开展，囿于"就慈善谈慈善"。例如，多数研究是从道德教育的视角来分析慈善美德培育问题，缺乏对新时代公民慈善美德培育相关内容的研究；同时，对于在社会治理理论的视角下，政府、社会组织、家庭、学校、公民等主体在公民慈善美德培育中的角色定位的研究也不多。另外，对国外的引介研究比较多，但只具有一般意义上的借鉴作用，本土化的研究成果相对较少，模

---

❶ 郭永链. 试论慈善教育在思想政治教育中的支点作用 ［J］. 河北青年管理干部学院学报，2017，29（1）：61-63.

❷ 周中之. 慈善伦理教育：德育新的生长点 ［J］. 思想理论教育，2011（17）：38-43.

❸ 陈国庆，沈韬. 善的人生 ［M］. 西安：西北大学出版社，2014.

仿多于创新，未能将国外的经验和做法与我国实际国情相结合，从而使公民慈善美德培育实现路径的实效性大打折扣。

最后，从研究方法来看，历史研究、比较研究是公民慈善美德培育研究的主要方法，侧重采用历史学、伦理学等方法进行论述，缺乏多学科方法的综合研究，多数学者采用"分析我国公民慈善美德培育状况（或进行比较研究）—分析其存在的问题—提出相关的建议"的研究模式，对于新时代公民慈善美德培育的研究仅仅是"就美德谈美德"。本书将从哲学、法学、政治学和教育学等多学科的角度，研究新时代公民慈善美德培育问题。

综上所述，这些不足为后续研究留下了很大的空间，本书在借鉴"他山之石"的基础上，着重探究新时代公民慈善美德培育问题。

第三节　新时代公民慈善美德培育研究的主要方法

对于新时代公民慈善美德培育研究，主要综合运用访谈调查法、比较研究法、多学科综合方法，具体研究方法如下。

第一，访谈调查法。访谈调查法也称访谈法，是指根据访谈对象设计访谈提纲，采用口头形式，获取访谈对象的答复，整理出反映客观事实的材料，并采用一定的样本调查所代表总体的一种研究方法。为了更加全面地了解不同社会群体、不同地区对慈善美德的真实看法，综合考虑调查区域的整体布局，这里选取广东省的三个不同地区，分别用 GZ、SZ 和 SG 表示。在访谈对象上，主要考虑公民慈善美德培育的主体，即政府、企业、学校管理人员以及慈善组织等，因而分别选取上述三个地区具有代表性的慈善组织、民政局、企业工作人员以及学校师生等相关人员，共对 72 人次进行了访谈。因新冠病毒感染疫情的影响，主要采用电话访谈的形式，通过对慈善美德培育的内容和路径等典型问题的访谈并进行深入解读，丰富和充实了研究的第一手资料，使研究具有更强的操作性和实效性。

第二，比较研究法。埃德蒙·金认为："比较研究所带来的最直接的价值即人们会更好地总结其他国家在实验中所取得的经验知识，且比较研究给我们带来的可以补充我们自己看法的观点。"❶ 可见，比较研究法关注的是对物与物、人与人等的相同之处与不同之处做出的判断。在新的时代背景下，针对公民慈善美德培育问题进行研究，需要对传统与现代的慈善美德、中西慈善美德培育的方法进行比较研究，从而重新概括符合新时代现实要求的公民慈善美德的内涵。同时，从公民慈善美德培育实施的时间性、成熟度和典型性三个因素考虑，选取美国、德国、日本三个发达国家作为案例，考察西方发达国家公民慈善美德培育的措施与经验，分析中西公民慈善美德培育的共性之处，从而得出国外培育公民慈善美德的有效做法和有益经验，为我国在引导公民把慈善美德外化为行为习惯等方面提供借鉴。

第三，多学科综合方法。在新的历史条件下，现代伦理学研究领域应因时而变，其研究范围应进一步扩展，原有的研究方法已不能适应新的研究领域。因此，学术界需要借鉴其他相关学科来研究公民伦理道德和思想政治教育实践。新时代语境下公民慈善美德的培育这一议题更需要借助多学科综合方法，采用多学科的资源平台和方法论进行阐释。在对新时代公民慈善美德的基本概述以及新时代公民慈善美德培育实践的探索中，将综合运用到哲学、法学、政治学和教育学等的部分理论成果或思维方式，并广泛借鉴思想政治教育的实践经验，基于更加广阔的学科方法论，来深入研究新时代公民慈善美德培育。

第四节　新时代公民慈善美德培育研究的基础和基本思路

本书首先从概念范畴出发，明确公民、慈善、慈善美德、公民慈善美德的内涵和新时代公民慈善美德的本质，在此基础上，提出新时代公民慈善美德的特征以及培育内容，意在探讨"是什么"的问题，这也是本书的逻辑起点，同时为后续研究奠定分析的基础。在追溯新时代公民慈善美德的本质时，本书借鉴当代思想政治教育理论和社会治理理论，从而夯实新时代公民慈善

---

❶　金. 别国的学校和我们的学校：今日比较教育 ［M］. 王承绪，等译. 北京：人民教育出版社，1989.

美德培育研究的基础。

第一，坚持当代思想政治教育理论的指导。思想政治教育是"一定的阶级、社会、组织、群体与其成员，通过多种方式开展思想、情感交流互动，引导其成员吸纳、认同一定社会的思想观念、政治观点、道德规范，促进其成员知、情、意、信、行均衡协调发展和思想品德自主建构的社会实践活动。"❶ 由其定义可知，思想政治教育的内容涉及面较广，包括人的世界观、人生观、政治观、价值观、法制观和道德观等。当代思想政治教育理论是在马克思主义中国化的理论进程中，不断总结多学科的知识和方法的基础上逐步形成的，具有与时俱进的特征，因而对新时代公民慈善美德培育的理念、方法、内容等具有指导意义。

其一，从思想政治教育的主体和客体来分析，思想政治教育是以教育者为主体和以受教育者为客体的互动过程，具有主体客体化与客体主体化的双向性特征。然而，这种以二分法的思维来剖析思想政治教育的理论越来越暴露出其弊端，主要体现为思想政治教育过程中明显倾向于主体的主导性地位，这种失衡的定位导致教育方法单一，难以适应现实对教育目标的要求。主体间性理论的提出弥补了上述理论的缺陷。以张耀灿为代表的学者认为，"主体间性是主体间关系的规定性，指主体与主体之间的相关性、统一性、协调性"❷。思想政治教育开始转向以主体间性为特征，并衍生出交往实践思想政治教育理论。有学者认为："交往实践是诸主体间通过改造相互联系的中介客体而结成社会关系的物质活动。"❸ 交往实践思想政治教育更加强调在思想政治教育活动中，以主体间性的人与人之间的关系，从而凸显受教育者的主体地位，彰显"以人为本的教育理念、民主平等的对话关系、回归生活的教育内容、对话沟通和情理交融的教育方式等特征"❹。交往实践思想政治教育强调的以人为本和民主平等理念为新时代公民慈善美德培育奠定了理论研究的基础，尤其是在践行慈善美德的过程中，要注重培育捐助者和受助者之间的平等交往关系。

---

❶ 张耀灿. 推进思想政治教育研究范式的人学转换 [J]. 思想教育研究, 2010 (7): 3-6.

❷ 张耀灿, 等. 思想政治教育学前沿 [M]. 北京: 人民出版社, 2006: 353.

❸ 任平. 马克思主义交往实践观与主体性问题: 兼评"主体—客体"两极哲学模式的缺陷 [J]. 哲学研究, 1991 (10): 11-19.

❹ 高翠欣. 新时期大学生雷锋精神教育研究 [D]. 北京: 中国地质大学, 2014: 81.

其二，从思想政治教育的思想和行为来分析，正如恩格斯所说："就单个人来说，他的行动的一切动力，都一定要通过他的头脑，一定要转变为他的意志的动机，才能使他行动起来。"❶ 这揭示了思想与行为之间的内在关系，两者在一定条件下能够相互转化。从思想政治教育的受众对象来看，主要剖析人的思想道德品质的形成过程、发展及其教育的过程中所暗含的规律。在思想道德品质形成的过程中，主要受到人对于外化的教育资源的内化吸收能力的影响，并在不断地矫正自我思想的过程中，实现思想道德品质的提升，逐步实现新的思想向行为的转化，从而实现外化于行。从思想政治教育的主要任务来看，就是要根据一定的社会客观要求，基于人的思想和行为之间的关系，来培育人的内在思想素质和高尚行为，从而增强思想政治教育的实效性。"实效性是现实思想政治教育必须考虑和改进的，而现实思想政治教育实效性取决于社会发展阶段和党的要求以及人们实际的思想和行为水平"❷。由此可知，在当代中国思想政治教育理论的指导下，新时代公民慈善美德培育就是以教育对象的实际慈善美德和行为为起点，以培育更高尚的慈善美德和行为为终点，通过对公民进行有针对性的培育，促进内化与外化的相互渗透，从而实现人的思想转变和行为的转换，实现思想与行为的内化与外化相结合。在不断的、重复的公民慈善美德培育过程中，将公民慈善美德要求转化为公民自身的慈善美德意识，并践行于日常的生活习惯中。

其三，从思想政治教育的个人与社会来分析，马克思主义认为，个人与社会是相互联系、相互区别的，人只有在社会关系中才能成为"个人"，是社会存在的基础；社会是由个人组成的共同体，是个人存在的根本。从思想政治教育的功能出发，思想政治教育兼具社会性和个体性的功能，既要突出促进社会发展的作用，又要展示促进个体发展的功能。当代中国思想政治教育理论认为，思想政治教育不仅要突破单纯的个体本位，而且要突破单纯的社会本位，关注两者内部的平衡，建立"个人—社会"本位取向。同时，在两者平衡的基础上，促进两者的有效融合，实现"双轮驱动"的效果。新时代公民慈善美德培育是一种"公共精神"和"社会公德"教育，作为公民参与慈善活动的基本道德，

---

❶　马克思，恩格斯. 马克思恩格斯选集：第 4 卷 [M]. 北京：人民出版社，2012：258.

❷　高翠欣. 新时期大学生雷锋精神教育研究 [D]. 北京：中国地质大学，2014：83.

是基于全体公民生存和发展的一种价值取向。对公民慈善美德的评价要以符合中国特色社会主义慈善事业的要求为标准，公民作为具有独立主体人格和平等权利义务的个人，更应该参与社会公共生活，关心个人和公共利益，同时也要学会维护自身正当利益，逐步实现个体社会化。

第二，坚持治理理论与社会治理理论的指导。其一，从治理理论的概念入手，根据英语词根词义，"govern"本身就有"控制、指导和操纵"之义。1989 年，世界银行在《撒哈拉以南非洲：从危机到可持续增长》中提及"治理危机"，并且强调非洲发展问题的关键因素是治理危机。此后，"治理"被广泛地研究和运用。随着经济全球化的到来，世界的发展越来越存在不确定因素，治理的内涵在不断拓展，尤其是随着对治理和管理的争论，治理逐步在管理的基础上实现新的发展，治理理论相伴而生。管理与治理的区别见表 0-1。

表 0-1　管理与治理的区别

类型	管理	治理
主体	政府单一主导	政府主导，多元主体
手段	单一化、消极被动、行政管理	多样化、积极主动、行政手段与市场机制结合
过程	自上而下、行政逻辑、以管控为主	自上而下与上下联动、法治逻辑、协同合作
内容	社会治安、处理纠纷和矛盾	社会自我调节、社会自治秩序
结果	维稳、管控成本高、效果不明显	促进公平正义、培育社会力量、实现善治

其二，治理理论逐步拓展社会管理领域，并促成社会治理理论的产生。治理理论引起了我国学者的广泛关注，并且在社会管理领域发挥其作用。改革开放四十多年来，我国经历过经济改革、政治改革和社会改革，并在推进社会改革的过程中逐渐形成具有中国特色的社会治理理论。这既是对现实问题做出的理论回应，也是党对改革历程的经验总结。1997 年，党的十五大强调加强社会治安综合治理。这一阶段反映了国家开始重视"社会管理工作"。2007 年，党的十七大明确地将"社会"列入改革的领域，并指出我国将走向"四位一体"的发展模式。2013 年，党的十八届三中全会第一次明确指出

"社会治理"这一概念，将其列为深化改革的重要组成部分，并指出其在"推进国家治理体系和治理能力现代化"❶ 中的重要战略意义。党的十八届五中全会指出"构建全民共建共享的社会治理格局"的战略目标。2017 年，党的十九大报告更是将"打造共建共治共享的社会治理格局"❷ 作为创新社会治理的重要举措。由此可见，我们党对于社会治理规律是在认识中不断升华，在实践中不断推进的，是一个逐步深化的过程，其内涵不同于西方的治理理论，在不同的历史时期被赋予了不同的内涵，这些创新思想为认识和界定社会治理的科学内涵提供了基本遵循。

其三，社会治理理论的内容在不断丰富和发展。①坚持党委领导。党委在社会治理过程中起核心作用，必须发挥"总揽全局、协调各方"的优势，统筹好各方力量，提升党的向心力，从而推进社会治理现代化。②强调政府负责。政府要由管治型政府转向服务型政府，扮演好政策措施的规划者、公共服务的统筹者、社会秩序的维护者的角色，创新公共服务方式，强化自身的社会管理职责，从而实现多元化的社会管理模式。③强化社会协同。社会治理从根本上来说就是激活多元化主体参与社会活动的能力，并在社会治理内部有效地协调各方力量，从而推进互动互联、分工合作。④动员公众参与。以公众的自我管理、服务和发展为公众参与的重要目标，并引导公民依法进行自我管理，提升公民的公共意识，保证其依法行使参与权利。公民不仅要积极参与社会管理事务的制定，还要配合社会管理相关法律、政策的实施。⑤推进法治保障。借助合理的法治手段，提升公众的法治素养，将社会法治化水平提升到一个新层次，逐步强化社会治理的规范化，维护社会稳定和谐，最终实现社会善治。

上述分析表明，治理理论与社会治理理论能够为新时代公民慈善美德培育提供路径指引。目前，我国公民对新时代慈善美德的认知不足、践行力不强，新时代公民慈善美德培育作为一种公共事务，必须借助党委领导、政府负责、社会协同、公众参与、法治保障等多方面的力量，充分调动政府、社会与公民等主体参与公民慈善美德培育，并建立健全慈善美德的法治保障体系，提升公民慈善美德水平，形成多元共治的大慈善社会格局。

---

❶　中共中央文献研究室. 十八大以来重要文献选编：上 ［M］. 北京：中央文献出版社，2014：461.
❷　习近平. 决胜全面建成小康社会　夺取新时代中国特色社会主义伟大胜利：在中国共产党第十九次全国代表大会上的报告 ［M］. 北京：人民出版社，2017：49.

第五节　新时代公民慈善美德培育研究的意义

本书将当代思想政治教育和社会治理理论引入新时代公民慈善美德培育的研究中，把新时代公民慈善美德培育纳入思想政治教育研究范畴，并从社会治理的角度，分析了我国新时代公民慈善美德培育面临的现实困境及其对策。因此，新时代公民慈善美德培育研究具有重要的理论和实践意义。

第一，充实与丰富新时代公民慈善美德培育的研究内涵。在新中国成立初期，"谈慈色变"成为主要基调，关于慈善的相关研究成为社会科学理论研究的"真空"。改革开放以来，慈善事业重新复苏并实现蓬勃发展，慈善美德、慈善意识、慈善理念等研究议题开始回归学术界的视野。通过对新时代公民慈善美德基本概念的解读和理论逻辑的研究，旨在对新时代"公民慈善美德为何"与"公民慈善美德何为"进行理论梳理，是对新时代公民慈善美德的培育内容，以及形成依据、地位和作用的理性反思。同时，从人的思想政治素质构成出发，思想、政治、道德和法律素质是其主要组成部分，而道德素质是思想政治素质的基础。慈善美德属于道德素质范畴，公民慈善美德培育意在提升公民的慈善素质，而慈善素质可以说是现代公民的一项基本素质，可以将其纳为思想政治素质的组成部分。从这个视角出发，公民慈善美德培育与思想政治教育两者相互促进，新时代公民慈善美德培育进一步深化了思想政治教育的内涵。

第二，拓展与深化新时代公民慈善美德培育的研究视野。在新时代，随着我国经济的发展，慈善事业也步入了迅速发展时期，有关慈善的理论研究也逐渐兴起。一方面，由于当前关于慈善美德的研究大多停留在理论上的认识，结合时代特征的研究比较少；另一方面，多数学者还停留在"就慈善谈慈善"的阶段，研究方法多局限于伦理学、社会学等学科，对多学科研究方法的综合运用还不够。尤其是从马克思主义慈善理论、思想政治教育理论与社会治理理论等多视角对其进行分析和研究的成果相对较少，科学地提出并分析新时代公民慈善美德培育路径的成果更是"凤毛麟角"，而且多数零星散落于相关著述或论文中，专题研究不多。因此，本书以新时代公民慈善美德培育为研究对象，试图运用多学科研究方法，进一步拓宽研究视野。

第三，有利于公民在日常活动中践行社会主义核心价值观。在培育和弘扬社会主义核心价值观的要求中，习近平总书记明确指出："要注意把我们所提倡的与人们日常生活紧密联系起来，在落细、落小、落实上下功夫。"❶ 慈善本身属于道德积累的方式，慈善活动是践行道德的重要方式。公民慈善美德培育的过程，也反映了社会主义核心价值观融入日常生活的过程，逐步实现从细微之处落实社会主义核心价值观的目标。一方面，慈善不再是富人的专利，而是人人可为之的活动，它强调道德积累的过程，这与践行社会主义核心价值观的要求相一致。正如季羡林先生所说："慈善是具有广泛群众性的道德实践。"❷ 从行善主体来说，公民、慈善组织或者企业单位都能成为参与慈善的主体。从行善的内容来看，慈善包括捐款、捐物或志愿者服务等。只要有参与慈善的热情，慈善不会设置任何门槛，人们可以随时随地参与到慈善活动中。有些慈善行为看似是生活中细小的改变，却蕴含着巨大的慈善价值。另一方面，在人们参与慈善活动的过程中也会产生"同心圆"的作用，使道德传播和影响的范围更广，逐步提升了培育社会主义核心价值观的有效性。慈善既是行善者对受助者的物质赠予行为，也是行善者的一种崇尚精神行为。受助者在危难之际受到别人的慷慨相助，其得到的不仅是物质上的帮助，更是心灵上的慰藉；行善者在助人的过程中也会感受到"赠人玫瑰，手有余香"的满足。人们在参与慈善活动的过程中感受到温暖，这种温暖向社会传递着双向的正能量，促进社会上扶危济贫、互助互爱的道德风尚的形成，为践行社会主义核心价值观奠定了广泛的群众基础，也为提升公民道德修养提供了良好的社会环境。因此，培育和践行社会主义核心价值观需要结合慈善公益活动、志愿者服务等内容，促进公民真正感知到新时代慈善美德，在践行慈善的过程中掌握处理个人利益和集体利益关系的方法，促使慈善美德与日常生活相融合，以达到落细、落小、落实的要求。

第四，有利于社会主义和谐社会的构建。一般来说，一个国家的社会财富有三次分配：第一次是市场分配，注重效率；第二次是税收分配，强调公

---

❶　习近平. 习近平谈治国理政 [M]. 北京：外文出版社，2018：165.
❷　季羡林. 季羡林谈人生 [M]. 北京：当代中国出版社，2006：125.

平；慈善作为第三次分配，主要起着平衡社会各阶层关系的作用。经济体制的转型衍生出贫富差距拉大的问题，社会结构的变化也催生出社会中"不和谐的音符"，主要表现为社会财富和利益分配中出现的摩擦。但是，依靠法治化手段并不能完全解决所有的社会矛盾，还需要借助德治的方式对公民进行慈善美德培育。作为一个发展中国家，中国需要发展慈善事业，更需要借助公民的慈善美德来舒缓社会矛盾，只有加强对公民慈善美德的培育，在个体、社会、国家三个层面形成一种合理的慈善氛围，才能有效缓解社会矛盾。新时代公民慈善美德培育可以有效地激发人们内心深处向善和向上的力量，能够疏导不平衡心理，克制过激的态度，缓解对立情绪，消解社会隔阂，避免出现社会不稳定因素，从而为构建和谐社会奠定坚实的思想道德基础和提供政策支持，最终将美德外化为公民共同的行为准则。

第五，有助于全面建成社会主义现代化强国。在党的十九大报告中，"强国"一词共出现23次，主要从文化、教育、人才等十几个方面明确了强国建设任务，并强调实现全面建成社会主义现代化强国总目标的要求。新时代我国社会主要矛盾发生了很大变化，发展主要体现为不平衡、不充分的问题，尤其是在城乡、区域、收入等方面，这些问题如果解决不好，会制约人民对日益增长的美好生活需要的追求。一方面，慈善是通过良好的行为来寻求良好的生活和社会环境。❶ 新时代公民慈善美德提倡人人可行善，是对美好生活的追寻，是发展中国特色社会主义慈善事业的精神支撑。新时代公民慈善美德强调处处可行善，是新时代文化强国战略的重要构成部分，有利于增强国家的文化软实力和提升中华文化的影响力，从而解放文化生产力。另一方面，党的十九大报告也明确指出要大力支持慈善美德培育，促进慈善事业发展。习近平总书记强调："要积极鼓励引导社会资金投入社会公益事业，参与实事项目建设，形成人人参与办事，人人得到实惠的良好局面。"❷ 因此，培育和践行新时代公民慈善美德，是一种具有中国智慧的方案，能够增强人民的获得感、幸福感、安全感，从而推动全面建成社会主义现代化强国的进程，其作用和意义是不可估量的。

---

❶ 佩顿，穆迪. 慈善的意义与使命 [M]. 郭烁，译. 北京：中国劳动社会保障出版社，2013：122.

❷ 习近平. 之江新语 [M]. 杭州：浙江人民出版社，2007：246.

第一章 新时代公民慈善美德培育的基本概述

概念是反映对象本质的思维方式。"真正的思想和科学的洞见，只有通过概念所做的劳动才能获得。"❶ 在对新时代公民慈善美德培育开展深入研究之前，有必要对其涉及的核心概念进行界定。新时代公民慈善美德培育研究必须建立在对"慈善""美德""慈善美德""公民慈善美德"等核心概念明晰的基础上，这是理论研究的逻辑起点。不同学者基于不同视角、不同维度，根据所研究内容的需要，做出的概念界定各有千秋，笔者主要根据中西方文化语境的不同，采用共时性和历时性相结合的方式，试图探索新时代公民慈善美德的内涵及其培育内容。

第一节 核心概念界定

一、慈善

慈善是既有历史厚度，又兼具文化温度的一个概念。首先，从中国的文化进行溯源，"慈善"是由两个词构成的。据《辞源》记载："慈，爱也"，"慈"在这里主要是指仁爱、爱心。之后，"慈"的蕴意不断丰富和发展，但是大体具有三种含义：一是指对母亲的称呼，也可称"家慈"，"慈母手中线，游子身上衣"是中国人耳熟能详的诗句，意蕴对母亲"慈"的品质的赞赏；二是强调子女要孝顺父母和赡养父母，"事亲则孝慈"是最好的诠释；三是特

---

❶ 黑格尔. 精神现象学：上卷 [M]. 北京：商务印书馆，1962：48.

指长辈对晚辈的爱，如在《国语·吴语》中提到："老其老，慈其幼，长其孤。"❶ 文化在历史的沉淀中不断实现新的突破，词源文化亦是如此，"慈"的含义在保留原有词义的基础上逐渐扩展至"仁慈""慈爱"等。例如，"恻隐怜人谓之慈"，这是"仁"的开端。"慈"的词义不断变得丰富和充实，"爱"的范围开始拓宽，从原有的父母与子女的互爱拓展至全社会上人与人之间的关爱，尤其体现在人们对于老者和幼者的关心与爱护。例如，儒家的"仁者爱人"、佛家的"慈悲为怀"、道家的"爱人利物"等思想观念无不蕴含着丰富的慈善文化。从词源的角度出发，"善"就其本义来说通常与吉祥、赞许和美好等意思相关联，与"恶"相对。许慎在《说文解字》中提到："善，吉也；从言从羊，此与义、美同意。"随着文化的发展，"善"的语义也开始丰富起来，逐步扩展至友好亲善、品行高尚的意蕴。如孔子云："不如乡人之善好之，其不善者恶之。"❷ 据考察，"慈""善"二字直到魏晋南北朝时期才合并成一个词，最早可能见于《魏书·崔光传》："光宽和慈善，不忤于物，进退沉浮，自得而已。""慈善"描述了崔光个人的"仁善""善良""不吝捐助"的品质。《中国大百科全书》里提及"慈善"的定义主要是怀有仁爱之心谓之慈，广行济困之举谓之善。因此，从上述对词源的梳理来看，"慈"与"善"虽有差别，但都包含着仁慈与善良之义。

其次，从西方词源的流变角度分析，"慈善"一词的英语表达方式有两种，即"charity"和"philanthropy"。"charity"源于拉丁语"caritas"，主要表达的是"上帝之爱""宽容"和"博爱"等寓意，同时兼具浓厚的宗教色彩，强调其是发自内心的、无功利性的、高尚的慈善品质。"charity"主要有四个释义："一是给穷人提供的帮助、救济或施舍；二是强调帮助那些处于困境中的人；三是为了更好地救助那些处于困境的人而逐步建成机构、组织或基金会；四是指出爱的美德，"爱"的范围呈现阶梯式发展，从尊爱上帝、怜爱他人进而形成仁爱之心，是一种由外而内形成的爱之心。❸ "philanthropy"源于古希腊语"phianthropos"，其词根"philo"取爱之义，"anthropos"是指

---

❶ 左丘明. 国语 [M]. 上海：上海古籍出版社，2015：415.

❷ 《论语·子路》.

❸ 刘国华. 慈善是一种文化 [M]. 上海：上海教育出版社，2011：17.

人类，因而"phianthropos"含有爱人类的意思，表示"爱心、博爱"之义。公元前 5 世纪，其含义发展为人的友善的思考和行为，主要是指对穷人的友善，带有一定的功利性倾向。从公元 18 世纪开始，"philanthropy"涵盖的范围不再局限于穷人，呈现出逐步扩大的趋势，主要有三个释义："一是关乎全人类的爱，主要表示一种心理状态或价值观念；二是增加人类福利的活动或机构；三是增加人类福利的努力或倾向。"❶

从中西释义来看，鉴于中西文化的差异，我国传统的慈善关注的是"仁慈"，西方传统的慈善则更多地关注"博爱"。但是两者都发端于人的"爱心"，是人类最需要的基础性道德，主张发扬人道主义精神。随着现代社会的发展，"慈善"出现了新的转向，逐步脱离了传统恩泽的含义，现代慈善逐步形成了以慈善组织为中介的形式，是一种对陌生人、他者的伦理关怀，更多地偏重于责任与仁爱理念的结合。

二、美德

什么是美德？法国著名的教育家安德烈·孔特－斯蓬维尔明确指出："美德是一种起作用的，或者能够起作用的力量"。❷ 他在分析西方学者关于美德的论述后，总结出美德是一种特有的能力，并特别强调"美德是可以培育的"❸。通过梳理，安德烈·孔特－斯蓬维尔将美德归纳为 18 种类型。事实上，美德是具有多样性的，并且会随着历史的发展呈现出不同的内涵。古希腊著名的哲学家亚里士多德认为，美德主要是后天逐渐获得的行善的心态。智慧、勇敢、节制与正义等品质被古希腊学者认为是重要的美德。信仰、希望和仁爱等内容被中世纪学者当作美德的三种基本要素。因中西方传统文化的差异，我国对于美德内容的分析也呈现出自身的特点。管仲将"礼、义、廉、耻"作为构成美德的基本要素；孟子将"仁、义、礼、智"作为美德的构成要素；随着社会的发展，人们对美德的要素做了进一步的扩展和丰富，后来儒家将

---

❶ 刘国华. 慈善是一种文化［M］. 上海：上海教育出版社，2011：18.

❷ 斯蓬维尔. 小爱大德：人类的 18 种美德［M］. 吴岳添，译. 北京：中央编译出版社，1998：前言 1-2.

❸ 斯蓬维尔. 小爱大德：人类的 18 种美德［M］. 吴岳添，译. 北京：中央编译出版社，1998：前言 1.

"信"补充到美德的内容之中，即将"仁、义、礼、智、信"作为美德的构成要素。哲学家朱熹曾说："德者，得也，行道而有得于心者也。"❶ 随着时代的变化，美德诸要素的内涵也得到了丰富和拓展。"美德主要体现在人的日常行为所衍生的道德品质以及行为应遵循的道德准则，美德的主要作用在于借助准则的力量逐步优化个人的道德品质，以避免个人走向道德堕落。"❷ 一般而言，"美德"中的"美"可以解释为"好的""善的"，主要是指优良的品德类型。王海明和孙英认为，美德"是个人长期依照道德准则来规范约束自身的行为，在逐步规范过程中所形成和表现出来的稳定的心理自我、道德人格或道德个性"❸。也有学者认为，"美德即优良品德，是对人的道德品质表示肯定性评价的概念"❹。学者们普遍认为，美德是涉及道德品质的内容。美德是在社会环境的影响下，个人在长期的行为积累中不断形成的，同时也需要不断培育，逐渐达到相应的道德水平和境界。因此，美德更有利于实现人与人之间、人与社会之间、人与自然界之间的和谐统一，其在特定的历史条件下是必需的，彰显着时代的道德觉悟和水平。

三、慈善美德

当前，我国正处于由小康社会向富裕社会转型的过渡时期，不同区域、不同领域发展不平衡、不充分的问题逐步显现，在构建社会主义和谐社会的背景下，慈善美德问题成为学术研究的一大热点，但学术界对慈善美德的认识众说纷纭、莫衷一是。目前，西方学术界普遍公认的慈善美德定义是由佩顿（Payton）提出，即"为了公益事业的志愿行为"❺。佩顿从跨学科的角度阐释了这一定义，提出志愿施善者可以通过金钱、时间和智力来减轻或消除贫困者的痛苦，改善其生活环境，同时志愿者也可以通过社区平台改善群体生活质量。国内学者周秋光认为，"慈善首先是关于社会的行为，主要指以自愿为原则，民间团体和个人在国家、政府的引导、帮助与扶持下开展各种活

---

❶ 《四书集注·学而篇》.

❷ ROTH J K. International Encyclopedia of Ethics [M]. New York：Braun-Brumfield Inc, 1995：912.

❸ 王海明，孙英. 美德伦理学 [M]. 北京：北京大学出版社，2011：255.

❹ 罗国杰. 中国伦理学百科全书：伦理学原理卷 [M]. 长春：吉林人民出版社，1993：309.

❺ PAYTON R L. Philanthropy：Voluntary Action for the Public Good [M]. New York：American Council on Education/Macmillan Publishing, 1998：12.

动，其帮扶的主要对象是在社会中因自然灾害、意外灾难而遭遇不幸的人，这种帮扶是以助人为乐、不求回报、无私奉献为宗旨而开展的救助行为"❶。因此，从慈善的内容和形式来看，周秋光和王猛认为，慈善主要包括政府、宗族、宗教以及社会慈善。❷ 程立涛和孙国梁认为，"慈善是一个道德范畴……是道德情感和道德实践的结合。慈善以无私的道德感情引导和调节道德实践，对每个不幸者给予必要的关怀和帮助，使其获得生存的基本条件，享有与他人同样的尊严和权利，维护他们人格的独立和完整。"❸ 有学者基于我国慈善发展特有的历史环境，认为慈善包括私人行善的"亲亲之爱"、国家慈善的"德政之术"，以及社会公共领域的"人类之爱"。❹

慈善美德的内涵在不同学科的表述中有着不同的诠释，从经济学角度来说，慈善美德强调的是一种无偿捐助，是社会再分配的过程。经济学家厉以宁认为，慈善道德分配是用于平衡收入差距的第三次分配。从社会学角度来说，慈善美德能够改善困难者或弱势者的生存状况，发挥社会保障的作用。从政治学的视角出发，慈善美德表现为对共同富裕、均衡发展、正义公平等内容的诉求。从伦理学的视角出发，慈善美德主要以慈善实践为载体，不断培育个人的人道精神、博爱情怀以及无私奉献等道德品质。

总之，在不同的国家、不同的地域、不同的历史时期、不同的视角，慈善美德的核心要素也会随着时代的语境而发生变化。概括而言，慈善归根到底是属于道德的范畴，是一种道德活动，是人们对处于危困伤残状态而无力自救的人发自内心的一种关爱和援助，表达了人类最基本的道德情怀。❺ 具体可以从以下三个方面来理解。

首先，慈善美德是一种动机。作为一种动机，慈善美德在应然和实然方面都强调"为人"与"无我"的基本特征，即必须是无私的奉献。❻ 有学者

❶ 周秋光. 中国慈善简史 [M]. 北京：人民出版社，2006：6.

❷ 周秋光，王猛. 当代中国慈善发展转型中的抉择 [J]. 上海财经大学学报，2015，17（1）：78-87.

❸ 程立涛，孙国梁. 论当代中国慈善事业的道德主体 [J]. 贵州大学学报（社会科学版），2005，23（1）：17-21.

❹ 刘威. 解开中国慈善的道德枷锁：从"恻隐之心"到"公共责任"的价值跃迁 [J]. 中州学刊，2013（10）：66-71.

❺ 石国亮. 论慈善与道德的关系及其他 [J]. 浙江社会科学，2014（2）：47-53.

❻ 周秋光. 中国慈善简史 [M]. 北京：人民出版社，2006：3.

基于慈善动机出发，认为慈善动机包括：面对大灾大难时，更容易激发出人们对受灾群众的同情心，在同情心的驱使下逐步形成捐赠动机；面对单位组织的捐赠活动，由于对捐赠对象本身不知情，所以人们往往会迫于外在压力而进行捐赠，其动机往往是复杂的；对于自身受助后回馈社会的捐赠，由于个体体验了受助和施助的双重身份，其捐赠的动机往往是自愿的；当国家鼓励企业进行捐赠时，企业捐赠的动机或者说目的也是多层面的，有些是为了赢得社会声誉，有些是为了获得税收减免。❶ 有学者基于传统和现代划分的角度，认为按照慈善捐赠动机的传统观念包括发光发热和互利互惠动机；按照慈善捐赠动机的现代观念包括利己动机、互惠动机和纯粹动机。❷ 一般来说，慈善美德最突出的特征是无私奉献，其主要针对人的行为动机的视角进行伦理评价。人们把具备善良动机的慈善行为称为合道德性，其行为最大的特征是无偿性，无偿性源于人的恻隐之心和"利他"的主张。❸ "利他"源于社会学家孔德的描述，即行为人做有利于他人的无私举动，或者为了改进他人的福利而牺牲个人利益，体现了行为人无私奉献的高尚道德精神。马克思很早就提到："如果我们选择了最能为人类福利而劳动的职业，那么，重担就不能把我们压倒，因为这是为大家而献身……而面对我们的骨灰，高尚的人们将洒下热泪。"❹ 道德高尚的人在慈善活动中通常是不求回报的，而且会将其财富奉献给社会，他们打破了世俗的心理定势，主动投身于各类慈善事业。这种强调以无私奉献为境界的慈善在传统观点中占据主导地位，而随着时代的发展，现实生活中的慈善动机呈现出多元化和复杂化的特点。慈善的动机既有无私奉献、互助友爱，也掺杂着经济利益、政治权利和社会声誉等。学术界对慈善动机的看法不一，大部分学者认为，只有无私奉献的利他主义才是慈善，任何夹杂着其他动机的慈善行为均被视为"伪善"。同时，有学者认为，在现代慈善的发展过程中，慈善动机呈现多元化的特点，只要是为了公民福利而提供服务的行为，就是"以爱为名义"的行为，因而也可以被称为

---

❶ 石国亮. 倡导和培育内在驱动的利他导向的慈善动机：兼论"慈善不问动机"的片面性 [J]. 理论与改革，2015（2）：168-171.

❷ 刘妍. 慈善的分类与道德价值导向 [J]. 东南大学学报（哲学社会科学版），2015（6）：40-46，148.

❸ 康德. 道德形而上学原理 [M]. 苗力田，译. 上海：上海人民出版社，1986：47.

❹ 马克思，恩格斯. 马克思恩格斯全集：第40卷 [M]. 北京：人民出版社，1982：7.

慈善。慈善是多层次的，既有崇高的无私奉献，也有为了追逐名利、获得减税机会，以及因为行政命令不可违抗而实施的被迫慈善。慈善是一场修行，相关主体付出的努力具有很大的弹性；慈善的内容也是多方面的，金钱、时间甚至是精神都可以纳入其中。正如国学大师季羡林所说："不管在什么条件下，出于什么动机，只要他参与了，他就开始了他的道德积累。"❶ 因而，纯粹的慈善是慈善道德的最高理想，也是合道德性的行为，这是最值得推崇和发扬的慈善精神。不过，这并不意味着对功利性慈善的全盘否定，应该本着具体问题具体分析的态度予以界定。

其次，慈善美德是一种观念。从价值观念的角度出发，慈善美德所体现的基本特征就是要发扬人道主义精神。❷ 人道主义本身是一个很大的范畴，简言之，人道主义是指关涉人道本质、地位、使命、价值以及个性发展的一种观念思潮。❸ 它是一个被赋予阶级性和历史性的概念，涉及哲学和伦理学等方面的内容。从伦理学的视角来看，人道主义的核心目标是将人的自由、平等、全面发展视为人的本质和使命，主张尊重和认同人的权利、尊严与价值，维护人的生存和发展权利，展示出人性中友善、互助的一面。中西方文化对人道主义的理解有所不同，但是对人道主义精神却有着共同的认识和理解。例如，慈善家熊希龄曾说："孔教言仁，又曰博施济众；耶教言博爱，又曰爱人如己；佛教言慈悲，又曰普度众生。"总之，"无论为何教何学，无不以人道为重。"❹ 由此，慈善美德所追寻的价值理念主要包括弘扬人道、乐善好施和扶贫济困等。"大道之行，天下为公"❺，慈善美德通过发扬人道主义精神，最终将实现慈善无国界的人类美好愿景。

最后，慈善美德是一种行为。从道德行为的视角出发，慈善美德本身兼具知行合一的理念，在践行的过程中始终本着积德行善的宗旨。❻ "慈善是良好道德的发扬，又是道德积累的开端。"❼ 慈善美德首先是一种个体行为。人

---

❶ 季羡林. 季羡林谈人生 [M]. 北京：当代中国出版社，2006：125.

❷ 周秋光. 中国慈善简史 [M]. 北京：人民出版社，2006：3.

❸ 奚洁人. 科学发展观百科辞典 [M]. 上海：上海辞书出版社，2007：480.

❹ 周秋光. 熊希龄集：下册 [M]. 长沙：湖南出版社，1996：1389.

❺ 《礼记·礼运》.

❻ 周秋光. 中国慈善简史 [M]. 北京：人民出版社，2006：4.

❼ 季羡林. 季羡林谈人生 [M]. 北京：当代中国出版社，2006：125.

们之所以选择互助合作，不是出于自利的原因，而是源于真正的"同情心"，以维护社会安定团结为愿望，同时也是进行慈善行为的尝试。社会由闪现着积德行善"影子"的个体组成，这样整个社会就形成了一个大的"慈善"主体。其次，"慈善"还可以是一种社会行为，"其实质是出于人类共爱之心的表现"❶。积德行善在我国传统慈善事业中主要体现的是社会互助精神，是中华民族传统慈善文化中的瑰宝。社会互助是我国慈善事业发展的重要特点之一，我国自古就有集体主义导向的扶危济困的文化传统。因此，从行为角度来说，慈善是以社会互助为典型特征的积德行善的行为。

四、公民慈善美德

"公民"一词是西方文化的产物，在历史演化过程中，其内涵和外延都发生了变化。"公民"的概念起源于古希腊、古罗马时期，徘徊于中世纪，兴起于近代，发展于现代，其内涵逐步得到了丰富和发展。"公民"（Polites，古希腊文）一词最早出现在古希腊，是"属于城邦的人"的意思，但"公民"在此处特指特权阶层，亚里士多德将"公民"定义为"有权参加议事和审判职能的人"❷。在古罗马时期，"公民"的民事身份虽与政治身份相分离，但这并不意味着"公民"的指称范围扩大到所有合法的社会成员，其仍然是特权阶层的表征。"以双手直接从事生计者不能拥有公民身份，因为他们没有余暇留给美德。"❸ 中世纪也被称为"黑暗世纪"，主要是指欧洲进入神学统治时代，"公民"概念逐步被"臣民"所取代。直到资产阶级革命胜利后，"公民"这一称谓才重新回归公众的视野。当然，公民的含义也打上了时代的烙印，它不再是特权阶层的象征，而是代表着法律的权威，因为是法律赋予公民身份，法律强调公民身份的平等性，这种平等还体现在公民之间在权利与义务的均衡关系上是平等的，任何公民不得享有与其他公民不同的特权，而且凡是公民都享有同等的权利并承担同等的义务。❹ 因而，"公民"从一开始

---

❶ 上海市慈善基金会，上海慈善事业发展研究中心．慈善理念与社会责任 [M]．上海：上海社会科学院出版社，2008：110.

❷ 亚里士多德．政治学 [M]．吴寿彭，译．北京：商务印书馆，1997：113.

❸ 麦克里兰．西方政治思想史 [M]．彭淮栋，译．海口：海南出版社，2003：74.

❹ 张博颖，陈菊．西方公民观与公民道德观的历史演变：从古希腊罗马时期至17、18世纪 [J]．伦理学研究，2004（6）：86-92.

就打下了"政治权利"的烙印，如今，多数西方国家已将"公民"概念纳入本国的宪法。

　　具体来说，西方"公民"的概念建立在两大政治传统之上：共和主义基于共同体的角度，认为公民履行义务是核心之义，公民的德性和自由需要通过积极参与公共活动来实现；自由主义基于个人主义的角度，把公民看作法律赋予个人的一项权利，强调个人权利优先于公共善，法律应该保证私人领域的自由。在当代社会，这两种传统逐步走向综合，如英国社会学家马歇尔认为："公民身份是地位的象征，这种地位表现为共同体的成员都被纳入其中，在这一地位所赋予的权利和义务上都是平等的。"❶ 露丝·里斯特也认为："作为一种地位，它覆盖了广泛的权利，作为一种实践，涉及宽泛地加以界定的政治参与。公民在实践自身权利的过程中表现出身份的动态性特点。"❷ 换句话说，"公民"在实践过程中必须享有平等的权利与责任，共同体才能更好地发展。

　　在我国，辛亥革命前后，"公民"一词自西方而来，并实现了第一次本土化转换。甲午战争之后，"变"成为社会的新潮。1864 年，美国传教士丁韪良将《万国公法》翻译成中文，"citizen"一词被译为"人民"，显然这种译法与现今公民的含义一致。❸ 但是，这种取义并没有得到广泛的使用，出于一些具体的历史原因，我国还是选用了日本对"citizen"的译法，即"国民"一词。❹ 这是中国学者用"国民"表达"公民"概念的本土化。梁启超在日本留学期间大量阅读西方启蒙思想运动时期的政治理论著作，对其"新民"思想的产生有重要影响。他指出："国民者，以国为人民公产之称也……其国不可得而亡，是之谓民。"❺ 梁启超从国家与国民的关系入手，剖析当时中国只有"国家"却没有"国民"的问题，国家竞争不应是"一人之战"，而应是一场"国民之战"。至此，我国在这一历史阶段用"国民"替代了"公

❶ 马歇尔，吉登斯. 公民身份与社会阶级 [M]. 郭忠华，刘训练，编. 南京：江苏人民出版社，2008：23.

❷ 里斯特. 公民身份：女性主义的视角 [M]. 夏宏，译. 长春：吉林出版集团有限责任公司，2010：63.

❸ 惠顿. 万国公法 [M]. 丁韪良，译. 中国政法大学出版社，2003：34.

❹ 钟凯，刘霞. 20世纪中国公民观的变迁 [J]. 学海，2018 (6)：57.

❺ 梁启超. 梁启超全集 [M]. 北京：北京出版社，1999：309.

民"，事实上其已经具备了近代意义的"公民"内涵。中华人民共和国成立后，为了突出无产阶级专政的特色，"人民"一词被广泛使用，但依然未涉及"公民"一词。直至1982年，我国在《中华人民共和国宪法》这一根本大法中对"公民"进行了概念界定，即"凡具有中华人民共和国国籍的人都是中华人民共和国公民"。"公民"一词逐步散见于法律条文之中。"公民"和"人民"强调的重点不同：人民主要突出政治概念，具有阶级性的特征，"敌人"是其相对概念；公民则更凸显个体性。改革开放以来，随着吸收、借鉴西方现代化进程的文明成果，经济的发展也解决了市场经济是姓"资"还是姓"社"的争端，中国学术界开始关注"公民"概念。我国从计划经济体制中脱离出来，逐步向市场经济发展，在探索和发展中逐渐确立了社会主义市场经济体制。"经济问题是压倒一切的政治问题。"❶ 公民不再局限于自身狭隘的空间里，公共领域的范围逐步扩大，原来的"大公无私"理念已经受到时代的挑战。国家的发展需要每个个体遵守法律和规范，强调个体之间权利和义务的平等，公民概念与公民文化有了较高的契合度，"公民"概念在这种背景下被广泛使用并逐步得到认可，公民道德、公民美德的概念也孕育而出。

综上所述，"公民指的是受特定民族、国家法律保护的具有理性推理与决策能力的个人，公民身份的实质是个人权利与义务的统一，从广义来说，公共领域的范围扩大到公民所有的实践活动场所。"❷ 因而，公民首先是一个具有理性选择与行为的个体；其次，公民的首要特征是权利与义务的统一，即在享有权利的同时，必须履行相应的义务；最后，公民主要界定在公共领域范围，公共领域的实践活动是公民德性的"试金石"，公民的德行只有在实践中才能得以体现。

学者们针对道德的人性基础问题持有不同的观点，但是在道德与人性的关系上，一般认为道德源于人性，"是人性的内在规定"❸。慈善美德作为人的一种道德，也是源于人性的。人性是指"一切人普遍具有的各种属性的总和"❹。人性从其属性进行探索，包括人的自然属性、社会属性与精神属性。

❶ 邓小平. 邓小平文选：第2卷 [M]. 北京：人民出版社，1994：194.
❷ 刘晓璐. 公民正义品质培养机制研究 [D]. 北京：中共中央党校，2014：82.
❸ 彭柏林. 道德需要论 [M]. 上海：上海三联书店，2007：55.
❹ 戴景平. 人的需要：马克思人性论的逻辑起点 [J]. 长白学刊，2007（2）：11-14.

因而从人性的角度来理解公民慈善美德，需要分析其产生的人性基础。具体地说，人的自然属性是公民慈善美德产生的人性根源，公民慈善美德的源泉是以同情心为核心的道德情感；人的社会属性是决定公民慈善美德的关键要素，公民慈善美德的动机是以道德责任为基础的；人的精神属性是公民慈善美德的价值追求，公民慈善美德的价值取向是人格完善与人人幸福。

（一）人的自然属性：公民慈善美德和同情心

对于公民慈善美德与人的自然属性之间关系的认识，其实就是回答公民慈善美德的产生与人性善恶判断的关系。一方面，性善论认为慈善美德是从人的自然属性中产生的，如我国传统慈善思想中的"性善论"、西方基督教的"博爱"思想。持性善论的学者认为，慈善美德产生的原动力是人的同情心，这也说明人类具有善良的本性。另一方面，性恶论者认为慈善美德是人类超越自然状态，实现人与人之间和谐关系的一种道德要求，如霍布斯认为，人在本质上是自私自利的，人与人之间充满了激烈竞争、尔虞我诈，以及追求名利，如果要改变这种人与人之间的"人狼竞争"状态，不仅需要激情，更需要理性。这是因为激情会促使人形成趋利避害的自然倾向，理性则能够促成人们达成和谐共处的共识。因而，性恶论者从抽象的普遍人性出发，认为慈善美德正是对自然法的遵守，是人类生存与发展的一种自然需要。

人具有社会属性，作为社会人，同情心属于最基本的道德情感。亚当·斯密认为："同情主要是指将自身处在旁观者的立场上，当周围人因某一事件产生激情时，作为旁观者会相应地对自身观察到的事情做出'情境共通'的反应，并不自觉地会设身处地为他人考虑，从而形成'情境共鸣'，由此激发出类似的激情或情感。"❶康德也曾提出："对于人们通过'情境共鸣'等因素产生的行善，或是为主持正义而衍生出的秩序的爱，这是非常好的。"❷同情心是人类生命中最原生态的、自然的高贵品质，它象征着人们对道德至善境界的追寻。正如莎士比亚在《威尼斯商人》中指出："慈悲不是出于勉强，

---

❶　王楠. 亚当·斯密的社会观：源于人性的自然秩序［J］. 社会学研究，2006（6）：29-48，247-248.

❷　康德. 实践理性批判［M］. 邓晓芒，等译. 北京：人民出版社，2003：112.

它是像甘露一样从天上降下尘世。"❶ 因而无论是在东方还是西方，学界都认为公民慈善美德是从人的自然属性中产生的，同情心是其源泉。

（二）人的社会属性：公民慈善美德和道德责任

人与动物的根本区别在于人具有显著的社会属性，随着历史的推进，人类社会结构逐渐形成。人的社会属性"不仅使人与动物相区别，同时使人学会了从自然中获得生存的力量，并逐步获得解放，成为一种自觉的存在物"。❷ 首先，社会是由多样的个体构成的，人对于社会的形成具有重要的作用；其次，个体生活在社会群体中，依赖社会群体而存在，"而社会群体的生活是一个以合作为基础的有序的过程"❸。公民慈善美德既是一种合作的德性，也是一种责任感的体现。慈善的这种合作并不是出于私人关系，它是上升到社会关系层面并以制度形式稳定下来的资源互助行动。受助者接受救助是其作为社会成员的基本权利，"行善则是公民个人承担对他人社会责任的表现"❹。公民慈善美德就是这样一种道德责任。康德在道德哲学中提出"道德责任"的概念，他认为单纯依赖同情心的情感道德并不能完成道德使命，应该逐步强化道德责任感，实现将理性主义、善良意志、道德规律相结合的目标，"量力而行善是一种义务，即理性行善更值得推崇，我们不应该将行善与爱心程度结合视作同一情况"❺。只有正确认识慈善主体之间的关系，以及对彼此权利与责任意识的自知自觉，才能实现个体人格完善。慈善是"发自内心的爱的表达和真情的流露"❻。溯源慈善形成的爱心之外的因素，责任无疑显得十分重要，慈善要得以持久发展，责任是主要的因素，或者说责任是爱之理性的升华。因此，公民慈善美德的动机是以道德责任为基础的道德要求，更是公民责任与权利的辩证统一，这种责任与权利的双重身份能够在慈善行为中更好地展现出来。

---

❶ 莎士比亚. 威尼斯商人（全译精装典藏版）[M]. 朱生豪，译. 北京：商务印书馆，2017：353.

❷ 袁贵仁. 对人的哲学理解 [M]. 郑州：河南人民出版社，1994：55-56.

❸ 黄明理. 从人性看人的道德需要 [J]. 南京师大学报（社会科学版），1997（1）：24-27.

❹ 王昌沛. 西方国家公民慈善意识形成的环境因素分析 [J]. 郑州大学学报（哲学社会科学版），2015，48（1）：176-180.

❺ 康德. 道德形上学探本 [M]. 唐钺，译. 北京：商务印书馆，2012：44.

❻ 慈善事业的核心价值观是爱和责任 [EB/OL].（2008-04-23）[2019-10-04]. http://news.sina. com. cn/c/2008-04-23/004913777395s. shtml.

(三) 人的精神属性：公民慈善美德和人格完善、人人幸福

人在满足自身的自然需要与社会需要之后，便开始追求自身的精神需要，并将对自身的人性超越作为精神需求的制高点。马斯洛提出的"需要层次理论"指出，每个人都有各种不同的需要，按照满足需要的层次进行分类，他提出了五个层次的需要，包括生理需要、安全需要、社会需要、尊重需要与自我实现需要，这五个层次的需要是一个由低级到高级的过程。公民慈善美德作为一种道德范畴，不仅是促进个体人格完善的精神力量，也是促进社会人人幸福的精神支撑。

一方面，人格主义学者贝克认为："人格具有自我决定的特性，更是以一种自由形式存在。因为称为自由意味着不为其给予的本性所束缚，而具有超越自我的能力。"[❶] 黄希庭则认为："人格是指个体在做出某种行为前，其内心活动的反映，具体是个体在适应自身生活环境时而表现出来的一系列内心世界的细微变化，这些细微之处的变化包括能力、情绪、需要、动机、兴趣、态度、价值观、气质、性格和体质等方面的整合。"[❷] 因而，从伦理道德来讲，人格的核心是个体做人的道德品质，是抽象我和内在我的建立，也标志着一个社会人品格的形成。因此，公民慈善美德作为完美人格品质的重要组成部分，象征着一种崇高人格的精神境界。另一方面，幸福是人类所特有的议题。传统经济学认为，人的幸福感主要取决于收入的高低，这是对人类精神需求认识的缺失与扭曲。事实上，影响人的幸福感的因素是多样的。"当个体的行为能契合内心的价值观时，就会有幸福的感觉，个体的亲社会的行为本身也是一种利他主义行为，能够让自己身心愉悦，能够增加人的幸福感。"[❸] 公民慈善美德是一种典型的利他主义行为，主要服务于人类的幸福。慈善给人们打开了幸福之门，对于受助者而言，其在不损伤自身人格的情况下有尊严地寻求到帮助，从而实现了个人的幸福；对于施助者来说，其通过表达自身的善意而获得满足感和成就感，进而使其身心感到幸福。慈善好比是一项心灵

---

❶ 涂纪亮. 当代美国哲学 [M]. 上海：上海人民出版社，1987：367.

❷ 黄希庭. 人格心理学 [M]. 杭州：浙江教育出版社，2002：4.

❸ RYFF C D. Psychological well—being in adult life [J]. Current Directions in Psychological Science, 1995 (4)：99-104.

的伟大事业，需要我们学会在日常生活中去践行，因此，"慈善，首先是心灵的觉醒，然后才是行动的力量"❶。公民慈善美德本身就是一种善德的表现，作为最高层次的善的慈善德性，公民慈善美德培育当然是为了人、实现人、发展人，其价值取向包括人格完善与人人幸福等内容，这也成了公民慈善美德的本质特征。

由此可见，公民慈善美德是指公民在参与慈善实践的过程中，表现出来的一种道德情感、心理认知或价值观念，是一种以同情心为源泉，以道德责任为基础，以人格完善与人人幸福为价值取向的社会美德。如果将公民慈善美德视为社会美德，显然它与个体美德有着必然的联系和区别。从两者的联系来看，个体美德与社会美德的关系类似于"好人"与"好公民"的关系，个体美德是社会美德的基础，两者在内容上是相通的，在目的上也有契合性。从两者的区别来看，主要体现在以下三个方面：首先，两者生成与服务的空间领域不同。社会美德主要是指在公共领域的道德场域对公民的行为约束，凸显"公"的特点，其关注点不再局限于私人的领域空间，其通过公共领域追寻公共的幸福，以达到自身幸福，也被学者称为生于斯、利于斯、成于斯；个体美德主要彰显"私"的特点，其主要在于私人领域，但有时也会关涉公共领域，一般是出于完成自身道德修养的需要或履行道德承诺。其次，两者伦理道德的偏重面呈现差异性。社会美德是公民在履行其权利和义务时逐步培养起来的适应公共空间的美德伦理规范，具有政治性，是实现道德价值和政治价值的统一体；个体美德主要是公民在日常生活习惯、行事方式、处理人际关系的私域交往中逐步习得的道德修养。最后，两者的社会作用不同。社会美德逐步培养公民对美德的一些偏好，形成具有社会公共示范作用，并在社会公共生活中具有普遍约束力的道德行为规范；而个体美德的形成依赖公民自身的道德素养，不构成社会普遍约束力。因而，公民慈善美德是建立在公共意识与社会责任意识之上的，表达了从个体的德性意识到社会公德意识的转变，是一种由"理得然后心安"的内在认同到"安心然后得理"的社会认同的转变，这也是传统慈善美德与新时代公民慈善美德的一个"分水岭"。

---

❶ 赵华文，李雨. 慈善的真相［M］. 合肥：安徽人民出版社，2012：293.

第二节　新时代公民慈善美德的本质与特征

一、新时代公民慈善美德的本质

党的十九大报告指出："经过长期努力，中国特色社会主义进入了新时代，这是我国发展新的历史方位。"[●] "新时代公民慈善美德"在新的历史节点上被赋予了更加丰富的内涵。该命题的提出并不是为了附和时髦的概念，单纯地通过添加"新时代"三个字来体现其与原来公民慈善美德的不同。事实上，"新时代公民慈善美德"具有新的内涵：从时间层面来看，"新时代公民慈善美德"具有承上启下的"长时程"意味，既要继承与弘扬我国的优秀传统慈善美德，又要指向新时代公民慈善美德培育问题；从价值层面来看，"新时代公民慈善美德"是对公民慈善美德"现代性"的一种反映，蕴意了现代公民慈善理念，主要是为了表达"现代性"特征的具体内容，这也是理解"新时代公民慈善美德"的核心所在。

同时，要厘清新时代公民慈善美德的本质，还要正确认识其与社会主义核心价值观的关系。从政府权威的话语体系厘清关于慈善美德的全新表述，有助于慈善美德与社会主义意识形态的融合，从而生成新时代公民慈善美德。改革开放以来，市场经济的发展也衍生出道德滑坡的现象，社会主义核心价值观的提出为公民的道德建设提供了价值取向和价值标准。新时代公民慈善美德提倡平等友善、为民奉献等内容，这与社会主义核心价值观的价值标准是密切相关的，同时这符合新时代我国的主流意识形态。因此，新时代慈善美德与社会主义核心价值观在价值取向、价值目标和价值内容等方面具有一致性，具体表现为：其一，两者都是对我国传统慈善美德的优秀元素的继承和发展。我国传统慈善美德从"社会理想"出发，强调个体的社会责任感和道德修养是通往理想社会的必然途径。新时代公民慈善美德更凸显了个人在公共生活中的共享性，强调为实现美好生活而奋斗，这是对我国优秀传统慈

●　习近平. 决胜全面建成小康社会　夺取新时代中国特色社会主义伟大胜利：在中国共产党第十九次全国代表大会上的报告 [M]. 北京：人民出版社，2017：10.

善美德的积极回应。习近平总书记明确指出："核心价值观，其实就是一种德，既是个人的德，也是一种大德，就是国家的德、社会的德。"❶ 社会主义核心价值观主要从国家大德、社会公德、个人品德三个层面剖析了"德之范围、德之境界"，无不散发出社会正能量影响着公民的道德行为规范。其二，两者所追求的价值目标具有一致性。社会主义核心价值观从国家、社会、公民三个层面设定了价值目标，其目标是实现国家富强、社会公平、人际关系和谐友善。社会主义核心价值观将富强摆在首位，明确了对共同富裕理想的追寻，在实现共同富裕的过程中，不仅要发挥经济和政治方式的分配作用，还要充分发挥慈善事业的作用，而慈善美德培育对慈善事业的持续发展具有重要作用。通过培养公民道德素养，使公民形成主动参与慈善事业的习惯，慈善的风气也将随之兴起，社会将逐步走向和谐，这也有利于维护公平。社会主义核心价值观将友善作为个人层面的价值标准，人与人之间的友善是形成"待人如己、助人为乐"社会风气的基础，而新时代公民慈善美德也特别强调将他人的利益放在重要位置，倡导公民之间互帮互助。从这个角度来看，两者也具有一致性。

二、新时代公民慈善美德的特征

(一) 鲜明的政治性

政治活动与政治环境影响新时代公民慈善美德的培育。"政治属性是公民的本质属性，政治义务的履行是公民身份实现的基本前提。"❷ 恩格斯曾说："一切以往的道德论归根到底都是当时的社会经济状况的产物。"❸ 新时代公民慈善美德作为社会意识形态的内容，也是社会经济发展到一定阶段的产物，反映了社会存在，可视作社会历史发展的产物。恩格斯指出："道德始终是阶级的道德；它或者为统治阶级的统治和利益辩护……"❹ 党的十九大报告将深入实施公民道德建设工程放在重要位置，其中公民慈善美德的培育无疑是全

---

❶ 习近平. 习近平谈治国理政 [M]. 北京：外文出版社，2018：168.

❷ 吴俊. 公民美德：特征及其意义 [J]. 道德与文明，2009 (2)：89-91.

❸ 马克思，恩格斯. 马克思恩格斯选集：第3卷 [M]. 北京：人民出版社，2012：471.

❹ 马克思，恩格斯. 马克思恩格斯选集：第3卷 [M]. 北京：人民出版社，2012：471.

面深化改革实践中最基础、最复杂和最漫长的道德建设工程，为中国政治文明系统工程的建设提供了基本的精神动力。因而，新时代公民慈善美德培育离不开其所属的政治背景以及政治共同体，作为共同体中的良好公民，要以主人翁的姿态在行使公民正当权利的过程中自觉履行公民应尽的义务，公民更应当积极主动地加入慈善事业中，推动我国社会主义事业的建设，塑造新时代公民慈善美德。

中国慈善事业随着历史的发展逐渐走向完善，新时代公民慈善美德指引着我国慈善事业的发展，并逐步形成特有的公共精神。在吸纳我国优秀传统慈善美德的基础上，不断增添新的时代内涵，从而逐渐形成新时代公民慈善美德。新时代公民慈善美德作为当下中国慈善精神的表现，能够唤起公民内心向上和向善的力量，对建设社会主义精神文明、推进和谐社会的构建、创造美好生活等具有重要意义。从战略发展的思维来看，新时代公民慈善美德培育能促进我国慈善事业良性发展，为全面建成社会主义现代化强国提供坚实的思想保障。

(二) 时代的法治性

在我国传统社会里，乐善好施、扶贫济困、互帮互助等传统慈善美德植根于人们的日常道德观念中，表现在人们的朴素行为中，这些点滴经过历史的沉淀铸成了中华民族特有的传统慈善文化，引导着人们献身慈善事业，并代代相继。当然，传统慈善中的慈善更多地依赖于短暂的同情心和本能的感觉所引发的道德冲动，其大多建立在血缘、地缘的基础上，也可称之为"熟人社会"中的慈善美德，在此基础上逐渐构成了"差序格局"。法学家劳伦斯·弗里德曼曾在《选择的共和国》一书中第一次提及"陌生人社会"的概念。确切地说，随着城镇化进程的发展，当前我国"熟人社会"的"社交圈"正在发生改变，逐渐迈向"陌生人社会"。"陌生人社会"对社会各方面发展的要求也开始发生变化，而现代法治慈善美德就这样被"时代召唤"，成为当前发展慈善事业过程中重要的一环。另外，如果简单地把慈善美德归入纯粹的伦理领域，那么这种传统观念不仅忽视了法治规范在新时代公民慈善美德培育中的重要作用，还会导致现代社会中伦理道德和法律法规相向而行，从而阻滞慈善事业的发展。

从整体上看，我国慈善事业的法治化进程呈现相对缓慢的特征，尚未真正建立综合性、专门化的慈善法律制度体系，无论是慈善行为的主体、客体，还是监管者，都存在慈善方面的法律知识相对薄弱、法治意识相对淡薄等不足。随着改革开放步伐的加快，我国慈善事业的法治化结束了"冬眠的岁月"，迎来了"改革的春天"。1999 年 6 月，《中华人民共和国公益事业捐赠法》的颁布是为了更好地保护捐赠人、受赠人以及受益人等群体的合法权益不受侵犯。新时代开始了新征程，慈善事业法治化逐渐有了新的突破，并在脱贫攻坚、创新社会治理、促进经济社会发展等领域展示出其优势。《中华人民共和国慈善法》（以下简称《慈善法》）的实施更是为我国慈善事业的发展提供了法律保障，成为推动我国慈善事业进入"依法治善"阶段的一个里程碑。

慈善事业的发展需要道德力量的支撑，新时代发展慈善事业更需要新时代公民慈善美德的助力。因而，通过培育法治化的慈善美德，唤醒公民规范的慈善意识，使公民慈善美德从"恩赐性"走向"义务性"，从"施舍性"走向"平等性"，从"随意性"走向"制度性"，有利于形成现代社会的慈善文化，在全社会范围内营造出崇尚慈善的和谐氛围，这些观念已被越来越多的人接受并在促进慈善事业健康发展中日益彰显其作用和地位。

（三）自主的无偿性

经济学家加里·斯坦利·贝克尔（Gary Stanley Becker）认为，慈善最突出的特点应该是强调其是自主的行为，是在没有外力强制的条件下做出的回应；同时，慈善行为中的行善对象不应该是家族内部的成员，而是面向无利益关系的个人或组织。比索普和格林在《慈善资本主义：富人在如何拯救世界》中也提出："确切地说，新慈善资本主义精神主要由两个要素构成：一是捐赠本身就是一种责任，二是自己本身有能力成为问题的解决者。"❶ 根据我国实际情况分析，慈善事业被界定为："广泛开展以公民、法人和其他社会组

---

❶ 比索普，格林. 慈善资本主义：富人在如何拯救世界 [M]. 丁开杰，等译. 北京：社会科学文献出版社，2011：47.

织自愿捐赠资产和劳动。"❶ 由是观之，现代社会突出个体的本位，因此个体的自主性也应当成为公民慈善美德的重要特征，强调公民作为具有理性推理、选择与决策能力的个体的"价值"。对于是否行善，应该是个体的权利和自由，因为外在强制力（如行政力量、舆论压力等）的干预可能会削弱公民的慈善意愿。

新时代公民慈善美德始于内在的同情心，源于道德选择，其本质是爱人之心、感恩之心和爱国之心的高度结合，强调公民、群体或社会组织等所体现的慈善行为应当是一种自主的、自愿的行为。当然，其不应该带有任何功利性，而应是不求任何回报的，提倡的是无条件地、无偿性地向受助者给予帮助等，因而慈善行为的动力不是一种经济行为，而是社会公民的道德情操倾向，体现着利他主义的理念和慈善主义的精神。一方面，其不同于中国传统社会亲人与亲人、熟人与熟人之间的互助，这是一种依据血缘和地缘的标准，主要参照亲疏程度、远近关系来选择慈善对象，新时代公民慈善美德打破了这种慈善范围的局限性，主要辐射为陌生人与陌生人之间的一种不求回报的慈善美德。另一方面，其与传统的恩赐有着本质上的区别，恩赐是一种"伪德"，体现为恩赐者向受助者的单向施舍，新时代公民慈善美德对人性提出了更纯粹的要求，它源自内心的自愿和自觉，自主的、无偿的慈善才可能促进人们积极地参与慈善活动，并毫无保留地、饱含热情地投身慈善事业。

（四）以人为本的平等性

首先，新时代公民慈善美德强调捐助者与受助者之间的平等性，体现了"人是目的"的内在价值。新时代公民慈善美德认为慈善事业作为一项社会公共事业，体现了现代慈善美德对受助者尊严的肯定，公民可以平等地取得社会资源和公共物品。这必然改变了传统的慈善观，传统的"官办"慈善表现为自上而下的"施舍、恩赐、怜悯"，尊卑等级的观念比较严重，捐助者与受助者之间不是平等关系，而是人身依附关系。相比较而言，现代慈善美德认为利他行为首先要置他人于与自己平等、尊重的地位，不然，形式上利他，

---

❶ 中华人民共和国民政部. 中国慈善事业发展指导纲要（2006—2010 年）［J］. 中国民政，2005（12）：23-25.

实际上可能侵犯了他人自主、自由的权利；另外，利他行为要在适当的范围内，而不是任意的、无条件的，超越了特定的、合适范围的利他行为，其结果很可能是适得其反的。❶

其次，新时代公民慈善美德认为慈善事业作为一项道德事业，体现了现代慈善美德对人本价值的肯定，其道德内涵更应该体现在慈善行为的人本关怀上，"身份平等是一件根本大事，而所有的个别事物好像是由它产生的"❷。因此，我们更应该重视人的尊严问题，把人的平等准则放在第一位，这样才会有助于慈善事业的发展，才能更好地推动社会的和谐发展。一方面，不能因为受助者接受了物质和精神上的帮助而认为其处于弱势地位，失去人格尊严；另一方面，在捐助者的慈善捐赠的评价问题上，要给予公正的评价，过高或过低的评价都不是最优的选择。

最后，新时代公民慈善美德更应该注重公民道德责任的重要性。现代公民主要通过参与慈善组织举行的活动来实施慈善行为，慈善活动的对象是陌生人，公民通过参与慈善活动，逐渐认识到自身是公共生活的组成部分，只有每个公民都以"主人翁"的态度去面对公共生活，其主体地位的优势才能得以激活并发挥实效。新时代公民慈善美德具有社会激励性，激励公民承担责任、积极地履行义务，这样公民的慈善行为就是一种"平常行为"，捐助者剔除了"高人一等"的观念，受助者摆脱了"卑躬屈膝"的思想，两者之间逐步实现了平等。因此，正如康德所言："人，一般说来，每个有理性的东西，都自在地作为目的而实存着。"❸ 新时代公民慈善美德平等的人本观更深层地张扬人的善良本性，在全社会弘扬慈善光荣、慈善神圣的社会风尚，体现了个体不以任何外在的目的而存在的价值，从而实现人的全面发展和推进社会文明进步。

（五）公共的共享性

首先，新时代公民慈善美德展现了公民的公共性美德，彰显出"公共示范意义"。具体而言，一是新时代公民慈善美德主体与对象的公共性。新时代

---

❶ 徐宗良. 道德问题的思与辩 [M]. 上海：复旦大学出版社，2011：101.

❷ 托克维尔. 论美国的民主：上卷 [M]. 董果良，译. 北京：商务印书馆，1988：4.

❸ 康德. 道德形而上学原理 [M]. 苗力田，译. 上海：上海人民出版社，2002：46.

公民慈善美德认为慈善面向的是整个社会，公民个体既可以是捐助者，又可以是受助者，强调人人参与的全民慈善。公民身份强调"公"，表明了公民参与活动的范围是在公共领域，这些活动才能被纳入公民慈善美德的范围并得到评价，从而具备了公共示范的内容。现代社会的公民并不是孤立的，而是与他人形成有机联系的整体，如果离开了共同体的公共利益，公民身份也就毫无意义。二是新时代公民慈善美德的公共性还可以通过公民的社会责任感得以表现。"现代社会现代性的一个突出特点是，人们普遍具有强烈的个人自我意识和权利意识，而且，原先固定的、有限的共同体生活已被打破，流动性很强，到处都是陌生人的集结地。"❶ 这样公民必须学会处理自己与陌生人的关系，懂得与人合作的方式，这成为公共性的主要内容。新时代公民慈善美德已不再是纯粹的私人行善，也不是与做好事直接等同划一，它已经开始发展成公民的公共意识，并在社群生活中逐渐生成责任意识，因为"人的本质不是单个人所固有的抽象物，在其现实性上，它是一切社会关系的总和"❷。三是新时代公民慈善美德最终的归宿是体现其公共性。恩格斯认为，"只有维护公共秩序、公共安全、公共利益，才能有自己的利益"❸。因而，新时代公民慈善美德的"根本要义在于克制私利服从公益"❹，强调要超越血缘、地缘等的限制，打破狭隘的感恩意识，倡导社会公民之间的互帮互助，实现公平正义和促进和谐社会建设。

其次，新时代公民慈善美德是为了实现共享性的社会理想。"社会主义道德把公益视为区分善恶的标准，并以维护社会公共利益为宗旨，因此，共同的利益是道德的尺度和基础。"❺ 党的十九大报告明确指出我国当前社会主要矛盾发生了变化，其中城乡之间、区域之间，尤其是公民之间的收入分配存在不平衡和不充分的问题。基于此，新时代公民慈善美德更加凸显共享的理念，对推进我国慈善事业的发展起到"导向器"和"助力器"的作用，进而能够增进城乡之间、区域之间和各民族、各阶层之间的共享发展。由此可见，

---

❶ 徐宗良. 道德问题的思与辩 [M]. 上海：复旦大学出版社，2011：82.

❷ 马克思，恩格斯. 马克思恩格斯选集：第 1 卷 [M]. 北京：人民出版社，2012：135.

❸ 马克思，恩格斯. 马克思恩格斯选集：第 2 卷 [M]. 北京：人民出版社，1957：609.

❹ 叶海涛. 共和主义：从古典到现代的嬗变 [J]. 江海学刊，2006（4）：61-66，238.

❺ 王泽应. 义利关系的不同类型及其实质 [J]. 南通大学学报（社会科学版），2006，22（2）：5-13.

新时代公民慈善美德的内核与社会主义国家所追求的共同富裕和共产主义的最高理想具有共同性，具有相同的价值追求和社会理想。

（六）财富的分享性

据考察，《史记》是我国最早记载"财富"的著作："布衣匹夫之人，不害于政，不妨百姓。取与以时而息财富。"经济学家刘诗白认为："现代社会财富具有多样性，表现为由物质财富，服务财富，知识、精神财富组成的三维结构。"❶ 在通常情况下，财富指的是"那些为人所必需的、有用的、适合于他们需要的，而且不是由自然界自发地、无限丰富地提供的物质"❷。财富在人们的生活中扮演着重要角色，其在形成人与人、人与社会的关系中起着重要的连接作用。老子曾说："金玉满堂，莫之能守；富贵而骄，自遗其咎。"❸老子认为即便家财万贯，多数难以长久保持。"佛教认为只有以正当职业和手段获取的财富从事布施才能得到圆满的果报。否则，虽有功德，却藏戕害。"❹在西方社会，人们普遍认为财富只有与他人分享，才能体现其价值。亚里士多德认为，"慷慨者主要表现为把财物给予适当的人，而不是从适当的人那里，或从不适当的人那里得到财物"❺。马克斯·韦伯则认为，财富来源于上帝，富有者只是上帝的管家。卡耐基更是强调"追求财富是一个可敬的抱负，是对一个人是否有益于他人的一大考验"。洛克菲勒也曾说道："上帝赐予我金钱。我认为，赚钱的能力是上帝给予我最好的礼物，我要开发自身能力去帮助别人。我坚信，我获得这份礼物后，我就会有责任和义务去挣更多钱，并在我的良知指引下用这些钱去做善事。"❻

随着社会的发展，公民的财富观呈现出多样性的特点，但是"藏富""炫富"都不是正确的财富观。新时代公民慈善美德必须具备理性的财富理念，要以合理、合法的途径取得财富，并本着利己利人的原则去服务于社会、奉

---

❶ 刘诗白. 现代财富论 [M]. 北京：生活·读书·新知三联书店，2005：1.

❷ 拉姆赛. 论财富的分配 [M]. 李任初，译. 北京：商务印书馆，1984：6.

❸ 《道德经·第二十章》.

❹ 陈建明. 佛教的财富伦理思想与和谐社会建设 [J]. 宁夏社会科学，2012（2）：83-86.

❺ 亚里士多德. 尼各马可伦理学 [M]. 廖申白，译. 北京：商务印书馆，2003：97.

❻ COLLIER P，HOROWITZ D. The Rockefellers：An American Dynasty [M]. New York：Holt, Rinehart and Winston，1976：48.

献于社会，这体现了财富的终极价值。因此，科学、合理、正确的财富观念制约着公民的慈善行为，影响着社会的公平正义，涉及国家的民生之计，同时影响着和谐社会的构建，是社会主义共同富裕目标是否能够实现的重要影响因素。

综上所述，新时代公民慈善美德既具有新的时代特征，也具有现代公民慈善美德的内在特征，具体而言，体现为鲜明的政治性、时代的法治性、自主的无偿性、以人为本的平等性、公共的共享性，以及财富的分享性。如果缺乏新时代公民慈善美德的正确引导，就可能会影响公民慈善行为的稳定性以及慈善事业的长期发展。

第三节 新时代公民慈善美德培育的内容

陈万柏、张耀灿教授认为："思想政治教育过程的基本要素是教育者、受教育者、教育介体。"❶ 基于此，新时代公民慈善美德培育过程要具备培育主体、培育介体和培育客体。因而，新时代公民慈善美德培育就是要在马克思主义慈善理论的指导下，批判式地吸纳与借鉴西方慈善美德的积极因素，扬弃式地继承与弘扬中国传统慈善美德，并对其进行现代化转换，突出新的时代特征，从而使培育客体形成培育主体预期的慈善美德的社会实践活动。前文在探讨新时代公民慈善美德培育理论的基础上，并对中西方慈善美德的思想渊源进行了纵向梳理和横向分析，阐释了新时代公民慈善美德培育的价值内涵，随之而来的"培育什么样的新时代公民慈善美德"，即培育介体如何便成为重要议题。

一、法治思维和契约精神

在社会治理中，法治建设的地位日益凸显，同时法治也成为我国社会层面的价值准则。《中共中央关于全面推进依法治国若干重大问题的决定》明确将"依法治国"列入我国的重要战略布局之一。慈善组织或者慈善机构的良

---

❶ 陈万柏，张耀灿. 思想政治教育学原理［M］. 北京：高等教育出版社，2007：127.

性运行，以及慈善活动的有序开展，都需要法治思维和契约精神提供基本依据，因为依法行善能够最大限度地保护捐助者与受助者的权利，如《慈善法》第41条规定，对悔捐行为可依法起诉。可见，依法行善在总体上能够减少社会治理的成本。就契约精神而言，西方社会并不是从一开始就产生了"契约精神"，其"契约精神"最早可以溯源到古希腊时期由亚里士多德提出的"正义"的论述；从法学的角度分析，古罗马法学家盖尤斯提出债务主要包括契约与私权两方面的内容；托马斯·阿奎那则认为，诚信最初是源于一种德性，并进一步对契约进行分类，包括有偿契约与无偿契约；16—17世纪末，经院哲学形成了契约论；在此之后，洛克、卢梭以及康德在前人思想的基础上发展了契约论思想，最终提出了社会契约论学说。社会契约论认为，契约首先属于社会政治概念，主要是指社会管理手段。新时代公民慈善美德培育过程中要注重对契约精神的培育，具体可以从三方面进行拓展：一是强调慈善各方在订立契约时具有自由的选择权；二是强调慈善各方订立契约时，缔约双方应该具有平等的权利；三是强调慈善各方在订立契约时必须诚实守信，不能擅自放弃责任和义务。总之，"契约精神"的最终落实还需要捐赠者、慈善组织、受助者以及政府等多方主体在慈善活动中去践行。

当代中国慈善事业还不够规范，其原因在于"法治思维与契约精神"的缺乏，这也折射出公民慈善美德培育滞后的问题，从而反映出新时代公民慈善美德培育的迫切需求。具体来说，慈善活动中的种种异化现象表现在以下方面：一是某些慈善捐赠主体的"伪善"行为，如作秀捐赠、赖捐现象、诈捐现象、假冒捐赠等；二是某些慈善受助客体的失信行为，如骗捐现象等；三是慈善监管者的角色混乱现象，如存在缺位、越权现象等。这些慈善活动中的异化现象容易导致慈善主体、客体抱有负面情绪，如提醒"处处提防""少做善事"，抱怨"人性冷漠""麻木不仁"等。因此，加快推进新时代公民慈善美德培育工作，需要在价值观念层面融入法治思维和契约精神，具体而言，要将公民的权利与义务、公共意识及社会责任渗透到公民行善的过程中。在实践操作层面，要使法治思维和契约精神体现于具有道德合理性的善法之中，并保障其有效实施。细致地讲，就是要树立依法行善的法治观，为民间慈善、具体慈善活动，以及新兴的慈善生态提供法律规范，健全慈善财税的支持环境，完善慈善事业的法律体系，从而营造良好的慈善风尚，促进

"熟人慈善"转向"制度慈善",推动我国慈善事业的健康发展。

二、平等友善和权责共生

平等友善与权责共生是新时代公民慈善美德培育的"旨归所趋"。"平等友善"的美德主要体现以下观念:一是体现"一视同仁"的观念。新时代公民慈善美德强调剔除传统思想中捐助者与受助者之间的等级关系,实现两者在财富、地位、权利等方面没有差等之说,即他们之间是相互平等的,慈善活动中的弱势个体或群体"享有与他人同样的尊严和权利,维护他们人格的独立完整"❶。二是体现"尊重他人"的观念。现代社会越来越凸显个人主体地位,人与人之间的关系由具体的"熟人关系"被逐渐抽象为陌生人与陌生人之间的关系,公民之间的情感被政治与法律等所取代,人与人之间变得缺乏信任,呈现道德冷漠的倾向。新时代公民慈善美德要求通过参与慈善活动,以尊重他人的方式来缓解人与人之间的疏离感,尊重他人的人格与尊严,做到"与人为善"。三是体现"礼尚往来"的观念。新时代公民慈善美德中的"礼尚往来"是一种"敬人而不必见敬,爱人而不必见爱"❷的善念。主要是指在捐助者与受助者之间向良性关系发展,具体是指形成以分享与感恩、给予和回馈等为主要内容的关系。不管是熟悉的人还是陌生的人,这种慈善美德是没有功利目的,也不强求回报的。通过公民之间的行善交往相互感化与同化,沟通公民道德情感,传递公民道德信息,从而实现"美言可以市尊,美行可以加人"❸。

中国特色社会主义慈善事业与公民社会具有一致的共生性,因而,新时代公民慈善美德培育有赖于公民权利与义务意识的统一,公民慈善权利保护与公民慈善义务监督能够为新时代公民慈善美德培育提供保障,更能将公民的公共责任意识提升到一个新的高度。新时代公民参与慈善事业的方式更加自由灵活、形式多样,这既是具有自身权利的私人行为,包括对慈善的知情权、干预权以及捐赠权与受捐赠权的认识,又是作为公民应当承担公共责任

---

❶　程立涛,孙国梁.论当代中国慈善事业的道德主体[J].贵州大学学报(社会科学版),2005,23(1):17-21.

❷　吕氏春秋·孝行览·必己[M].上海:上海古籍出版社,1991:114.

❸　老子[M].饶尚宽,译注.北京:中华书局,2013:151.

的社会行为。新时代公民慈善美德培育强调公民对自己的慈善权利与责任具有更为全面、自觉的认识，这样慈善不再完全依靠政府动员，个人不会被"捐款"或被"志愿"，更不再是"熟人社会"的道德律令。公民在公共生活中应积极参与慈善，并将其纳入考核公民获取公民身份的基本条件。因而，"个人慈善行为只有出于责任才是真正的慈善行为，才能实现行为的确定性和普遍性"❶。作为慈善主体，捐助者的慈善行为不再是高高在上的，而是对社会的一种道德责任和义务，也是实现自我社会价值的体现。作为慈善客体，受助者首先是社会成员的一分子，获得捐助也正是其作为公民应当享有的正当权益，这样从侧面反映了社会公平正义。因此，新时代公民慈善美德培育强调权责共生的美德，是一种道德责任，因为"作为确定的人，现实的人就有规定，就有使命，就有任务"❷。这样，每个公民会情不自禁地将同情心的道德情感上升为社会道德责任，这种"内化"的过程更是一种感性行为的升华，也是一种偶然性行为的蜕变，从个体行为转换为社会行为。

三、多元合作和助人自助

多元合作与助人自助是新时代公民慈善美德培育的基本要求。现代慈善事业的发展逐渐褪去分散性、个体化、自发性等缺陷，逐步呈现集中化、组织化、自觉性的发展态势。"多元合作"的慈善美德意味着参与慈善事业的主体是多类型、多样态的。新时代公民慈善美德培育强调既要突破原来以血缘和地缘关系为主的特殊责任，也要打破原来"等、靠、要"的依赖思想，这样慈善主体不再局限于政府与富人，而是将政府、企业、公民等多元主体纳入慈善事业的各环节当中，从而完成从政府包办的"政府慈善"逐渐转向以公民为主体的"公民慈善"，从部分特殊群体的慈善转向"全民慈善"。习近平总书记指出："无论是个人还是组织，无论是贫穷还是富裕，不管在什么条件下，不管做了多少，只要关心、支持慈善事业，积极参与慈善活动，就开始了道德积累。这种道德积累，不仅有助于提高个人和组织的社会责任感及公众形象，而且也有助于促进整个社会的公平、福利与和谐。"❸ 因此，随着

---

❶ 武晓峰. 情感、理性、责任：个人慈善行为的伦理动因 [J]. 道德与文明，2011 (2)：106-111.

❷ 马克思，恩格斯. 马克思恩格斯全集：第3卷 [M]. 北京：人民出版社，1960：328-329.

❸ 习近平. 之江新语 [M]. 杭州：浙江人民出版社，2007：252.

社会分工的进一步细化、社会组织的进一步专业化，以及公共生活领域的进一步扩大，需要将"私、互、公、共、商"五大慈善事业的主体进行整合❶，形成合作式、复合式的慈善事业主体。具体来说，一是发挥"私助"作用，即以个人或家庭为主体的慈善，提倡先富阶层应坚守"先富带动后富"的理念，理性地将其取得的财富回报于社会；二是发挥"互助"作用，即以受助者为主体建立互助组织的相互帮扶，以实现"助人自助"的社会效应；三是强调"共助"效应，即慈善行为主体日益凸显出社会组织的主导作用；四是强调"公助"作用，即以政府为主体的慈善服务；五是发挥"商助"作用，即以企业为主体的慈善活动。如习近平总书记曾指出：浙江的企业家要以"兼济天下"的精神，积极地参与慈善事业，以自己的爱心和善行，提升自身的社会价值。❷从根本上看，慈善主体多元合作的美德就是在共享合作的发展理念下，充分激发慈善主体的活力，加强慈善主体的合作，建立健全协同机制，形成多元合作的大慈善格局。

新时代公民慈善美德培育彰显教养并重的助人自助的美德。慈善最初是源于社会底层民众之间的乐群与互助，其中社会互助是慈善行为的重要特点之一。❸另外，我国自古以来就有面对危难时团结起来克服困难的传统，而这种通力合作、团结一致的倾向表明政府慈善具有显著的社会性特点，也呈现出社会互助的慈善美德，随着其传播深度和辐射广度的加大，能够影响社会互助的发展。❹西方著名的社会学家吉登斯指出，现代社会必然是一个风险系数较高的社会。当人们面临风险时，"我为人人，人人为我"的慈善互助理念开始展现其优势，并逐步被人们所认可。因而，慈善美德可以看作"得于人"和"得于己"的结合。但是，我国传统的慈善理念只是强调对贫困者施助，忽略了对受助者的慈善教育，更谈不上对受助者的公德培育。显然，这种"重养轻教"的传统观念已经不再适应新时代公民慈善美德培育的要求。基于此，新时代公民慈善美德培育应该始终秉持"授人以鱼不如授人以渔"的方

❶　金子勇. 少子老龄化与共同支撑的福利社会［A］//佐佐木毅，金泰昌. 公共哲学：第7卷中间团体开创的公共性［C］. 王伟，译. 北京：人民出版社，2009：101.

❷　习近平. 齐心协力发展慈善事业　同心同德建设和谐社会［N］. 浙江日报，2006-12-13（01）.

❸　朱友渔. 中国慈善事业的精神［M］. 北京：商务印书馆，2016：64.

❹　朱友渔. 中国慈善事业的精神［M］. 北京：商务印书馆，2016：64.

式，坚持"教养结合"的理念，抛弃传统慈善培育理念，那种仅局限于解决受助者生活困难的互助行为并不是长久之计，扶贫与扶志、扶智相结合才能更好地应对当前的问题。因此，"助人自助"的美德主要有两个方面的价值观：一是助人，即"人为他人服务也是为自己服务，个人的利益在于为善"❶。体现了一种人道主义精神，"这些本性使他关心别人的命运，并将别人的幸福看成是自己的必需品"❷。二是自助，强调对受助者的潜力进行开发，培养其成为自食其力的劳动者，并使他们在摆脱贫困的情况下成为传递慈善理念的新主体，坚持在慈善美德培育过程中秉持"教养结合""助人自助"的理念，慈善事业的发展才能获得源源不断的资源，从而为实现"全民慈善"提供不竭的动力。

四、志愿精神和为民奉献

志愿精神与为民奉献是新时代公民慈善美德培育的"重要目标"。慈善事业的发展需要有志愿精神作为精神助力，这也成为培育新时代公民慈善美德的重要内容。志愿精神是由慈善的触动而来，以服务他人和社会为形式，具有广泛的公共性。沈杰在《志愿行动：中国社会的探索与实践》中提出："志愿精神是一种慈善主义和利他主义的精神，是个人或团体依其自愿意志和兴趣，本着帮助他人与服务社会的宗旨，不求私利和报酬的社会理念。"❸志愿精神表面上体现为一种"互助互爱"的美德，就其核心而言，是以人的生命伦理意识和人道主义信念为支撑的。一方面，志愿精神来源于行动者对人的生命的自觉尊重，以及对道德律法的自觉皈依，这也是生命伦理的核心；另一方面，人道主义更多地体现为对慈善、救济和社会福利等公共事业的重视，在实践上，是一种慈善行为和博爱主义的体现。因而，新时代公民慈善美德培育把志愿精神作为"重要目标"之一，是因为志愿精神作为一种精神存在，展示了人的生命伦理意识，彰显出人道主义信念，凸显出强烈的社会责任感，特别强调志愿行动者在从事社会公益事业中所体现的"行动意义"，最后能够实现慈善事业的向前发展和促进社会进步。

---

❶ 托克维尔. 论美国的民主 [M]. 董果良，译. 北京：商务印书馆，1988：651.

❷ 斯密. 道德情操论 [M]. 蒋自强，等译. 北京：商务印书馆，1997：5.

❸ 沈杰. 志愿行动：中国社会的探索与践行 [M]. 北京：人民出版社，2009：23.

"为民奉献"作为新时代公民慈善美德培育的内容之一，其主要有两层含义：一是"为民奉献"被认为是志愿精神的"内核"，其隐喻着道德特征。从这个角度出发，慈善精神也被称为奉献精神，而奉献精神所服务的对象是人民。"为民"也意味着新时代慈善美德培育需要突破原有的"爱有等差的差序观"，使慈善活动的范围不再受血缘和地缘的限制，而是针对社会中所有面临困难的公民。在社会主义初期，奉献的含义主要是指"一心为公，无私奉献"，当时特别强调要心怀诚意地服务于他人，在不追名逐利的前提下做出无私的奉献，展现人们"毫不利己、专门利人"的品质特点。但是，为民奉献的实现决不能依靠行政命令、行政干涉来维系，而应该以现代的志愿服务来拓展慈善事业的发展空间。新时代"为民奉献"的美德是指"对社会弱势群体进行道义救助和伦理关怀，帮助他们走出困境，过上合乎人类尊严生活的义务"❶。这里的"为民奉献"强调的是一种公民理性的奉献，蕴含着公民的一种社会责任和义务。因此，新时代的慈善需要的是一种理性的"为民奉献"，强调公民在参与慈善事业的过程中维护自身的正当权利，同时履行公民义务，培养其对社会的责任感，促使其在慈善活动中获得完整的公民身份。新时代的慈善需要的是一种具有回馈性奖励的奉献，但也不应过度地奖励，以免造成奉献本身的美德品质受到影响。二是体现了以人民为中心的发展思想。《中国共产党章程》明确规定："党除了工人阶级和最广大人民群众的利益，没有自己特殊的利益。党在任何时候都把群众利益放在第一位。"❷ 毛泽东认为："人民，只有人民，才是创造世界历史的动力"❸；邓小平曾说："我是中国人民的儿子，我深情地爱着我的祖国和人民。"❹ 习近平曾深情地说："当年，我人走了（离开了梁家河），但我把心留在了这里。……从那时起就下定决心，今后有条件有机会，要做一些为百姓办好事的工作。"❺ 中国共产党坚守着"全心全意为人民服务"的宗旨，经济发展目标始终秉持"三个有

❶ 卢先明. 论公益伦理视域中的奉献［J］. 北京邮电大学学报（社会科学版），2009，11（4）：70-73.

❷ 本书编写组. 中国共产党章程　中国共产党廉洁自律准则　中国共产党纪律处分条例［M］. 北京：人民出版社，2015：26-27.

❸ 毛泽东. 毛泽东选集：第3卷［M］. 北京：人民出版社，1991：1031.

❹ 邓小平. 邓小平文选：第3卷（英文版）［M］. 北京：外文出版社，1995：序言1.

❺ 本书编委会. 梁家河［M］. 西安：陕西人民出版社，2018：8.

利于"标准，并将"人民对美好生活的向往"视为党的一项事业进行紧要部署，这无不反映出中国共产党始终将"人民"放在中心的位置以谋求发展。由此可见，新时代"为民奉献"的美德彰显了人民的主体地位。

五、感恩回馈和财富分享

感恩回馈与财富分享是新时代公民慈善美德培育的"应有之义"。感恩回馈作为中国传统文化的一部分，是中华民族传统美德的内容。在《说文解字》中，感恩即"感：动人心也，从心，咸声""恩：惠也，从心，因声"。《现代汉语词典》中认为，感恩是对别人所给的帮助表示感激。《牛津词典》中认为，感恩是"乐于把得到好处的感激呈现出来且回馈他人"。感恩回馈就是"对他人、社会和自然给予自己的恩惠和方便，在心里产生认可并希望回馈的一种认识、情感和行为"❶。"感恩回馈"的美德更强调人成其为人的美德，主要凸显的是高度的责任感。在西方文化中，安德烈·孔特·斯蓬维尔认为，"感谢或许是一种义务，无论如何是一种美德……因此感激是高尚的，并且使人高尚"❷。斯宾诺莎认为，"感恩或谢忱是基于爱的欲望或努力，努力以恩德去报答那些曾经基于同样的爱的情绪。以恩德施诸我们的人"❸。休谟则从"感恩回馈"美德的另一面出发，认为"在人类所能犯下的罪行之中，忘恩负义是最可怕和没有人性的"❹。因而，新时代公民慈善美德培育中的"感恩回馈"美德表面上是受助者对捐助者的一种感恩、回报，事实上则是肯定感恩回馈的价值，是对施恩和报恩的进一步扩散与延续，并将感恩回馈转化为一种社会责任和义务，体现了对社会公平正义的内在价值的认同，有利于整个社会公民慈善美德水平的提升。当然，"感恩回馈"美德并非与生俱来的，要进行感恩回馈意识的培育，使感恩回馈成为公民应有的道德准则和修养。

中国传统社会在财富的分配问题上通常选择以家庭为单位，按照既定的

---

❶ 亢晓梅，齐兰芬. 学校慈善文化教育的内容、方法初探［J］. 天津市教科院学报，2009（2）：26-29.

❷ 斯蓬维尔. 小爱大德：人类的18种美德［M］. 吴岳添，译. 北京：中央编译出版社，1998：139-140.

❸ 斯宾诺莎. 伦理学［M］. 贺麟，译. 北京：商务印书馆，1983：161.

❹ 古丁. 保护弱势：社会责任的再分析［M］. 李茂森，译. 北京：中国人民大学出版社，2008：103.

血缘关系，把财富留给自己的子女或亲属，很少分享给他人或者社会。新中国成立以后，虽然人们的财富观发生了一定的变化，但仍受传统社会的宗法血缘观念的影响，选择将财富捐赠给社会的人还是不多，财富分享意识不强，甚至出现了"拜金主义""享乐主义"以及"仇富"的现象。其根本原因可以归结为财富观念不合理、不科学等。其一，自改革开放以来，我国改变了计划经济的分配方式，社会分配制度发生了根本变化，国家开始意识到建立完善的社会保障体系的重要性，市场经济的发展不可避免地引发了贫富差距的现象，而贫富差距的"潘多拉"之困也激起了人们的"嫉富仇富"情绪，社会矛盾需要新的力量来制衡。其二，在我国经济高速发展的过程中，一部分人结合自身优势，紧跟市场动态，逐步获取了大量的财富，其中部分先富者并没有回馈社会的观念，甚至出现了享乐的状况，公民的"得之于社会，还之于社会"意识还未形成。其三，随着改革开放程度的深化和步伐的加快，我国经济正在从高速增长向高质量发展转型，人们的物质生活得到了极大的改善，但是人们的精神生活却没有完全跟上节奏，导致一些人不尊重他人财富，为了获得他人财富而使用不正当的手段和方式，甚至索捐和骗捐等现象时有发生，人们关于财富分享的观念尚未发生转变。

新时代公民慈善美德培育中的"财富分享"美德具有三个方面的内涵：一是"财富分享"美德是一种道德责任与义务，公民在尊重他人财富的前提下，应意识到将财富回馈社会是一件利人利己的事情，同时也展示了个人的社会美德和社会使命感，也就是实现利益的共享是"财富分享"的最高形态，促进社会的公平公正是"财富分享"的终极价值；二是将"财富分享"美德看作公民实现个体价值的体现，公民个体的成功不在于拥有大量的财富，而在于对社会的感恩回馈；三是提倡理性的"财富分享"美德。从有效率地创造财富，到理性与节俭地积累财富，再到以义制利地将财富回馈社会，这些环节是有机统一的。基于此，我们"既要保护和支持所有通过正当、合法手段获取个人和团体利益的行为，又要提倡和奖励多为他人和社会作奉献、道德高尚的行为"❶。通过培养公民的财富分享意识，积极引导公民参与社会慈

---

❶ 中共中央宣传部宣传教育局.《公民道德建设实施纲要》学习读本 ［M］. 北京：学习出版社，2001：133.

善事业，营造良好的社会道德风尚，从而逐步缩小贫富差距，彰显社会公平正义。

综上分析，新时代公民慈善美德培育的主要内容包括法治思维和契约精神、平等友善和权责共生、多元合作和助人自助、志愿精神和为民奉献、感恩回馈和财富分享。因此，我国要充分发展慈善事业，就必须从问题的根源出发，培育公民的慈善美德，主要培育公民对新时代公民慈善美德的价值认同，使其从内心的认同转变为实践的付出，进而主动参与慈善活动，这样才能发展一大批新时代慈善活动的持续发力者。

第二章

新时代公民慈善美德培育的理论溯源

约瑟夫·熊彼特（Joseph Alois Schumpeter）认为，"我们的科学，和其他任何事物一样，不能丢掉我们称之为'理论'的所谓精练的常识，它提供我们以考察事实和实际问题的工具"❶。新时代公民慈善美德培育作为新生事物，在实践中需要科学的理论提供指导。这是因为理论基础"能提供一个框架，作为问题研究的起点；将个别观点和经验信息整合为一套思维框架；起解释和预测功能；提供可检验的普遍性判断"❷。因此，在马克思主义学说中，马克思主义慈善思想为本书提供了思想上的启发。科学地理解中国化的马克思主义慈善思想为理解慈善相关问题提供了思想上的有益指导；中国慈善美德内容丰富，在继承和发展中国传统优秀慈善美德的基础上，实现公民慈善美德的时代化和具体化。

第一节　马克思主义经典作家的慈善相关思想

一、批判资产阶级"伪善"的慈善思想

马克思主义慈善思想脱离不了其所处的时代特征，具有明显的阶级意识，主要是批判了资产阶级的"伪善"，揭示了资本家从事慈善活动是为了更好地实现自身利益和维护其政权的统治，并无人道主义可言。马克思主

---

❶　熊彼特. 经济发展理论：对于利润、资本、信贷、利息和经济周期的考察［M］. 何畏，等译. 北京：商务印书馆，1990：2.

❷　维尔斯曼. 教育研究方法导论［M］. 袁振国，等译. 北京：教育科学出版社，1997：22–24.

义慈善思想依据时代背景，尤其是工人阶级的遭遇与资产阶级的生活形成鲜明对比，工人被当作资产阶级发财致富的工具，当这个"工具"的生命受到威胁时，资产阶级会戴着"慈善家"的道德面具来维持"工具"的效用。马克思与恩格斯结成盟友，对资产阶级的真面目进行了深刻的批判，认为"实行这种吸血的制度，都是以各种各样的道德、宗教和政治的谬论来加以粉饰的"❶。为了让工人认清资产阶级的真面目，马克思和恩格斯从慈善经费的来源着手进行分析，指出事实上资本家的收入主要依赖于最大限度地榨取工人剩余价值，资本家会将剩余价值留下一部分用于个人支出，只要有利可图，他们会将余下的剩余价值用于扩大生产以谋取更高的剩余价值。而当工人的生命受到威胁时，或者说当这个"挣钱的工具"受到威胁时，资本家开始打着"慈善家"的旗帜举办各类慈善活动，以赢得更多的"社会无形资本"（即道德资本），而这些积累的"社会无形资本"有利于其获得更多的剩余价值。这种行为最终会导致两种危害：一方面，一部分无产阶级会因为经受不住资产阶级"慈善"的物质诱惑，最终选择向资产阶级妥协，在一定程度上削弱了工人的革命性。正如"马克思、恩格斯反复告诫工人，所谓的'自由、平等、博爱'只是资产阶级慈善活动的口号"❷。另一方面，资产阶级运用少量的交际消费获得了大量的廉价劳动力，廉价劳动力又为资产阶级本身带来了源源不断的剩余价值，工人的"工具化"性质越来越明显，越来越根深蒂固，这会形成恶性循环，无产阶级的出路将被封闭。因而，资本家的慈善目的并不单纯，"慈善事业和济贫金实际上是毫无意义的"❸。

虽然马克思主义慈善思想批判资产阶级进行"伪慈善"的真面目，但是其并不否认慈善在扶贫济困等方面的重要作用。马克思和恩格斯在追寻人类幸福的命题上都未曾缺乏对慈善关怀的探讨，其主要关涉两个方面：一方面是为了全人类的幸福而进行个人的无私奉献的精神。马克思在其高中的毕业论文中写道："如果我们选择了最能为人类福利而劳动的职业，那

---

❶ 马克思，恩格斯. 马克思恩格斯全集：第7卷 [M]. 北京：人民出版社，1969：270.

❷ 楼慧心. 如何解读马克思恩格斯关于慈善的否定性论述 [J]. 马克思主义研究，2008 (12)：91-97.

❸ 马克思，恩格斯. 马克思恩格斯全集：第1卷 [M]. 北京：人民出版社，2009：484.

么，重担就不能把我们压倒，因为这是为大家而献身。"❶ 另一方面，引导工人认清资产者慈善家的"真面目"，赞扬无产者之间的互助，鼓励无产者联合起来去战胜强大的敌人，以寻求自身的完美和幸福。马克思指出，无产阶级的贫穷和资产阶级因特权而产生的富有形成了鲜明对比，但这并没有"由于缓和这种对立的教会慈善设施的取消而更加尖锐化了"❷。不管是马克思还是恩格斯，他们的内心都充满了对无产者的人性关怀，对人类幸福的社会公平和平等的执着追求。只是鉴于他们所处的社会环境，特别是随着资本主义的发展，贫穷者与富有者的对立程度不可想象，更不奢望谈及实现普遍幸福的崇高理想，资产阶级对穷人的施舍和暂时的慈善活动只是为其获得剩余价值的"外衣"。因此，马克思主义慈善思想对慈善的否定或批判，其批判的焦点凝结在幸福的因素之中，资产阶级的慈善外衣终究会暴露在其利益的触碰之中，并在逐利的过程中消失殆尽。欧文的遭遇就是一个很好的例子。"当他还只是一个慈善家的时候，他所获得的只是财富、赞扬、尊敬和荣誉"❸，但是当欧文开始转向共产主义，并向私有制发起挑战时，他得到了什么结局？答案就是"官方社会的普遍排斥，他的整个社会地位的丧失"❹。但他并没有退却，他开始转向工人阶级，并不断探索无产者的幸福生活。因此，马克思主义慈善思想的"否定"部分，主要是对整个资产阶级的"慈善幌子"进行无情的批判，但这并不代表马克思主义慈善思想对慈善持全盘否定态度，其认为慈善本身是值得推崇的，但行善主体是谁，这是值得深思的问题。

二、肯定无产阶级互助的慈善思想

马克思主义慈善思想主要从人的本质出发，在其论述慈善时选取现实生活中的典型案例，更能让人触碰其现实性。"作为客体，人体现了社会发展的客观规律性；作为主体，人包含了人的自觉能动性；在认识规律和尊重客观规律的前提下，人在实践中不断地发挥主观能动性，做到主体和客体的统一，

---

❶ 马克思，恩格斯. 马克思恩格斯全集：第40卷 [M]. 北京：人民出版社，1982：7.
❷ 马克思，恩格斯. 马克思恩格斯选集：第3卷 [M]. 北京：人民出版社，2012：643.
❸ 马克思，恩格斯. 马克思恩格斯选集：第3卷 [M]. 北京：人民出版社，2012：650.
❹ 马克思，恩格斯. 马克思恩格斯选集：第3卷 [M]. 北京：人民出版社，2012：651.

不断推进社会的发展。"❶ 马克思主义从实践的视角出发，将人的本质分为三个层面的含义：其一，从类本质来区别人与动物，人的本质体现在生产劳动上，这是一种自觉的活动，即劳动创造了人本身。无产阶级之间的慈善互助体现了人的主体地位和自由自觉的类本质。其二，从属性来判定人的本质，人本身就是一种社会动物，社会关系是其立身的根本和需求，也可称之为特殊的社会本质。这说明人在本质上是一种社会关系，无产阶级之间的慈善互助体现了利他的价值取向，反映出个体能够从人与社会的统一中逐渐摆脱人的片面性，达成多方面和谐的局面，建立多层次的关系。其三，个人本质体现了人的个性，即个别的个人本质。马克思说："把人和社会连接起来的唯一纽带是天然必然性。"❷ 因此，慈善、博爱本身并无优劣之分，只是其主体显得尤为重要，无产阶级之间的慈善、博爱是值得推崇的，其目的是实现每个个体的自由全面发展。

另外，马克思主义慈善思想在讽刺和批判资产阶级"慈善外衣"掩盖下的"唯利是图"的嘴脸时，也对无产阶级的慈善给予了高度的评价，并积极地推崇这种行为。从历史的发展来剖析，劳动人民之间的互帮互助行为是先于资产阶级而产生的。从远古时代的群居生活，面对恶劣的生存环境，群居的部族内部成员之间的关爱互助就已有之。个人只能"以群的联合力量和集体行动来弥补个体自卫能力的不足"❸，回顾历史，人类社会生产力的发展推动着社会的进步，私有制的出现改变了人类财产分配的方式，原始社会最终解体，阶级由此产生，慈善从一开始就表现出阶级的差异性。统治阶级用慈善来麻痹人民，以获得统治地位。劳动人民之间仍然保留了原有的关爱互助的秉性，让社会存有一丝温暖。恩格斯描述道："在日常生活中，工人阶级比资产者仁慈得多。"❹ 无产者的慈善美德强调无义务性和无获利动机，资产者则只为了自身利益而对工人阶级进行暂时的慈善行为，是一种利己主义的"假慈善"。"淳朴的无产者深知饥饿的苦楚，所以他们虽然自己也不够吃，还

---

❶ 薛德震. 人的哲学论纲 [M]. 北京：人民出版社，2011：5.
❷ 马克思，恩格斯. 马克思恩格斯全集：第1卷 [M]. 北京：人民出版社，1956：439.
❸ 马克思，恩格斯. 马克思恩格斯全集：第4卷 [M]. 北京：人民出版社，2012：42.
❹ 马克思，恩格斯. 马克思恩格斯全集：第2卷 [M]. 北京：人民出版社，1957：410.

是乐意舍己救人。"❶ 深受资产阶级剥削的无产阶级普遍生活在贫困与苦难当中，但是，他们并没有选择对其他的工友、乞丐等人的苦难视而不见，反而表现出了纯洁的、毫无疑义的、真诚的互助。虽然他们之间可能没有血缘关系，甚至是完全陌生的人，但是无产者之间却结成了一种无义务的相互扶持和相互救济的关系。无产者对亲人、邻里甚至没有血缘关系的人体现出来的仁慈和无私相助的美德，终将形成一股力量，这股力量使无产者能够团结起来，能够摆脱现实困境，获得社会慈善救助，平等地享受社会福利。

三、倡导理想社会的慈善思想

马克思主义慈善思想从慈善理念与慈善实践两个方面对共产主义的博爱进行了深刻的剖析。首先，未来共产主义应该将自由、平等、博爱等马克思主义慈善理念的内核价值加以打磨，并结合各自国情进行继承和发扬。马克思主义慈善思想强调，共产主义的博爱与宗教中的博爱是截然不同的，其立场和目标都有着本质上的区别，共产主义的博爱思想始终将人民放在重要的位置，宗教的博爱思想则将权力放在首位；资产阶级的博爱思想是虚伪的，共产主义的博爱思想是实践的，是无差等的、超越阶级对立的，并肯定历史上没有哪个历史阶段能代替共产主义阶段，共产主义阶段才是实现真正意义上的"自由、平等、博爱"的"美好乐园"。"共产主义的博爱则从一开始就是现实的和直接追求实效的"，"在被积极扬弃的私有财产的前提下，人应如何生产人——他自己和别人；直接体现他的个性的对象如何是他自己为别人的存在，同时是这个别人的存在，而且也是这个别人为他的存在。"❷ 由此可见，"我"的存在与"他人"的存在互为前提。正是由于资本主义阶级性的存在，使其不能有无差等的、超越阶级的博爱思想，一旦资产阶级的根本利益被损害，其博爱的口号就会"代以毫不含糊的'步兵，骑兵，炮兵'"❸。

其次，从慈善实践的角度出发，马克思和恩格斯在《哥达纲领批判》中鲜明地论述了其对未来社会分配方式的设想，并表示未来社会在进行个人分

---

❶　马克思，恩格斯. 马克思恩格斯全集：第 2 卷 [M]. 北京：人民出版社，1957：568.

❷　马克思，恩格斯. 马克思恩格斯全集：第 42 卷 [M]. 北京：人民出版社，1979：121.

❸　马克思，恩格斯. 马克思恩格斯全集：第 1 卷 [M]. 北京：人民出版社，2012：706.

配前必须扣除以下部分："第一，和生产没有关系的一般管理费用……第二，用来满足共同需要的部分，如学校、保健设施等……第三，为丧失劳动能力的人等设立的基金，总之，就是现在属于所谓官办济贫事业的部分。"● 在资本主义制度下，社会的财富分配方式极其不平等，无产阶级的劳动付出与实际收入存在明显失衡，无产阶级遭遇了极不公平的对待。因此，未来共产主义社会的慈善，首先应是兼具公平与平等的慈善，应当视弱势群体为慈善关注的首要对象。"即将到来的社会变革将把这种社会生产基金和后备基金，即全部原料、生产工具和生活资料，从特权阶级的支配中夺过来，并且把它们转交给全社会作为公共财产，这样才能真正把它们变成社会的基金。"● 因而，慈善基金的合理设置体现了社会共同体的集体需要，也是对共产主义社会慈善事业的肯定。因此，慈善事业无论是在推进国家建设，还是在促进人格完善方面都起着无可替代的作用。其在实现人人幸福、缩小贫富差距、调节社会结构、促进社会公平等方面也起着重要作用。

　　总之，马克思主义慈善思想是运用唯物史观进行分析，以"人的本质"为考察的出发点，立足无产阶级的现实条件，最终畅想实现人的自由全面发展，并重点阐释了如何继承共产主义慈善理念以及如何发展慈善事业等问题，从而促进社会公平正义的实现。因此，马克思主义慈善思想为新时代公民慈善美德培育的内容提供了指南，但是由于马克思主义慈善思想的形成受当时资本主义社会环境的影响，所以要学会运用具体问题具体分析的方法，在继承马克思主义慈善思想的基础上，推进我国慈善事业的发展。

第二节　中国化的马克思主义慈善思想

　　马克思和恩格斯对资产阶级慈善的批判被后来的马克思主义者所继承，典型代表有列宁和毛泽东。新中国成立之初，在复杂的国际环境的影响下，我国对国内外的慈善事业一律除名。改革开放以来，中国特色社会主义理论

● 马克思，恩格斯. 马克思恩格斯全集：第 19 卷［M］. 北京：人民出版社，1965：20.

● 马克思，恩格斯. 马克思恩格斯全集：第 20 卷［M］. 北京：人民出版社，1973：211.

体系实现了创新发展，国家领导人立足中国国情，本着以人民为中心的原则，开始对马克思主义慈善思想进行新的剖析，在保证一脉相承的前提下，实现了对马克思主义慈善思想的继承和发展，并在指导中国慈善事业的建设中日益展现出自身特色，推动我国慈善事业进入了新阶段。

一、社会福利救济模式的慈善思想

新中国成立之初，我国实行"一边倒"的外交政策，选择了社会主义阵营的站位，也就必须坚持以马克思主义思想为指导，认为慈善是资产阶级的"伪慈善"，以毛泽东同志为主要代表的中国共产党人更是对慈善进行了深刻的批判，认为慈善是资本主义的"糖衣炮弹"，是其笼络人心的手段，是在表面善心装潢下进行压榨的新伎俩。针对艾奇逊提出所谓的"在宗教、慈善事业和文化方面团结中美两国人民的纽带"，毛泽东明确回应："美帝国主义比较其他帝国主义国家，在很长的时期内，更加注重精神侵略方面的活动，由宗教事业而推广到'慈善'事业和文化事业。"❶ 他认为，美国是打着慈善的幌子，实质上是一种精神侵略。鉴于当时党的领导人对慈善的批判态度，慈善事业在中国暂时缺乏适宜的土壤，随之被福利救济模式所取代。毛泽东同志对当时的福利救济事业给予肯定的态度，他指出："人民群众有无限的创造力。他们可以组织起来……替自己创造日益增多的福利事业。"❷ 以毛泽东同志为主要代表的中国共产党人始终以人民为中心，从人民群众的实际困难出发，这是对马克思主义慈善思想的继承和发展，肯定了无产阶级之间的相互救助，否定了资产阶级式的"伪慈善"，为中国特色社会主义慈善思想的接续发展留下了更多探索的空间。

二、追求共同富裕的慈善思想

1978 年，邓小平作为改革开放的总设计师，从战略高度上明确提出："把马克思主义普遍真理同我国的实际结合起来，走自己的道路，建设有中国特色的社会主义。"❸ 基于此，中国共产党人开始立足国情，重新定位慈善事业

---

❶ 毛泽东. 毛泽东选集：第 4 卷 [M]. 北京：人民出版社，1991：1506.
❷ 毛泽东. 毛泽东选集：第 5 卷 [M]. 北京：人民出版社，1977：253.
❸ 邓小平. 邓小平文选：第 3 卷 [M]. 北京：人民出版社，1993：3.

与社会主义社会的关系，我国慈善事业伴随着改革开放的步伐走出了冰冻期。1978 年，以邓小平同志为主要代表的中国共产党人坚持以人民为中心，继续解决工人福利的问题，邓小平同志指出："工人的福利不可能在短期间有很大的增长，而只能在生产增长特别是劳动生产率增长的基础上逐步增长。……同时要在工人中间积极开展各种形式的互助活动。"❶ 肯定工人之间的互助，是对马克思主义肯定无产阶级慈善思想的继承，是立足改革开放之大局的必然选择。在应对改革开放所带来的消极问题时，邓小平同志指出："对一部分先富裕起来的个人，也要有一些限制，例如，征收所得税。还有，提倡有的人富裕起来以后，自愿拿出钱来办教育、修路。当然，决不能搞摊派，现在也不宜过多宣传这样的例子，但是应该鼓励。"❷ 邓小平同志以共同富裕为出发点和归宿，探索通过税收、自愿捐赠的方式来解决经济发展过程中出现的贫富差距问题，这表明我国开始进入慈善事业发展的探索期，从全面否定到开始尝试，我国的慈善事业有了突破性的进展。邓小平同志对慈善事业的态度表明了社会主义制度与慈善事业之间的关系，为中国特色社会主义社会接纳和重建慈善事业提供了理论与政策支持，具有开创中国特色社会主义慈善思想的历史地位，为后续进一步丰富和发展中国特色社会主义慈善思想奠定了坚实的理论基础。

三、构建和谐社会的慈善思想

进入新时期，改革开放加速了社会经济的发展，社会的转型也导致区域和领域的经济发展出现不平衡性，尤其是国有企业改革使大批工人下岗。如何解决下岗工人的生计问题，慈善解除了理论禁区，开始逐步对现实问题进行回应，并逐渐发挥出其应有的社会保障作用。慈善事业的发展引起了国家的重视，国家开始采用法律的方式来规范慈善事业发展，如 1999 年颁布的《中华人民共和国公益事业捐赠法》。同时，慈善事业也开始进入国家层面的重要文件中。例如，国家"十五"计划首次将发展慈善事业定位到国民经济和社会发展计划中，肯定了其重要作用。2005 年 3 月，时任总理温家宝第一

---

❶ 邓小平. 邓小平文选：第 2 卷 ［M］. 北京：人民出版社，1994：137-138.

❷ 邓小平. 邓小平文选：第 3 卷 ［M］. 北京：人民出版社，1993：111.

次明确指出"支持慈善事业发展"。2007 年，党的十七大报告明确指出："人民生活总体上达到小康水平，同时收入分配差距拉大趋势还未根本扭转，城乡贫困人口和低收入人口还有相当数量，统筹兼顾各方面利益难度加大。"❶ 面对当时的社会问题，国家将慈善作为"第三次分配"来尽可能地缩小贫富差距，以构建和谐社会。2008 年年底，胡锦涛在接见中华慈善大会的与会代表时，进一步指出发展慈善事业在社会主义建设事业中的重要性。同时，为了进一步规范慈善事业的发展，党和政府相继出台了一系列政策文件，如《社会福利机构管理暂行办法》《救灾捐赠管理暂行办法》《扶贫、慈善性捐赠物资免征进口税暂行办法》和《财政部 国家税务总局 民政部关于公益性捐赠税前扣除有关问题的通知》等。党和政府对慈善事业的支持和肯定，使我国慈善事业在制度的保障下迎来了重生的机遇，而慈善事业的发展也为中国特色社会主义慈善思想的形成提供了新思路和新方向。

四、依法治善的慈善思想

党的十八大以来，随着社会保障制度的完善，党和政府依然注重慈善事业的发展，以习近平同志为核心的党中央针对慈善的功能提出了新观点、新论断，推动了中国化的马克思主义慈善思想的发展进程，中国特色社会主义慈善思想迎来了更深层次的发展机会。第一，进一步强化法律制度安排，为慈善事业发展创造良好的制度环境。《慈善法》颁布之后的连续三年，国家开始重视《慈善法》配套法律法规体系的构建，涉及地方和国家层面的实施办法，《慈善法》实施的配套体系得以进一步完善，慈善行为开始走上有法可依的道路，公益慈善事业的发展开始上升到顶层设计的高度。第二，进一步彰显慈善事业的作用，尤其强调维护社会公平正义的作用。2017 年，党的十九大报告明确提出："完善社会救助、社会福利、慈善事业、优抚安置等制度。"❷ 2019 年，党的十九届四中全会也对慈善事业做出设想，并明确提出

---

❶ 胡锦涛. 高举中国特色社会主义伟大旗帜 为夺取全面建设小康社会新胜利而奋斗 [N]. 人民日报，2007-10-25（01）.

❷ 习近平. 决胜全面建成小康社会 夺取新时代中国特色社会主义伟大胜利：在中国共产党第十九次全国代表大会上的报告 [M]. 北京：人民出版社，2017：47.

"重视发挥第三次分配作用，发展慈善等社会公益事业"❶，这也是党中央针对慈善的第三次分配功能首次做出了明确的表态。其充分肯定了慈善事业在弥补由于市场经济的失灵和政府机制的不足而造成的不公平现象中的作用，是国家释放出的慈善事业重要性的信号。第三，进一步展示人民的地位，强调中国特色社会主义慈善思想始终将人民摆在首位。具体表现为党和国家高度重视慈善事业在精准扶贫工作中的作用，积极倡导最广泛的力量参与其中。2012年，习近平同志指出："凝聚全党全社会力量，形成扶贫开发工作强大合力。"❷ 2015年，习近平同志进一步指出，要"创新我国慈善事业制度，……鼓励支持各类企业、社会组织、个人参与脱贫攻坚"❸。党和国家以人民为中心，依托慈善组织，实现脱贫攻坚的战略目标，积极创新产业扶贫、教育扶贫等方式，最终助力贫困人口摆脱贫困，实现全面建成小康社会的目标，这是对马克思主义关于共产主义慈善思想的继承和发展；是对共同富裕理论的大胆创新，是对构建和谐社会的重要创举；向世人宣告了中国特色社会主义慈善思想的新气象，展现了中国特色慈善事业的新发展。

第三节　中华优秀传统文化中的慈善思想

一、崇尚人本的仁爱思想

儒家思想以"仁爱"作为其内核。孔子所说的"仁"范围较广，其内容包括孝悌、忠恕、礼、勇、恭等，"仁"作为道德之首，起着统摄诸德的作用。"仁"原本是出于宗法血缘关系的亲善和同情之心。"君子务本，本立而道生。孝悌也者，其为仁之本也。"❹ 故而，儒家思想中特别强调仁，而在仁

---

❶ 新华社. 中共中央关于坚持和完善中国特色社会主义制度　推进国家治理体系和治理能力现代化若干重大问题的决定［EB/OL］.（2019-11-05）［2022-10-10］. http://xhpfmapi. zhongguowang-shi. com/vh512/share/6604286?channel=qq.

❷ 习近平. 做焦裕禄式的县委书记［M］. 北京：中央文献出版社，2015：11.

❸ 中共中央文献研究室. 十八大以来重要文献选编：下［M］. 北京：中央文献出版社，2018：51.

❹ 《论语·学而》.

中又特别注重孝的思想。孔子认为孝是仁的出发点，也是道德实践的开始，从孝顺父母的道德伦理出发，延伸至宗族之亲以及爱民的善念和品质。孔子强调人与人之间的相处之道在于仁爱，并创立了以仁为核心的思想体系，这也是对原始的人道主义观念的完整阐释，对后世的儒士关心民间百姓疾苦、乐行善事有着重要的理论指导意义。

孟子作为孔子思想的继承者，重新解读了孔子的仁爱思想，他特别强调礼仪，指出即使在人们的言语交流之间也要注重以"仁孝"为先。孟子阐释了"爱人"的动机是出自人的本心。所谓"仁，人心也。"❶ 孟子在孔子的基础上进一步探索"爱人"的深层次含义，并提出了有名的"四端说"，即"恻隐之心，仁之端也；羞恶之心，义之端也；辞让之心，礼之端也；是非之心，智之端也"❷。孟子的"四端说"较翔实地诠释了"仁"之发端，并探析了仁之动因，皆因为恻隐之心而为也，这也成为实施传统慈善行为的道德价值。他认为，仁是一种人性本善的内在体现，促使人的意识、情感、行为等都会趋向善的道德行为，这种由内心的爱逐步发展成为行为的过程，是人的道德理性发展的向善的需要。孟子还提出，在"仁则荣，不仁则辱"❸ 精神的驱动下，人的行为会趋向善的道德价值。孟子强调内在善的思想凸显了其慈善思想的独特之处。

（一）仁者爱人的仁爱思想

孔孟学说中的仁者爱人在突出"仁"的动机出自内在善的同时，还特别指出"仁"的对象，总体凸显出"仁有等差"的观念。中国传统社会建立在小农经济基础上，由此形成了以血缘、地缘关系为主的乡土社会。亲情在中国传统社会里一直排在各种人际关系的首位，如养育之恩、孝顺之情。"仁之实，事亲是也。"❹ 基于家族本位的思想和人情社会的道德伦理的仁爱将亲人也纳入爱的范围。子曰："弟子入则孝，出则悌，谨而信，泛爱众，而亲

---

❶ 《孟子·告子》.
❷ 《孟子·离娄下》.
❸ 《孟子·公孙丑上》.
❹ 《孟子·离娄上》.

仁。"❶ 这反映出儒家的仁也包括对整个家族的道德责任感。这种仁爱逐渐孕育出尊老爱幼、邻里和睦、扶危济困等优秀的中华民族传统美德。孟子曰："君子之于物也，爱之而弗仁；于民也，仁之而弗亲。亲亲而仁民，仁民而爱物。"❷ 可见，孟子将"仁"的施与对象从"亲亲"推及"仁民"，即从亲近父母亲人，逐步拓展至关爱周边的他人，最后推衍到爱护世间万物。儒家思想这种仁爱对象从宗族血缘逐步向广大的非亲血缘的人际关系推衍，在一定程度上可以视为一种超越宗法关系和社会等级的博爱，这种博爱的思想使中华民族形成了一种"爱的奉献"的精神，这也成为历朝历代的慈善家群体和慈善活动的思想基础。

孔孟思想在行仁的路径上提倡推己及人、团结互助。"夫仁者，己欲立而立人，己欲达而达人。能近取譬，可谓仁之方也已。"❸ 儒家的仁爱之法强调一个人的仁德，施仁爱之法特别要求心存善良，具有博大的胸襟，能够推己及人，进而能够做到团结互助、扶贫济困。孔子提出"大学之道，在明明德，在亲民，在止于至善"❹，主张人内心希望自身能达到"明德"和"至善"的目标，这是人始终追寻的美德，也是人希望达到的最完美的境界，而这一切都需要作为为仁之法，将人的心灵之美在社会道德实践中进行检验，并在道德践行中逐步实现德行完善。要完成这些道德实践，还要求人们拥有博大的胸襟，从而做到推己及人、团结互助、博施济众。

通过分析孔孟的仁爱思想，孔子的仁注重宽怀容人，孟子则特别注重从生命的本真探索仁中蕴意的新的内涵。孟子将爱护生命视作人达到仁的最高境界，而滥杀无辜则并非仁义之所为，孔孟思想从最初的仁者爱人到后来将仁的范围逐步从人际关系扩大到社会关系并提出了仁政的主张，儒家思想提及的慈善理论得以完善，为后世的慈善美德的培育提供了丰富的思想资源。"恻隐之心"被视为行善之举的心理根源，促进了中国传统慈善活动的发展，塑造了中华民族特有的仁爱精神，它俨然已经成为新时代中国公民慈善美德的思想源头和道德支撑。例如，2008 年，汶川地震中互不相识的陌生人通过

---

❶ 《论语·学而》.

❷ 《孟子·尽心上》.

❸ 《论语·雍也》.

❹ 《大学》.

慈善捐赠、志愿活动等方式对他人给予帮助；2020 年，新冠病毒感染疫情中一个个感人的故事印记在我们的脑海里，有些人甚至捐赠而不留名。在危难关头，人的善意会得到激发，驱使其做出积极的行动。

(二)"民贵君轻"的民本思想

我国自周朝开始就产生了对"民"的重要性的认知，学者王卫平认为，商汤救济灾民的措施是中国古代慈善事业的滥觞。❶ 此后，周文王提出敬天保民的思想，指出统治者应该勤于国事、体察民情，要慎用刑罚，"知小民之依"❷。在春秋时期，民本思想已成为当时社会所普遍接受的思想。如《左传》中提到："国将兴，听于民。"❸ 孔孟继承和发展民本思想，并使其成为儒家思想中的重要组成部分。"天地之性，人为贵"❹ 反映了我国古代文化中特别强调人的价值，在为政思想中突出民本的核心地位，并没有明显的独尊皇权的主张。"修己以安百姓"❺ "为政以德"❻ 等内容都是孔子主张对待黎民百姓要以仁为本。孟子对孔子的"仁爱"进行了进一步发展，并提出："民为贵，社稷次之，君为轻。"❼ 荀子在孟子思想的基础上提出："君者，舟也；庶人者，水也。水则载舟，水则覆舟。"❽ 由是观之，孔孟儒学中"民贵君轻"的民本思想主要蕴含着惠民和利民等慈善理念，对民众施以仁政，予民以福利，这样才能实现万民归附，维护国家的稳定。这也是孟子阐释"惠民"和"得天下"的关系的重要依据。"民贵君轻"思想为中国传统慈善事业发展提供了有利的基础，对统治者的民本主义的实践和慈善理念的践行具有理论铺垫作用。及至后世，民贵君轻、民为邦本的思想得到了历代王朝的继承和发展，要求统治者实行仁政德治来推行惠民、护民的慈善救助。以国家制度的形式确立民本思想的地位并使其稳定下来，为中国官办慈善事业的兴起

❶ 王卫平. 论中国古代慈善事业的思想基础 [J]. 江苏社会科学, 1999 (2)：116-121.
❷ 《尚书·无逸》.
❸ 《左传·庄公三十二年》.
❹ 《孝经·圣治》.
❺ 《论语·宪问》
❻ 《论语·为政》
❼ 《孟子·尽心下》.
❽ 《荀子·哀公》.

和发展奠定了深厚的文化基础。

至此，在我国古代慈善事业中，民间慈善与官办慈善是浑然一体的，并没有出现明显的界限。儒家的民本思想主要劝谏统治者在运用权力之时应权衡民众的利益，为民众谋福利，这样才能实现国泰民安。我国传统慈善事业的发端就显示出官办慈善和民间慈善融为一体的特征，统治者为民众谋福利，一方面是本着捍卫统治阶级利益的目的，即维护社会稳定与促进社会发展；另一方面，通过推行惠民和利民的政策，推动了官办慈善的发展，也刺激了社会自发力量进行慈善活动。儒家的民贵君轻思想受到了历代统治者的推崇，他们谨遵"民为邦本"的古训，施以仁政，如开仓施粥、赈谷调粟等救济灾民和流民的措施，在此过程中，中国传统的慈善理论日臻完善，中国传统慈善事业也由此不断地向前发展。中国传统慈善事业是基于施仁政的理念，其包含了对人的主体性的思考，是对尊重生命和珍惜生命的反思，是对人的生存环境和生存权利等问题的积极应对，这些问题经过历史的沉淀和积累，为新时代公民慈善美德的形成提供了深厚的文化基础和实践应对。

(三) "天下大同" 的社会理想

"天下大同"是儒家学说有关社会理想的重要设想，具有厚重的理想主义色彩。孔子曰："丘也闻有国有家者，不患寡而患不均，不患贫而患不安。盖均无贫，和无寡，安无倾。"❶ 在春秋末期，社会动荡不安，贫富分化逐步形成，孔子主张稳定是首要的因素，在分配中做到公平、公正，才能维持社会的安定与和谐。基于此，孔子认为公平是通往世界大同理想社会的重要途径，尤其是在财产分配的过程中，财富均分是非常必要的。孔子的"均贫富"思想在当时已经超出个人私利，其涉及救济贫饥者的慈善美德，深怀对大同社会的畅想，为丰富后世的慈善思想提供了重要的思想资源。

孟子曰："出入相友，守望相助，疾病相扶持，则百姓亲睦。"❷ 这是孟子对人与人之间关系的美好设想，勾绘着人们彼此关心、相互帮助的理想蓝图。这与孔子的"天下为公"之说相互呼应，共同成为大同思想的核心部分，

---

❶ 《论语·季氏》.
❷ 《孟子·滕文公上》.

对后世思想产生了重要影响，如东晋陶渊明所描绘的同耕同织、生活安乐的世外桃源。及至清末，洪秀全为了实现有田同耕、有饭同食的理想社会而进行了一次影响较大的近代农民革命。康有为著书立说，写下至今被人传阅的《大同书》。他强调："人类平等，人类大同，此固公理也。"❶ 对"公有""仁爱""互助""和谐"等"天下大同"的社会理想的向往，为后世慈善事业的实践勾勒了一幅通往和谐社会的蓝图。其思想影响代代仁人志士坚守"人饥己饥、人溺己溺"的理念，使其主动参与到扶贫济困的社会慈善活动中，为创建一个充满人道主义关怀、天下为一家的理想社会而做出自己应有的努力。"天下大同"主张人格尊严和人的自由权利的实现，展示对社会弱者持有的慈善精神，人们只有在相互帮扶的前提下，才更有可能实现社会公平与公正，最终实现儒家所设想的终极理想。公正、公平、互助、自由等都蕴含了丰富的慈善思想和道德向往，为我国新时代公民慈善美德培育提供了思想动力。

二、积德行善的善恶思想

（一）老子的"无为而善"

老子作为先秦道家思想的首创者，其"人法地，地法天，天法道，道法自然"❷ 的思想影响至今。在政治上，他强调"无为而治"的治国之道；在道德伦理上，他主张"清净无欲，独善其身"的修炼之术。在谈及待人之道时，老子有着独特的善恶观，如与人为善、善待众生等观念。"善者，吾善之；不善者，吾亦善之，德善。"❸ 其阐明了行善的目的是用自身的善去感化恶人，引导恶人变善，使社会最终走向至善。老子劝谏统治者应该顺应自然，施政中要遵循道法自然的准则，做到"损有余而补不足"；规劝富人更要懂得积极行善，力求"能有余以奉天下"❹。老子一心劝诫富人要懂得散财之道，从散财之中体验自身的成就感和幸福感。老子的"无为而善"经由后世道家

❶ 《康有为·大同书》.
❷ 《道德经·第二十五章》.
❸ 《道德经·第四十九章》.
❹ 《道德经·第七十七章》.

学者的完善与升华，成为人们惩恶从善的慈善美德根基。老子曰："我恒有三宝，持而保之：一曰慈，二曰俭，三曰不敢为天下先。"❶老子将慈爱放在"三宝"之首，强调仁慈能够给予人勇气，因此特别推崇慈心善行。老子与儒家不同，他反对"爱有等差"，主张"无私之爱"，慈的对象也不仅限于人类，而是将慈爱的对象扩大到整个自然界。老子将慈爱之心提升到爱护自然界的高度，这种"无为而善"的思想强调将善内化为人的习惯，不浮夸、不张扬，对后世个人的慈善救助行为提供了方法论的借鉴。

（二）庄子的"爱人利物"

庄子是道家思想渊源的另一个重要人物。庄子以"隐居士"著称，追求着自然万物的和谐。庄子曰："有天道，有人道。无为而尊者，天道也。"❷他主张人要顺应天道，摒弃刻意而为的善恶之事，这样既顺应自然，也顺应自我，通过自我修炼，最终获得道的真谛。得道者借助做善事的方式达到较高的道德境。庄子还从养生学的角度，指出"可以保身，可以全生，可以养亲，可以尽年。"❸可见，一方面，庄子强调一种顺其自然的"清净无为"的人生哲理；另一方面，庄子并不反对慈爱，也没有否定仁慈。"天与人不相胜也"的警言，是庄子警示人们面对自然界要有敬畏之心，折射出人类要遵循各自的本性和规律，秉承平等、宽容的态度去善待天下万物，实现人与自然和谐的理想状态。面对贫富差距问题，庄子提出"富而使人分之"❹，认为富有之人应该把财富分享给其他人，救助穷人，这对现世具有借鉴意义。此外，庄子主张为政者理应"爱人利物之谓仁"❺，倡导要处理好"爱人"与"利物"的关系，把仁的道德追求拓展至自然万物，顺应自然本性，并畅想着"甘其食，美其服，安其居，乐其俗"❻的社会理想。庄子对道家思想的发展起到了不可替代的作用，其关于"和"与"道"的思想，以及对美好社会的向往为后世慈善思想的拓展奠定了基础。

---

❶《道德经·第六十七章》.
❷《庄子·在宥》.
❸《庄子·养生主》.
❹《庄子·在宥》.
❺《庄子·外篇·天地》.
❻《道德经·第八十章》.

(三)《太平经》的慈爱思想

《太平经》是道家的经典之作。其内容体系繁杂，汇聚了先秦儒、道和阴阳等诸家思想，要求人们奉行"好善"的教义；运用阴阳五行之说来诠释治国之道，这与阴阳诸家思想基本吻合。可见，道家对世俗社会颇为关怀，认为应当施舍于他人，增强他人的幸福体验。《太平经》主张引导人们积极行善，提倡散财的思想，善恶报应成为其典型的观念。《太平经》中提到："积财亿万，不肯救穷周急，使人饥寒而死，罪不除也。"❶ 这主要向世人展示了一种积善得福、积祸得恶的因果报应的思想，在以血缘宗亲为重的封建社会中，这种思想彰显了扬善惩恶的优势，引导人们要积极行善，在积累功德等方面具有特殊意义。因而，"承负说"的理念对道家信徒积德行善的义举活动起着重要的推动作用，其理念的辐射面还影响到民间社会。

(四)《太上感应篇》的劝善思想

唐、宋时期，道家活动呈现出鼎盛之势。统治者开始推崇道家思想，奉道之风开始盛行。当时社会上涌现出一批著名的道家学者，如孙思邈，他写下了著名的《千金要方》，强调医生的职责是悬壶济世，这种以医济世的慈爱思想推动了社会慈善救济机构的发展，社会上的善举活动盛行起来。《太上感应篇》主要是劝人行善，其内容糅合了儒家、佛教的思想，列举各种善举恶行作为人们的行为标准，以实现宣扬善恶观念的目的。因此，它包含了丰富的慈善思想。例如，将不欺暗室、慈心于物、忠孝友悌等符合伦理道德的行为归为慈善之举，将违父母训等行为视为人间的恶行。因行文简单、通俗易懂，其在民间被广为传播，这对规范人们的言行、推动民间行善义举、维护社会安定起到了重要作用。道家思想中的行善、好善、劝善思想是其精华部分，是中国传统慈善思想的重要组成部分，从某种程度上来说，其促进了中国传统社会慈善事业的发展。

---

❶ 王明. 太平经合教 [M]. 北京：中华书局，1960：60.

三、匡世救民的兼爱思想

战国时期，墨子开创了墨家学派，"兼爱"是其重要的理念，他主张"兼相爱，交相利"❶，彰显了济世救人的慈善精神。墨家崇尚"多财则以分贫也"❷，提出了兼爱、贵义、互助、共济等慈善思想，为后世中国传统慈善思想提供了重要资源。

墨子主张"兼爱"思想。首先，墨子是在战事连连的背景下提出"兼爱"学说的。他将天下之乱的原因归结为人与人不相爱，指出"天下兼相爱则治，交相恶则乱"❸，只有不分人与我，人们相互爱护、互惠互利，才会出现平安盛世。其次，受时代背景的限制，墨子信奉有神论，相信"天"是有意志的，认为"兼爱"就是顺应天意而为。最后，墨子从实用主义的视角分析了"兼爱"的原因。为何"兼爱"？墨子的回答是"兴天下之利，除天下之害"❹。同时，他还为"兼相爱"指出了行事方法，即"视人之国，若视其国；视人之家，若视其家；视人之身，若视其身"❺。总之，墨子的"兼爱"有着平等性、无私性和互助性等特点。

墨子主张"爱"和"利"相统一。他对"亏人自利"的现象是极为反对的，主张构建友爱互助的人际关系。他提倡"若使天下兼相爱，爱人者若爱其身"❻，把"兼相爱"等同于"交相利"。他认为，"兼相爱"是破解天下之乱的"一剂良药"，强调义利合一，突出"利"为天下之利的含义，义利合一的最高境界就是重天下之义利。可见，墨子倡导的"兼爱"不是空洞的说教，而是注重实利的践行。墨子指出："有力者疾以助人，有财者勉以分人，有道者劝以教人。"❼ 他主张人应该尽其所能，无论是力气还是财力甚至是智力等都可以给予需要帮助的人，尤其是对穷苦大众更需要给予关怀和帮

❶ 《墨子·兼爱下》.

❷ 《墨子·鲁问》.

❸ 《墨子·兼爱上》.

❹ 墨翟. 墨家智谋全书 [M]. 曹冈，译解. 呼和浩特：内蒙古人民出版社，2006：210.

❺ 《墨子·兼爱中》.

❻ 《墨子·天志中》.

❼ 《墨子·尚贤下》.

助。以实现"饥者得食，寒者得衣，乱者得治"❶。墨子不仅是理论的创造者，更是理论的践行者，并要求自己的弟子学会"退睹其友，饥则食之，寒则衣之，疾病侍养之，死丧葬埋之。兼士之言若此，行若此"❷。墨子及其弟子有着兼善天下的胸怀，这从侧面反映了古代劳动人民与人为善的友好态度和积极行善的精神风貌，为后世慈善事业的发展提供了必不可少的思想资源。墨子的"兼爱"慈善思想突破了地域和社会等级的束缚，特别强调无私这一特点，不包含利己的动机，这种奉献精神是值得推崇的慈善美德。

四、惟法惟治的济贫思想

春秋战国时期，法家作为诸子百家的流派之一，商鞅、李斯和韩非子是其重要代表。法家思想也蕴含慈善思想，具体表现在以下几个方面：在治理国家的方略上，他们都主张刑赏。商鞅、李斯和韩非子都比较注重农业，提倡发展生产、注重仓储。如商鞅指出："民之欲利者，非耕不得。"❸也就是说，国家要实现强国富民、消除贫困，必须首先采取措施保障人民的利益。仓储备荒的救治措施对维护社会稳定起到了重要作用，也为官方慈善提供了很好的借鉴。

针对济贫的措施问题，商鞅和韩非子的主张是有差别的。商鞅主张"治国之举，贵令贫者富，富者贫。贫者富，国强；富者贫，三官无虱"。❹意即国家提倡富者要散力施财，对贫困者要主动施与救济，让贫困者走向富足，从而维护社会的安定，国家才能逐步实现富强。但是，在济贫方面，商鞅强调政府的功能，认为那些由于懈怠生产而无积蓄的人，是不应该得到救济的，相反，要借助刑罚的手段来消除冻馁之虞。韩非子强调务法的重要性，并将"惟法惟治"视为治理国家的最佳途径。他提出施惠于民的政策来应对社会救济问题，但是不赞成向富人征收重赋以救济贫者，并提出劫富济贫不利于解决问题，反而还会带来滋养懒汉的消极后果。他指出："今上征敛于富人以布

---

❶ 《墨子·尚贤下》.
❷ 《墨子·兼爱下》.
❸ 《商君书·慎法》.
❹ 《商君书·说民》.

施于贫家，是夺力俭而与侈惰也，而欲索民之疾作而节用，不可得也。"❶ 韩非子的"慈善养懒汉"的看法并不是空穴来风，统治者在慈善救济中因缺乏有效的制度规范，致使不可避免地出现了一系列消极后果。韩非子的慈善思想为后世进行慈善救济改革奠定了基础，出现了"以工代赈"来规避"慈善养懒汉"的措施。尤其是在明朝之后，"以工代赈"措施在慈善救济中的地位和作用日益彰显。由此观之，法家与儒家的慈善思想不同，法家主张采取刑赏的治国方略，强调君主专制和独裁，鼓励和重视农业的发展，选取刑赏的方法来取代慈善救济，这种济贫思想和方法为后世慈善事业的发展提供了新思路。

慈善美德在中国的历史长河中早已留下印记，中国古代先哲提出了他们对于慈善的认识，形成了中国传统慈善思想，构成了中华民族文明的重要元素，为后世处理人与人、人与自然、人与社会的关系奠定了良好的基础。新时代的中国需要汲取古代精神文明中的精华，用传统慈善文化的力量去破解当前面临的难题，实现凝聚民心、团结民众的目标。因此，缕析中国传统慈善思想，能够为新时代公民慈善美德的培育提供思想资源。

第四节　现代西方社会的慈善思想

现代西方社会的慈善思想继承了其先前的慈善思想，面对现代西方出现的新情况，如社会贫富差距的扩大、慈善公益组织的壮大等，需要探讨个人自由与国家干预、效率与公平等的关系问题，主要有新自由主义、社群主义和"第三条道路"。

一、新自由主义学派的慈善思想

20 世纪 60 年代，新自由主义在批判凯恩斯主义的过程中逐渐形成，其代表人物包括经济学家哈耶克（Hayek）、米尔顿·弗里德曼（Milton Friedman）和伦理学家约翰·罗尔斯（John Rawls）等。新自由主义者强调可以通过市场自

---

❶ 《韩非子·显学》.

由经济的方式实现经济增长，增强国家财富实力，减少财富和收入上的过度差异；一个有效的市场体系是不需要国家干预的，因为政府干预会侵害人的自由权利。新自由主义者强调地方政府应该管理好福利和公益事业，中央不要进行过多的干预，主张用市场的优势来调控慈善公益事业，逐步实现慈善公益事业的私有化，促进慈善市场化的形成。哈耶克特别推崇市场在自由竞争过程中形成的秩序，认为社会的分配政策存在过多的弊端，尤其反对国家政府全揽包办的慈善行为，极力主张国家没有义务救济穷人，救济穷人是施助者个人的自由选择。弗里德曼也认为，"对于贫穷，最理想的解决途径便是私人慈善事业"[1]。以"温和抵抗理论"著称的罗尔斯则主张从正义论的视角剖析慈善事业，具体表现为他的两个"正义原则"与两个"优先规则"。他强调要实现真正意义上的社会公正与善，必须解决如何对社会弱势群体给予帮助和保障公民的基本社会福利等问题。由上述分析可知，对于慈善的实现路径，新自由主义学派过多地强调市场、社会的力量，从而忽视了国家和政府在引导慈善事业发展中的作用。

二、社群主义的"最高的善"思想

20世纪80年代后期，社群主义思潮开始兴起，它主要代表的是新集体主义的思潮。其主张社会发展的终极目标是实现"最高的善"，并提出"善优先于权利"的观点。社群主义的代表人物有阿拉斯代尔·麦金泰尔（Alasdair MacIntyre）、查理斯·泰勒（Charles Taylor）、迈克尔·桑德尔（Michael Sandel）等。社群主义作为一种新集体主义，主要论述了个人利益和公共利益的关系，并明确指出两者是相互影响、相互统一的。社群是个人依附的重要组织，社群为其成员确立了共同的目标和价值，个人在社群共同目标和价值的指引下，不断地追求美德，实现良善的生活，两者相得益彰。麦金泰尔在梳理亚里士多德德性理论的基础上，重新界定了德性，也被称为新的德性论。麦金泰尔认为，由于人类天生的脆弱性，人与人之间必须建立相互依赖的关系，互助美德就是对需要帮助者给予帮助，进而形成社会共同体。他认为：

---

[1] 弗里德曼. 资本主义与自由 [M]. 张瑞玉，译. 北京：商务印书馆，1986：206.

"无能者的需要，这种关注与需要成正比，而不是与关系成正比。"❶ 麦金泰尔主张慈善是一种美德，是主体内在的道德实践，通过追求个体的完善人格，培养个体德性，从而提升社会德性，具有浓厚的理想主义色彩。查理斯·泰勒认为，需要正确地处理个人和社群的关系，社群是由个人作为自主主体构成的，对于个人的一些需求不能一味地优先考虑，应该从社群整体出发，同时社群理应责无旁贷地帮助贫困者，个人作为社群的成员也有权利和资格享受国家与慈善机构提供的福利。当然，社群的权利也要做适当的调整，不能因为社群的优先权而导致个人的权利无法得到满足，甚至严重损害个人的人权。

三、"第三条道路"的慈善主张

"第三条道路"理论也可称为"中间道路"理论，该理论主张社会慈善理应在国家干预和市场自由调节之间进行，在个人价值与集体价值之间建立平衡，国家既没有救助穷困者的全部责任，又不能完全放弃救助穷困者的责任，强调"责任是健全社会的基石"。"第三条道路"理论的代表人物有安东尼·吉登斯（Anthony Giddens）、哈罗德·麦克米兰（Harold Macmillan）等。麦克米兰主张调节资本主义的途径之一就是走中间道路，即必须在经济发展和社会福利之间选择如何用最优的形式将两者结合起来。吉登斯以"无责任即无权利"的观点著称，他认为公民是权利和义务的结合体，主张公民在享受社会保障制度的福利时，也必须承担社会保障制度的义务。同时，他指出国家福利不只是贫穷者的"特权"，而是要面向所有国民，"如果'福利'只具有一种消极的内涵而且主要面向穷人，那么它必然会导致社会分化"❷，应该鼓励企业、个人、家庭和社会团体等以民间社会组织的形式参与慈善事业，促进社会保障事业的发展，提升公民的共同道德水平。他还指出："造福于大多数

---

❶ MACINTYRE A C. Dependent Rational Animals：Why Human Beings Need the Virtues［M］. Chicago：Open Court，1999：124.

❷ 吉登斯. 第三条道路：社会民主主义的复兴［M］. 郑戈，译. 北京：北京大学出版社，2000：111-112.

人口的福利制度才能产生一种公民的共同道德。"❶ 从西方社会慈善美德的思想渊源演变历程来看，慈善美德思想的演进与社会政治、经济、文化密切相关，人们对善的追寻，从最初的"知识即美德"发展到上帝的"博爱"，逆转于"责任"与"他律"，再回归到"个人自由"等理论并不断深化，也将慈善实践从天上拉回了人间，促进了西方社会慈善事业的发展。西方社会关于慈善美德的思想渊源之深、理论基础之厚为我国研究新时代公民慈善美德培育提供了丰富的理论滋养。因此，我们在传承中国自身传统慈善文化的同时，还要批判性地吸收西方慈善文化中的优秀成果。

---

❶ 吉登斯. 第三条道路：社会民主主义的复兴 [M]. 郑戈，译. 北京：北京大学出版社，2000：111-112.

当前中国特色社会主义慈善事业进入新的发展时期，新时代需要新的公民慈善美德。新时代公民慈善美德是针对"小政府、大社会"的中国特色社会主义慈善事业发展而提出来的，新时代公民慈善美德既根植于中华民族传统慈善文化，也筑基于思想政治教育理论发展，并立足于新时代慈善思想。同时，在新时代培育公民慈善美德更是慈善事业持续发展的思想保障、加强公民道德建设的精神动力，以及积极构建和谐社会的实践要求。因而，引发从慈善乱象问题的观念根源入手，培育新时代公民慈善美德，显然具有一定的理论逻辑和时代意义。

第一节 新时代公民慈善美德培育的理论逻辑

一、根植于中华民族传统慈善文化

熊希龄先生曾说过："吾国五千年来养成良善风俗者，莫不由于儒、释、道之学说所熏陶。"❶ 可见中华民族的传统慈善文化源远流长，慈善在我国的历史长河中早已留下印记，最早可以追溯到周朝。据考证，在西周时期就出现了慈善事业的雏形，当时遇到天灾人祸时，会有专门的官员奉行王的旨意去救济贫病百姓，❷ 而且当时的统治者已经意识到民众的作用，提出"敬天保

---

❶ 周秋光. 熊希龄集：下册 [M]. 长沙：湖南出版社，1996：22.
❷ 《周礼·地官》.

民”的思想，这种朴素的民本思想中蕴含了慈善思想。随后，先秦诸子百家的学说均有对慈善美德的阐述。

（一）继承中华民族传统慈善文化需要培育新时代公民慈善美德

儒家思想以"仁爱"为内核，主要从人本角度出发，承载着仁者爱人的"仁爱思想"，凸显出民贵君轻的"民本思想"，蕴含着天下太平的"大同思想"，这些内容都蕴含着丰富的慈善内涵。特别是儒家思想蕴意出互帮互助、扶危济贫的慈善主张，为我国传统慈善事业的发展奠定了良好的思想基础。此外，佛教、道教的学说中也蕴含了关于慈善思想的论述。佛教从人性的角度出发，运用通俗的教化去明示善与恶的标准，劝诫人们要以慈悲为怀、去恶从善、避恶趋善。佛教中慈爱众生的"慈悲精神"、报众生恩的"因缘理念"以及断恶行善的"修善理念"成为我国慈善事业发展的思想之光，也为佛教的慈善活动提供了不竭的道德动力。"赏善罚恶，善恶报应"是道家思想的典型内容，可见道教思想也渗透着慈善思想，这成为我国传统慈善事业发展的重要思想来源。传统慈善美德是中华民族五千多年文明的重要组成元素，在我国新时代公民慈善美德培育中依然扮演着重要角色，是新时代公民慈善美德培育的思想之源，新时代公民慈善美德应继承中华民族传统慈善文化的精髓。

（二）弘扬中华民族传统慈善文化需要培育新时代公民慈善美德

"'传统'二字不是仅指过去，而是指过去传给现在，甚至影响和预示着未来。"❶ 传统文化兼具民族性和历史继承性的特点，因此要学会吸收传统慈善文化的精髓，善于挖掘其更深层次的内涵，以推动传统慈善文化在时代潮流中发挥更持久的文化力量，实现创新性发展。特别是中华民族传统慈善文化中的部分思想与新时代公民慈善美德在融合中出现了分歧，如果不妥善处理好这一问题，势必会影响我国现代慈善事业的发展。首先，我国传统慈善文化是以血缘关系、宗法关系为基础的家族慈善活动，其慈善行为的范围仅局限于一家、一族之内，这是局限在家族内部、熟人社会的慈善美德，因此

---

❶ 沈尚武，袁岳. 中国传统文化的当代价值与缺憾 [J]. 科学·经济·社会，2012, 30（4）: 165.

仍然是具有内外亲疏的"区别式"的慈善美德。传统慈善理念中的"差序观"已经不能适应新时代公民慈善美德的发展要求。其次，我国传统慈善文化中具有"对人施惠、施惠于己"的功利意识，个人慈善行为的动机和目的是获得名利或者给子孙积福等，显然，这些慈善思想与新时代公民慈善美德的要求也是格格不入的。最后，我国传统慈善文化中的"仁爱观"是出于同情或道义来行善，但是常与权力联系在一起，逐步演变为一种上对下的"庇护"，存在受助者对捐助者的人身依附特征。这样"慈善有如礼品，赠与不赠，或赠送之多寡，全凭个人的意愿或自由，受助者固不能有所强求，他人亦不能加以干涉"❶。这与新时代公民慈善美德所要求的公共性、道德责任等内容是背道而驰的。

当然，中华民族传统慈善文化中所强调的"仁慈""善念""奉献""爱心"等对于新时代公民慈善美德来说是一场心灵上的洗礼，是社会进步的内生型动力。"继承和发扬中国优秀传统慈善文化，吸收国际先进的慈善理念和管理方式，不断丰富与社会主义核心价值体系相统一，与人道主义精神、现代财富观、社会责任感等相融合的现代慈善文化"。❷ 可见，传承中华优秀传统文化必须与现代慈善文化相融合。2015 年，习近平总书记在"减贫与发展高层论坛"上特别强调："'仁义忠信，乐善不倦'。中国人民历来重友谊、负责任、讲信义，中华文化历来具有扶贫济困、乐善好施、助人为乐的优良传统。"❸ 因此，新时代公民慈善美德培育更要挖掘中华民族优秀的品质文化，"国家采取措施弘扬慈善文化，培育公民慈善意识"❹。中华民族传统慈善文化散发着"于慈于善"的文化魅力，向世人传递着最朴素的慈善资源，给予世人最真挚的慈善精神。综上分析，新时代公民慈善美德培育需要"去其糟粕，取其精华"，继承和弘扬中华民族传统慈善文化的优秀品质，从而在全社会营造出崇德向善的良善氛围。

---

❶ 言心哲. 现代社会事业 [M]. 石家庄：河北教育出版社，2012：16.
❷ 《中国慈善事业发展指导纲要（2011—2015 年）》发布 [EB/OL]. (2011-07-15) [2021-03-20]. http://www.gov.cn/gzdt/2011-07/15/content_1907330.htm.
❸ 中共中央文献研究室. 十八大以来重要文献选编：中 [M]. 北京：中央文献出版社，2016：722.
❹ 阚珂. 中华人民共和国慈善法解读 [M]. 北京：中国法制出版社，2016：282.

二、筑基于思想政治教育理论发展

新时代公民慈善美德培育作为思想政治教育的重要组成部分，是对道德素质教育内容的延伸。因此，新时代公民慈善美德培育过程更需要借助思想政治教育理论，达到提升公民道德素质的目的。因而，将新时代公民慈善美德培育问题带入当代中国思想政治教育理论中进行研究，不仅为公民慈善美德培育提供了理论之源，同时还可以充实和丰富思想政治教育的内容与方法，这也是思想政治教育理论发展过程中的必然趋势，拓展了思想政治教育的范畴。

（一）新时代公民慈善美德培育凸显思想政治教育的时代性

新时代公民慈善美德培育进一步丰富了思想政治教育的时代内涵，其培育的内容主要涉及道德教育的内容，因此将其列入思想政治教育的内容。"公共精神是现代公民社会对公民提出的最基本、最重要的美德要求。"❶ 因此，新时代公民慈善美德培育将公共精神纳入培育内容，"是公民道德教育的原点和精髓"❷。有针对性地对公民进行慈善美德培育，能够深化、提升和拓展思想政治教育的内涵与外延，有助于传承中华民族传统慈善美德，更有助于培育公民的慈善精神，从而提升社会整体的思想道德素质。

在社会转型和全面深化改革的形势下，贫富差距没有得到明显的缩小，如果贫富差距进一步拉大，将会导致人与人之间、人与群体之间、群体与群体之间的矛盾加剧。随着利益的分化、价值观的多元化以及道德失范等，思想政治教育工作遇到了新的挑战和困难，特别是公民慈善美德培育有待进一步加强。《2017—2018年度中国慈善捐助报告》显示，2017年，中国全社会捐款总额突破1525.70亿元，比起2011年的845.01亿元上涨了680.69亿元。从捐款的来源进行考察，公民捐赠的情况不容乐观，其捐赠额度的比例较低，且公民参与捐赠的行为大多具有偶然性。这也从一个侧面反映出我国一些公民缺乏参与慈善的热情，认为慈善与自身无关，缺乏理性的参与意识，参与

---

❶ 张婷. 成长中的中国公民社会与公民道德教育研究［D］. 山东：山东师范大学，2013：146.
❷ 张婷. 成长中的中国公民社会与公民道德教育研究［D］. 山东：山东师范大学，2013：146.

慈善活动的持久力不足，同世界发达国家的慈善发展水平相比，我国还有很大的探索空间。可以说，整体上我国人人向善的氛围还未形成，要实现全民慈善的目标还需要在新时代开启新的征程。因此，要将新时代公民慈善美德培育融入思想政治教育中，就应该将公民慈善美德培育纳入现代公民的"必修课"中。具体而言，首先，从小处入手，培育公民懂得基本的"小爱"；其次，从长远发展入手，将"小爱"汇聚成"大爱"，培育公民"爱"力量的持久力；最后，从社会理想入手，培育公民理解并践行"老吾老，以及人之老；幼吾幼，以及人之幼"❶。从这个角度来说，新时代公民慈善美德培育为进一步提高思想政治教育的时效性提供了挑战和机遇。

（二）新时代公民慈善美德培育增强思想政治教育的教育性

对于新时代公民慈善美德培育来说，思想政治教育理论是直接的理论借鉴和实践来源，可以运用到公民慈善美德培育的路径中去。从思想政治教育的研究对象来看，新时代公民慈善美德培育关注公民慈善美德的形成、发展和培育规律。亚里士多德曾将德性分为两大类，"一类是理智的，一类是伦理的"，其中"智慧和谅解以及明智都是理智德性，而慷慨与谦恭都是伦理德性"❷。因而，新时代公民慈善美德培育的核心问题是"我们应该成为什么样的慈善人"，意在弘扬人的至善天性，追求人格完善和人人幸福。从思想政治教育的主要任务出发，新时代公民慈善美德培育更重视塑造捐助者和受助者之间的平等交往关系，通过影响和感化捐助者和受助者的思想，并在慈善实践中不断规范其行为，进一步培育他们的慈善素养和慈善行为。从思想政治教育的主要过程来看，新时代公民慈善美德培育从公民实际的慈善美德和行为出发，基于中国特色社会主义慈善事业的社会要求，关注捐助者和受助者的思想与行为的相互转化，通过内化于心和外化于行两个阶段，形成公民更高尚的慈善美德和行为，以符合社会的需要。从思想政治教育功能的视角出发，新时代公民慈善美德培育需要做到协调好社会性功能和个体性功能，以全面平衡功能观为引导，从而建立"个人—社会"的本位取向，强调慈善是

---

❶ 《孟子·梁惠王上》.

❷ 亚里士多德. 亚里士多德全集：第 8 卷［M］. 苗力田，译. 北京：中国人民大学出版社，1992：25-26.

公民出于同情心的一种社会道德责任。既要维护自身的正当利益，体现自我社会价值，又能够为他人和社会带来"善"，体现平等友善、为民服务等美德。总体上表现出由个体行为走向社会行为，也就是个体社会化的过程，最终形成善良的慈善情感、正确的慈善判断、自觉的慈善实践。从思想政治教育的途径来看，新时代公民慈善美德培育强调发挥政府、社会、公民、制度等角色的作用，需要多元主体的参与和合作。如果单纯地依靠学校教育，今天强调慈善美德，就要求慈善美德读本进校园，明天强调法治教育，就要求法治教育读本进校园，后天强调廉政教育，就要求廉政教育读本进入校园，这种现象是不符合教育规律的。

新时代公民慈善美德培育在与思想政治教育融合的过程中，不仅可以成为其内容支撑，更能拓展其手段和方法，两者是相互促进的关系，同时还能够更好地将公民慈善美德培育纳入思想道德建设和精神文明建设中，塑造真善美的人格，提升慈善德性修养。

(三) 新时代公民慈善美德培育提升思想政治教育的实效性

恩格斯说："任何事情的发生都不是没有自觉的意图，没有预期的目的的。"❶ 新时代公民慈善美德体现以人为本的平等性，这与思想政治教育中以人为本的理念如出一辙，两者相互促进、相互发展，从而不断提升思想政治教育的时效性。从教育学视角来分析，新时代公民慈善美德培育的主要目的在于提高公民的思想道德境界和慈善素质；从政治学来说，新时代公民慈善美德培育旨在通过意识形态教化来促进政治认同与社会公德形成；从社会学来说，新时代公民慈善美德培育旨在促进个体社会化，维护社会公平正义与和谐有序。因而，新时代公民慈善美德培育的作用主要表现为对政治稳定、社会发展、人格完善和人的全面自由发展等的推动与促进。

市场经济带来了社会物质生活的极大丰富，与此对应的是社会价值理性与人文精神的相对凋敝，在一定程度上产生了"人为物役"的现象，使人类的精神生活遭遇"贫困危机"、道德境界失去"崇高尊严"、社会责任感变成"无根浮萍"。在这种状况下，作为人的社会实践活动，新时代公民慈善美德

---

❶ 马克思，恩格斯. 马克思恩格斯选集：第 4 卷 [M]. 北京：人民出版社，2012：253.

培育的根本属性在于"建设人自身"。新时代公民慈善美德培育就是要关注人的全面自由发展的价值尺度，通过重塑公民的爱心、善心和社会责任心，倡导公民形成正确的人生观与价值观，高扬公民权责共生、公共责任和财富分享等意识，满足公民的现实精神需要，实现基于人的发展、关注人的发展、为了人的发展的历史重任，这也是思想政治教育的旨归所在。马克思主义认为，关于人的价值主要包括两个方面：一方面是社会对人的满足；另一方面是人对社会的贡献，只有每个个体对社会做出贡献，才能营造良好的社会氛围，从而进一步实现个人价值，因此，人对社会的贡献成为评价人的价值的主要内容。新时代公民慈善美德培育体现了时代的要求和社会共同的价值取向，通过正确地引导受教育者，使其能够正确面对具体的思想问题，形成对慈善美德的认同感和自豪感，增强受教育者对实现个人价值的肯定，在受教育的过程中实现人性的升华，从而为人类的生存与社会的发展做出应有的贡献。当然，"一个人良好的思想品德，还要通过确立信念、培养感情、锻炼意志、规范行为，通过不断地总结经验教训、切身体验才能逐渐形成"❶。总之，进一步深化思想政治教育需要新时代公民慈善美德培育作为助力，逐渐提升思想政治教育的实效性。

三、立足于习近平总书记关于扶贫工作的重要论述

习近平总书记关于扶贫工作的重要论述，是以习近平同志为核心的党中央对新时期我国扶贫工作的全面而深刻的阐述，也是对国内外形势的新挑战和新要求做出的积极回应与正确指引。2013 年 11 月，习近平总书记在进行了一系列考察后，首次提出"精准扶贫"的概念，彰显了以人民为中心的发展思想。2014 年 1 月，《关于创新机制扎实推进农村扶贫开发工作的意见》具体明确了开展精准扶贫的工作机制。随后，习近平总书记多次强调精准扶贫的重要性，并对扶贫工作的具体实施方案发表了一系列重要讲话，"精准扶贫、精准脱贫"重要思想是习近平新时代中国特色社会主义思想的重要组成部分，为我国全面建成小康社会提供了重要指引。与此同时，就公民而言，扶贫工作也在考验着公民慈善美德，对社会弱势群体或者贫困群体的同情之

---

❶ 姚启和. 关于大学德育地位的思考 [J]. 高等教育研究, 1992 (1)：13-16.

心、慈善之心，是精准扶贫中应该秉持的社会公德。新时代公民慈善美德培育倡导助人自助、以人为本、共享发展等美德，展示了扶贫济困、精准扶贫的善心和爱心，凝聚的是慈善精神力量。但是，目前我国还存在公民人人向善的氛围尚未形成、全社会广泛参与精准扶贫的意识比较薄弱、贫困地区开展精准扶贫缺乏专业人员等问题。因而，精准扶贫的有效实施，需要新时代公民慈善美德培育为其提供道德动力。

（一）"以扶志、扶智为重点"的精准扶贫需要新时代公民慈善美德提供助人自助的伦理支撑

习近平总书记关于扶贫工作的重要论述中强调，在精准扶贫的过程中，首要的工作是对贫困地区的帮扶对象进行精准定位，引导贫困群众转变惰性观念，增强进取美德。新时代公民慈善美德培育指出"助人自助"是其基本要求，强调"授人以鱼不如授人以渔"，以便更好地应对实际问题，单纯地解决贫困地区人民的生活困难问题不具有可持续性，也没能抓住贫困地区致贫的"病根"，因而需要把贫困群众培养成能够自食其力的劳动者，同时倡导摆脱贫困的群众成为新的慈善主体，帮助其他贫困者脱贫，接力传递爱心善举。因此，必须把扶贫与扶志、扶智结合起来，这是精准扶贫工作的焦点，也是新时代公民慈善美德培育的重点。

首先，扶贫须先扶志。已脱贫者频繁返贫的主要原因在于"精神贫困"，脱贫工作还没有实现"造血式"转变。习近平总书记在福建宁德地区工作时曾提出，要在精神上帮扶贫困群众，使他们摆脱贫困意识，树立自信心。只有在精神上"脱贫"，才能不断地实现个人思想意识的"突变"，即"穷则变，变则通，通则久"❶。因而在脱贫攻坚工作中，需要通过新时代公民慈善美德培育，以扶志为先导，帮助贫困群众转变"等、靠、要"的观念，鼓励贫困群众要有追求美好生活的勇气和信心，从而更好地接受扶贫、支持扶贫，并在脱贫路上不断增强自身的获得感、幸福感、安全感。

其次，扶贫更要扶智。"看真贫、扶真贫、真扶贫"❷是对精准扶贫的全

---

❶ 《周易·系辞》.

❷ 郭俊奎. 习近平"看真贫、扶真贫、真扶贫"说与谁听［EB/OL］.（2015-03-09）［2022-04-25］. http://cpc.people.com.cn/pinglun/n/2015/0309/c241220-26663444.html.

面概括，也是做好扶贫、脱贫工作的重要参考标准和基本要求。习近平总书记强调，"治贫先治愚"❶，需要充分发挥教育在扶贫工作中的关键作用，这不仅关系到贫困地区代代人发展的问题，也关系到精准扶贫工作实现突破性进展的问题，不重视教育很有可能会加剧"返贫"现象的发生。因而，借助新时代公民慈善美德培育的持久发力，坚持扶贫与扶智相结合、教与养相结合，不仅可以提升贫困地区下一代人的文化水平和公民美德，而且能够加强贫困地区下一代人的就业和创业能力，从而有效地阻断贫困的代际传递，使贫困群众彻底地摆脱贫困。

（二）"以人民为中心"的精准扶贫需要新时代公民慈善美德提供以人为本的精神关怀

精准扶贫本着"以人民为中心"为实践取向，人民既是精准扶贫的实践主体，又是精准扶贫的获益主体。从理论上说，"以人为本，是慈善行为的出发点，实施人文关怀和援助，是慈善行为的根本途径"❷。新时代公民慈善美德培育强调以人为本、为民奉献，突出了人的向善和向上的力量，注重施助者和受助者的人本性。因而在精准扶贫中，需要新时代公民慈善美德提供以人为本的精神关怀，维护贫困人口的合法权利、基本权益，践行"在扶贫的路上，不能落下一个贫困家庭，丢下一个贫困群众。"❸ 只有这样，精准扶贫政策才能满足贫困群众的物质需要和精神需要，实现物质脱贫和精神脱贫的"造血式"发展。

首先，扶贫工作者需要心中装着"人"。新时代公民慈善美德培育要求扶贫工作者在对贫困者施予帮助时，不仅要注重物质扶贫，还要重视心理的调适和精神的关怀。因为慈善有着丰富的内涵，"既包括物质上助人，也包括精神上影响人"❹。一是精准扶贫中要做到"关心人"。扶贫工作者需要结合实际情况，从每个具体的帮扶者的个体角色出发，制定扶贫的具体措施和方式

---

❶ 习近平. 做焦裕禄式的县委书记 [M]. 北京：中央文献出版社，2015：24.

❷ 刘国林. 现代慈善随想录 [M]. 北京：中国社会出版社，2014：5.

❸ 井冈山脱贫礼赞 [EB/OL]. （2017-02-26）[2018-03-04]. http://www.xinhuanet.com/2017-02/26/c_1120531502.htm.

❹ 刘国林. 现代慈善随想录 [M]. 北京：中国社会出版社，2014：25.

方法。同时，扶贫工作者不能因为只关心扶贫速度，而忽视了以人为本的宗旨，否则会使扶贫工作陷入冰冷的制度理性之中。二是精准扶贫要体现"道德人"。在行为方式上，始终将扶贫工作者与被扶贫对象摆在相互平等的位置上。扶贫工作者务必尊重贫困者，关注贫困者的生活实际，关心贫困者的精神面貌，以积极的态度去回应贫困者的精神需求和道德需求等。同时，要做到换位思考，当前扶贫工作正进入关键期，随着越来越多的人参与扶贫工作，职业水准和道德要求也就成为必要的考察内容。扶贫工作者应该主动接触贫困者，了解贫困者的脱贫诉求，并加以精神上的鼓励和引导。"塑造其自尊自信、理性平和、积极向上的心态，最终实现人的自由、和谐与全面发展。"❶扶贫对象越复杂，越要做好人的思想道德工作，使扶贫工作者和贫困者之间形成一种平等、良好的人际关系，在精准扶贫中做好新时代公民慈善美德培育工作。

其次，贫困者自身要怀揣"脱贫"的希望。新时代公民慈善美德培育必须坚持从人的角度出发，遵循以人为本的原则，尊重人的生存权和发展权，心系人的幸福生活，为实现人的自由全面发展而努力。对于贫困者来说，如何播下"脱贫"的种子，并让其发芽、成长、壮大，这是扶贫工作中的关键问题。一是鼓励贫困者树立合作的、自强的意识。针对部分贫困者在思想观念上没有实现同步，出现脱贫缺乏主动性、不肯接纳扶贫政策等现象，要从贫困者自身的实际出发，鼓励他们自觉树立责任意识、自强精神，对自己脱贫的事情要自己负责，积极转变自身观念，逐渐摆脱"注血式""单向度"的扶贫思维。二是鼓励贫困者树立理性的、主体的意识。贫困者在以人为本的精神关怀下，必须转换思维方式，变被动为主动，以主人翁的态度对待脱贫，更好地与扶贫工作者互动，避免脱贫后返贫的现象，才能实现"造血式"的脱贫。

(三)"以共同富裕为目标"的精准扶贫需要新时代公民慈善美德提供共享发展的价值理念

精准扶贫是"以共同富裕为目标"，主要是为了实现改革成果使全民受

---

❶ 李俊奎，梁德友. 论弱势群体伦理关怀的几个理论问题：概念、维度与依据［J］. 社会科学辑刊，2009（3）：32–35.

益，解决民生问题，增进全民福祉，进而在社会主义建设中取得重大突破。因而，全体人民在回应公共层面的精准扶贫时，共享发展成为最基本的价值诉求。与此相对应，新时代公民慈善美德本身具有共享性的特点，并坚持共享发展的理念，其主要目的是推进慈善事业的发展进程，完善社会保障体系，以积极的态度应对扶危济困工作，为精准扶贫奠定良好的理念基础，也为精准扶贫凝聚国家、社会和民族的力量。因而，两者具有共同的价值取向和社会理想。

首先，精准扶贫与新时代公民慈善美德培育具有共同的价值取向。邓小平同志提出"一部分地区、一部分人可以先富起来，带动和帮助其他地区、其他的人，逐步达到共同富裕"❶，改革的出发点和落脚点都是实现共同富裕。邓小平同志提出的"共同富裕"的论断是建设中国特色社会主义的伟大探索，是对社会主义本质的高度概括，也为新时代共享发展理念的践行提供了理论依据。精准扶贫是进一步践行"共同富裕"的伟大实践，也是对"扶持谁""谁扶贫""怎么扶"等问题的进一步探索，以寻找适合中国的脱贫致富方案。准确地定位"扶持谁"的问题，才能让精准扶贫真正做到"不落下一人"，实现共同富裕；准确地回答"谁扶贫"的问题，充分利用政府、社会、群众等主体的扶贫优势，不断构建扶贫大格局，以"先富带动后富"为实践方式，逐步彰显社会主义制度的优越性；准确地应对"怎么扶"的问题，就是要做到"精准"，"必须在精准施策上出实招、在精准推进上下实功、在精准落地上见实效"❷，这样才能真正实现共享发展的理念。精准扶贫是一项系统性工程，任何一个扶贫个体或组织都不具备解决精准扶贫问题的所有资源，只有以共享发展理念为支撑，才能最大限度地统筹社会资源、调动全民积极行动，最终实现共同富裕。"从本质上来说，慈善就是共享"❸，因而精准扶贫与新时代公民慈善美德培育在保障和改善民生中具有重要的作用，都以实现共同富裕与共享发展为价值取向。

其次，精准扶贫与新时代公民慈善美德培育具有共同的社会理想。邓小平

---

❶ 邓小平. 邓小平文选：第3卷 [M]. 北京：人民出版社，1993：149.

❷ 中共中央宣传部. 习近平总书记系列重要讲话读本 [M]. 北京：人民出版社，2016：220.

❸ 卢德之. 论慈善事业 [M]. 北京：人民出版社，2013：462.

理论在论证"共同富裕"原则时，将"贫穷不是社会主义"❶视为重要的前提条件。党的十八大提出"两个一百年"奋斗目标，全面建成小康社会是我国第一个百年奋斗目标，要实现全面建成小康社会的伟大目标，最艰巨的任务就是脱贫攻坚。在此之后，扶贫工作的重要性不断显现出来，其中精准扶贫是党将扶贫工作提上重要日程后的伟大尝试，是维护社会公平正义的伟大创举。精准扶贫在缩小贫富差距上具有不可替代的作用，尤其是在缓解社会矛盾、调节利益纠纷等方面越来越展现出其优势，贫困人口的权利得到了应有的保护，从而为实现全面建成小康社会提供了助力和保障。习近平总书记指出，"消除贫困、改善民生、逐步实现共同富裕，是社会主义的本质要求，是我们党的重要使命"❷。新时代公民慈善美德凸显共享发展的理念，追求共同富裕，通过推进慈善事业发展，弥合贫富差距，为精准扶贫提供道德支撑。因而，精准扶贫和新时代公民慈善美德培育都以逐步实现共同富裕、实现全面建成小康社会为共同的社会理想，慈善的力量逐渐促进精准扶贫工作的开展，逐步实现财富的优化配置、调节收入差距。"让贫困人口和贫困地区同全国一道进入全面小康社会是我们党的庄严承诺"❸，反映出中国共产党人在扶贫路上的决心。

第二节　新时代公民慈善美德培育的时代意义

新时代公民慈善美德培育具有强烈的现实诉求，这也是理解新时代公民慈善美德培育的重要性所在，参与慈善活动为提升公民的道德素养提供了有力的实践基础。在新的征程中，要加大公民道德素质的提升力度，增强公民对慈善美德的认知能力和践行能力，以适应新时代慈善事业发展的要求。近些年，慈善事业在改善民生方面发挥了重要作用，慈善事业的持续发力需要依托新时代公民慈善美德的培育；慈善活动作为培育和践行社会主义核心价值观的重要活动载体，其顺利开展需要依赖新时代公民慈善美德培育；慈善

---

❶ 邓小平. 邓小平文选：第3卷［M］. 北京：人民出版社，1993：255.

❷ 中共中央文献研究室. 十八大以来重要文献选编：下［M］. 北京：中央文献出版社，2018：31.

❸ 习近平. 决胜全面建成小康社会　夺取新时代中国特色社会主义伟大胜利［N］. 人民日报，2017-10-28（01）.

事业作为超越经济和社会的第三次分配方式，其分配功能的发挥需要借助新时代公民慈善美德培育。

一、筑牢慈善事业发展的思想保障

慈善事业的发展程度与新时代公民慈善美德培育有着密切关联。"一方面，慈善事业的发展水平取决于社会的道德水准；另一方面，慈善事业的开展有助于提高社会的道德水准。"❶ 两者相互促进，相互发展。总而言之，一方面，新时代公民慈善美德为慈善事业的可持续健康发展提供了坚实的思想保障；另一方面，慈善事业的发展扩大了慈善的影响力，为推进公民慈善美德培育奠定了坚实的实践基础。

(一) 有利于引导公民积极行善

习近平总书记曾指出，"慈善事业是一项全民的事业，要广泛普及慈善文化、弘扬慈善精神"❷。目前来看，我国公民的慈善捐赠意识处于发展阶段，部分公民对捐赠问题仍然存在错误认知，大体表现在"谁来捐""捐什么""效果怎么样"三个方面的困惑。有些公民甚至认为慈善捐赠仅仅是富人的事情，与自身并无关系；部分公民认为慈善捐赠就是捐赠钱财，自己爱莫能助；部分公民甚至认为慈善捐赠有时不知去向，没有进行慈善捐赠的欲望和动机。慈善捐赠报告是慈善捐赠的晴雨表，相关统计数据显示，我国慈善事业中的社会捐赠总量呈现逐年上升的趋势，但是个人捐赠的比重并没有太大的变化（图 3-1 和图 3-2）。捐赠意愿是影响慈善捐赠的重要因素，其取决于公民的道德文化素养，因此，应通过提升公民的道德文化素养来增强公民的慈善捐赠热情，从而促进慈善事业的发展。目前，我国公民的慈善捐赠意愿呈多元化倾向，其中担当意识、政府动员、文化因素、个人偏好、从众心理等因素在不同程度上影响了捐赠行为。我国个人捐赠的热情不高，尤其是与发达国家相比还有一定的差距，究其原因，除了上述涉及的主观、客观因素外，还有公民缺乏自觉捐赠意识。

---

❶ 郑功成. 中华慈善事业 [M]. 广州：广东经济出版社，1999：170.
❷ 习近平. 齐心协力发展慈善事业 同心同德建设和谐社会 [N]. 浙江日报，2006-12-13 (01).

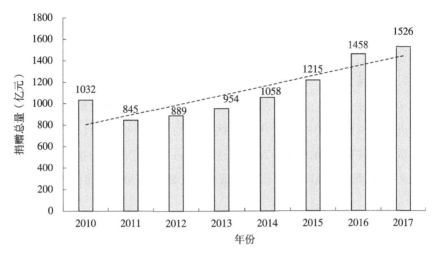

图 3-1　2010—2017 年社会捐赠总量❶

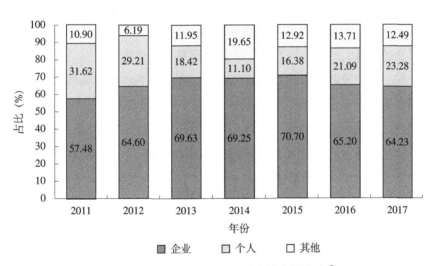

图 3-2　2011—2017 年捐赠主体来源占比❷

公民的志愿捐赠意识属于慈善美德的范畴，是公民基于良心而产生的。因此，只有在日常生活中注重培育公民向善和向上的、自觉的、志愿的捐赠美德，才能有效地引导公民积极参与慈善活动。首先，明确公民道德良心的评价标准，它不是公民个人的扪心自问，而是社会良心的道德审判。公民在

❶ 杨团. 慈善蓝皮书：中国慈善发展报告（2019）［M］. 北京：社会科学文献出版社，2019：32.
❷ 杨团. 慈善蓝皮书：中国慈善发展报告（2019）［M］. 北京：社会科学文献出版社，2019：34.

参与慈善活动的过程中，其道德良善对慈善捐赠行为的效果有一定的调节作用。其次，提升公民对慈善捐赠的认知水平，当前部分公民将慈善狭隘地理解为捐钱捐物、帮扶弱势群体。事实上，"慈善既包括捐赠金钱和财物，也包括奉献时间和精力"❶。新时代公民慈善美德的培育需要纠正人们对慈善捐赠的刻板印象，使公民建立起对慈善捐赠的正确认知，全面理解慈善捐赠的意义，推进慈善捐赠美德的日常化和生活化。当然，新时代公民慈善美德培育是一个从认知转向行为的过程，通过逐步地向公民宣传慈善捐赠的内容、使命和意义，调动其积极向善的良心和信心，不断推进慈善事业的发展。

（二）有利于推进慈善文化建设

慈善文化从广义上考察观念、制度、物质和精神四个层面，基于此，慈善道德观念、慈善习俗和传统、慈善行为、慈善捐助、慈善组织制度等均属于慈善文化。新时代公民慈善美德培育，就是要依赖政府、企业和公民等载体与媒介的力量，培育公民慈善美德，推进慈善文化建设。

首先，有利于政府引导慈善文化建设。政府作为道德文明建设的引导者，应该担当起慈善文化倡导者的身份，不断推进慈善文化的宣传和建设工作。改革开放之后，政府对慈善文化的态度发生了变化，慈善道德观念逐步获得了公众的普遍认可，慈善文化的建设空间逐渐拓展。一是政府积极地提升公民的社会道德水平，为慈善文化建设奠定了良好的社会基础。如 2001 年颁布了《公民道德建设实施纲要》，公民道德建设引起了国家相关部门的重视，并将其上升到重要的高度，这为社会开展捐赠活动提供了良好的舆论环境和行动指南，新时代公民慈善美德培育也融入公民道德建设当中，成为公民道德建设的组成部分。二是政府利用报刊、广播、互联网等媒体，多渠道地向社会公众宣传慈善事业的意义，从而有针对性地创造良好的慈善文化环境。如2014 年颁布了《关于促进慈善事业健康发展的指导意见》，强调引导社会公众参与慈善活动需要在宣传力度、宣传方式和宣传手段上下功夫，并重点提出慈善文化的"五进"，强调应继承和发扬慈善文化的传统美德，丰富和充实公民慈善美德培育的思想资源，从而推进慈善事业的发展。三是政府重视对

---

❶ 石国亮. 崇德向善：慈善教育的使命和价值 [J]. 中国青年社会科学，2016（5）：45-50.

法律法规的修订，逐步推进慈善行为的法治化进程。慈善事业的发展催生了新的社会问题，慈善捐赠的方式以及慈善捐赠资金的透明化等问题都开始对慈善制度提出新的要求。政府通过法律制度的形式来保证慈善捐赠的正常、公开、有序进行，这既增强了公民对慈善事业运作情况的了解，也优化了建设慈善文化的法治环境。

其次，有利于增强企业的社会责任感，推进慈善文化进企业的宣传工作。企业是目前我国慈善捐赠的主要力量，在慈善传播中扮演着主力军的角色。中国特色社会主义慈善事业的发展离不开企业家积极参与慈善活动。据统计，近年来，企业成为我国慈善捐赠的主力，众多企业在发展自身的同时也开始关注社会公益慈善问题。慈善文化开始逐步融合到企业文化中并形成企业家精神，成为考察企业家的社会责任感和奉献精神的重要参考指标。"但凡具有良好文化氛围的企业都具有一定的慈善文化内涵，都会通过支持慈善事业的发展回报我们的社会。"❶ 企业可以借助广播、电视、网络等平台进行慈善公益活动的宣传，企业积极参与社会慈善活动，有利于提高其知名度，提升社会对企业的认可度，更有利于营造良好的社会风气，由此可以形成良性循环，为企业的持续发展提供物质力量和精神动力。慈善文化进企业，有利于培养企业家的担当意识和责任意识，企业家通过接触慈善文化，不断增强自身的慈善美德，从长远来分析，企业和慈善机构的结合更有利于推动社会慈善大格局的形成。

最后，有利于公民更多地参与慈善文化建设，增强公民社会共同体的自觉意识。人民群众是历史的缔造者。因此，公民参与慈善文化建设能够提高其对慈善文化的认同度，促进公民慈善意识的形成，并在慈善活动中显现出来。借助我国优秀的传统慈善文化的魅力，积极引导公民养成自觉参与慈善活动的习惯。公民的慈善意识深受儒家的"仁爱"和道家的"积德行善"等传统慈善文化的影响，在历经岁月的沉淀后，影响着整个民族心理和民族精神的内容。这种传统文化中孕育了公民对理想社会生活的畅想和希冀，并促使公民进一步发扬乐善好施的精神，践行慈善公益。同时，在多样化的慈善活动中不断形成公民的文化自觉和文化自信，促使公民将社会慈善公益活动

---

❶ 唐卫毅. 慈善事业需要慈善文化的感染 [N]. 扬州日报，2005-11-25 (08).

与日常社会行为结合起来，为实现人民的美好生活而贡献力量。

（三）有利于保证慈善事业健康发展

新时代公民慈善美德不仅是公民自身重新认识慈善美德并参与到慈善活动中的催化剂，也是慈善事业健康发展的应有之义。新时代公民慈善美德要求从单纯强调同情与怜悯转向承担社会道德责任，社会道德责任受道德的约束力和个人理性所控制，是个人的道德素养与社会场域的道德要求的产物，属于高层面的道德规范。社会道德责任强调的是内化于心的道德品质，以及外化为社会成员对他人与社会所承担的义务。人具有典型的社会性，其必须通过人与自然、人与人、人与社会的互动来实现自身的基本需要，这种社会性要求人与人之间相互承担责任和义务，从而体现出人人互助的慈善精神。公民基于社会责任感而参与慈善活动才是真正的慈善行为，这样才能保持公民参与慈善活动的持久力。康德认为："道德行为动机只能来自具有普遍必然性的实践原则，而不能产生于任何情感体验和经验事实。"❶ 通常，人们会对他人所遭遇的痛苦和困难产生同情心，但并不是每个人都能够有行动上的善举。可见在从同情心到慈善活动的实践跨越中，对慈善本身的认知、判断起着关键作用。公民仅有同情、怜悯之心还不足以保障其参与到慈善活动当中，只有通过理性的道德思考、深刻的道德体验，不断地提高公民的道德责任境界，提升公民的慈善认知水平，公民才会将偶然的行善行为变成常态行善。因此，加强公民慈善美德培育能够打开公民参与慈善活动的"阀门"，鼓励公民积极投身慈善事业，促进慈善事业的健康发展。

二、培植公民道德素养的价值导向

要创建一个文明健康的社会，既需要经济冲动，更需要道德冲动。《公民道德建设实施纲要》指出，社会主义道德建设应该被当作一项基础性工程来对待，其在推进物质文明与精神文明的协调发展中具有重要意义。在新的时代条件下，公民的思想道德建设作为社会主义道德建设的重要内容，旨在提升公民的精神文明水平。国家高度重视公民的精神文明建设，其原因主要是

---

❶ 武晓峰. 情感、理性、责任：个人慈善行为的伦理动因 [J]. 道德与文明，2011 (2)：106-111.

公民的道德修养反映了国家的文明程度，英国的英格尔斯认为，"国家落后也是一种人格素质的落后"❶。而新时代公民慈善美德培育以公民的善心为基础，提倡公民的社会责任意识、倡导社会公众之间的互帮互助，新时代公民慈善美德培育是提升公民道德修养的重要内容，为建设社会主义精神文明提供了重要的助力。因此，新时代公民慈善美德培育既反映了培育公民社会公德的内容，也是加强公民道德建设的应有之义。

（一）有利于提升公民道德修养

首先，新时代公民慈善美德培育为提升公民道德修养提供了社会公德支持。社会公德是人类选择群体生活必须具备的基本道德，是人们在漫长的劳动过程中逐步形成的共同利益诉求。恩格斯曾指出："因为劳动的发展使互相支持和共同协作的场合增多了，并且使每个人都清楚地意识到这种共同协作的好处。"❷ 社会公德是在历史积淀中逐步形成的"起码的公共生活规则"❸。新时代公民慈善美德培育的过程中蕴含了社会公德培育的内容，它不局限于全社会最低限度的公共利益一致性的范围，还是对于不特定"他者"的尊重，即全体人民根本利益一致性的反映，同时它还包括对公共善的维护，即对与个人品德相对的公共善的维护。新时代公民慈善美德培育不是单纯地对弃婴孤儿、失学儿童等特殊人群给予帮助，而是注重人的内心救赎，善于挖掘人的爱心和责任心，以促进公民道德修养的提升。在中国特色社会主义慈善事业发展中，培育公民慈善美德是必不可少的，其具有不计回报、志愿参与、教化功能等一系列特征。公民应当将慈善美德视为最基本的道德行为规范和道德责任。只有公民达成了对慈善美德的共识，才能促使不同领域的社会成员团结一致、共同服务于社会，这也成为一种全新的社会动员方式。公民在慈善活动过程中，学会与人为善，逐步在公共生活中实现个人价值，以及慈善行为主体的自我价值、自我认同。

其次，新时代公民慈善美德与公民道德修养都着力于实现人的全面发展。公民慈善美德是公民道德修养的重要组成部分，其目标为实现人类的幸福和

---

❶　奚洁人. 科学发展观百科辞典 [M]. 上海：上海辞书出版社，2007：162.

❷　马克思，恩格斯. 马克思恩格斯选集：第3卷 [M]. 北京：人民出版社，2012：991.

❸　列宁. 列宁选集：第3卷 [M]. 北京：人民出版社，2012：191.

人的全面发展。厉以宁教授认为，制约人的全面发展的因素至少有三个，即生产力发展水平、文化知识水平以及道德素养，三个方面缺一不可。改革开放以来，我国的生产力发展水平在逐步提高，人们改善自身生活的愿望越来越强烈，从原来的物质需要逐步转向精神需要。较高的文化知识水平和良善的社会道德风尚是公民满足精神生活需要的必要条件。但是要提高生活质量，还依赖于人们生存的社会环境和社会群体。在调适人与人、人与环境的关系中，新时代公民慈善美德起到了至关重要的作用。一是培育公民的慈善美德，积极地激发公民参与慈善实践活动的热情，让公民在参与慈善活动的过程中不断获得个人的幸福感和获得感，逐步担负起公共道德责任，从而实现自身人生价值。二是作为道德规范，新时代公民慈善美德培育有效地发挥了道德力量的调节作用。公民对慈善美德的认同能够促进其主动实践以人为本的人道主义精神，在参与慈善活动的过程中逐步趋向规范化发展。三是培育新时代公民慈善美德，促进公共善得到发展，使慈善事业成为社会保障事业的组成部分，是对政府公共权力和职能的完善，维护了公民的权利和自由，拓展了公民的公共生活空间，公民在参与公共生活的过程中，逐步营造出人与人之间具有信任感和安全感的社会环境，公民的生活状况逐步得到优化，生活质量得到提高，形成有利于公民自由全面发展的社会环境和道德风尚。因此，新时代公民慈善美德培育是唤醒公民参与慈善活动和形成道德约束力的催化剂。

（二）有利于构建良好的道德风尚

"道德风尚主要是指在社会上普遍流行的道德观念、善恶标准、道德行为模式和道德心理习惯的综合表现。"❶ 可见社会道德风尚的内容相当广泛，既包括社会上被人们认可的符合道德要求的风俗和习惯，也包括一些非主流的不太符合道德要求的风俗和习惯。总之，新时代公民慈善美德培育是树立良好的社会道德风尚的过程，是逐步落实社会主义精神文明建设的重要措施。党的十九大报告提出："深入实施公民道德建设工程，推进社会公德、职业道德、家庭美德、个人品德建设，激励人们向上向善、孝老爱亲，忠于祖国、

---

❶ 奚洁人. 科学发展观百科辞典 [M]. 上海：上海辞书出版社，2007：157.

忠于人民。"❶ 为了贯彻落实党的十九大精神，新时代公民慈善美德培育不断尝试进行新的实践探索，其目标在于提高公民的文明程度，最终营造良好的社会道德风尚。新时代公民慈善美德培育作为一种道德实践，凝结了中华民族传统慈善文化，传递着乐善好施与扶贫济困的道德观念。随着中国特色社会主义建设进程的推进，具体而言，新时代公民慈善美德培育既扬弃了传统慈善的封建色彩，又在原有的伦理道德基础上扩充了新的内容，具有现实的道德价值。

首先，新时代公民慈善美德的内容继承了传统"善"的观念。善意和善心是人对外界所发生事情的一种心理反应，这种善意、善心是在人与外界事物的互动中逐步体现出来的。"其实，人之所以为人，就在于人能自觉自愿地限制自己，即以一定的规范（道德或法律）塑造完美人性。"❷ 人作为社会历史的发展存在物，其道德水平是有差异的，人性也是有差异的，并体现出高尚与卑鄙、善良与邪恶、利他与利己等特征，但人在处理其与社会的关系时，都希望将自己美好的一面展现出来，这也显示了人的善意之面。在大力倡导精神文明建设的情况下，应该充分吸收中华民族传统慈善文化的精髓，积极培育和践行公民的慈善美德，引导人性向善的理性自觉。

其次，"平等""友善"作为社会主义核心价值观中的重要内容，也是新时代公民慈善美德培育的"旨归所趋"。"友善和慈善同根同源，友善是慈善的外延，慈善则丰富着友善的内涵，两者相辅相成，促成友善价值观的产生、发展、持续优化。"❸ 慈善行为的日常化、大众化能够让公民在"平等""友善"中潜移默化地认识到如何处理人与人之间的关系，使得"平等""友善"美德内化为自身的道德自觉，传递人间真情，表现出无私奉献精神。如"日行一善"等活动主要在生活中遵循落细、落小的原则，不断调动公民主动参与慈善活动的热情，有利于打造人人向上、人人行善的社会风貌，激发出新时代公民慈善美德在培育和践行社会主义核心价值观中的作用，形成良好的社会道德风尚。

---

❶　中共中央党史和文献研究院. 十九大以来重要文献选编：上［M］. 北京：中央文献出版社，2019：30.

❷　张应杭. 伦理学概论［M］. 杭州：浙江大学出版社，2009：94.

❸　徐嘉. 以慈善培育和践行社会主义友善价值观［J］. 现代管理，2018（3）：19-22.

（三）有利于完善社会道德体系

党的十八大以来，党中央也在较多场合提及慈善美德的作用，强调要发扬慈善精神，为进一步践行社会主义核心价值观打下基础。习近平总书记指出："培育和弘扬社会主义核心价值观，必须使之融入社会生活，让它的影响像空气一样无所不在，无时不有。"❶ 新时代公民慈善美德培育作为社会道德体系建设的组成部分，要以为民奉献为重要目标，通过公民之间的互动，促进社会良善氛围的形成，并在互动中实现相互影响、相互陶冶，这样行为双方便能更好地实现共同成长，逐步形成"一方有难，八方支援"的良善道德氛围，让社会共享合作、和谐发展、人民幸福安康这些声音变得更加鲜活。

首先，新时代公民慈善美德培育能够进一步丰富和充实社会伦理道德教育的内涵，从而推进思想政治教育工作的开展和完善，进而加快我国精神文明建设的整个进程。同时，其可以促进慈善伦理教育学科的建立以及逐渐完善，拓宽了学术界理论研究的视野，尤其是在慈善伦理意识的培育、慈善文化氛围的营造、慈善活动问题的解决等方面加强了理论的创新性，不断构建社会道德理论体系。

其次，在实践上，新时代公民慈善美德培育是传承道德观念和引导公民进行群众性道德活动的重要载体。《慈善法》提出："弘扬中华民族传统美德，依法开展慈善活动。"❷ 这为公民道德建设提供了新的生机和活力，是培育和践行社会主义核心价值观的重要载体，是社会主义核心价值观的"四化"的具体方式和方法，且新时代公民慈善美德培育最能唤醒社会公众的慈善良知。新时代公民慈善美德培育要处理好人与自然界、人与社会、人与人之间的关系，是一种对美好生活的道德愿景。"慈善是爱的一种意愿和表达，内在的爱心趋向和外在的爱心表达作为爱的典型表征，慈善就是爱心的一面镜子。"❸ 因而，公民的慈善美德培育要从对"爱心"的培育入手。"现代慈善公益事业

---

❶ 中共中央宣传部. 习近平总书记系列重要讲话读本 [M]. 北京：学习出版社，人民出版社，2014：95.

❷ 全国人大内务司法委员会内务室. 中华人民共和国慈善法释义 [M]. 北京：中国法制出版社，2016：23.

❸ 郑恩同，邱开金，何秉欣. 温州慈善的教育范式 [M]. 杭州：浙江大学出版社，2012：2.

发挥其思想道德教化的内在文化功能,有助于在全社会树立起社会主义精神文明的核心价值观。"❶ 这与培育和践行社会主义核心价值观具有一致性,有益于构建"我为人人,人人为我"的社会氛围,更有助于建设以和谐文化为主要特征的道德体系。

三、助力和谐社会构建的精神动力

全面建成小康社会具有统领地位,是实现美好生活的必要途径,要实现"全面"覆盖,需要正确处理"全面"的重点和难点。改革开放以来,经济发展使我国一部分地区、一部分人率先摆脱了贫穷与落后,但随之而来的贫富差距成了不可回避的问题,人与人之间的互帮互助、见义勇为等精神在一定程度上被削弱,利己主义、炫富等现象阻碍了全面建成小康社会的进程,也不利于"先富带动后富"目标的实现。和谐社会是指人类物质文明和精神文明两方面的和谐,较之其他社会而言,是对道德文明程度有较高要求的社会。因此,新时代所追寻的和谐社会理应是"民主法治、公平正义、诚信友爱、充满活力、安定有序、人与自然和谐相处的理想社会"❷。党的十九大报告指出,为进一步完善城乡社会保障体系建设,必须高度重视公民道德建设的作用,要借助各种途径广泛宣传真善美,促进形成公民的社会公德和责任意识,从而展现公民慈善美德培育的不可替代性。

(一)有利于促进社会人际关系和谐

首先,新时代公民慈善美德培育对促进人际和谐具有重要的指导意义。人际和谐包括人与人之间以及人自身的和谐。构建和谐社会最关键的就是要处理好人与人之间的关系,构建和谐的人际关系。人作为社会实践活动的主体,在实践活动中彼此之间必然会有摩擦和矛盾,适当地调整人与人之间的关系,也是构建和谐社会的内容之一。考察社会和谐的重要指标是人际关系和谐,在一定程度上,人际关系和谐也是社会发展的文明状况和民族凝聚力的表现。我国正处于社会发展的转型期、全面深化改革的攻坚期,利益的分

---

❶ 莫文秀,邹平,宋立英. 中华慈善事业思想、实践与演进 [M]. 北京:人民出版社,2010:227.
❷ 中共中央文献研究室. 十七大以来重要文献选编:上 [M]. 北京:中央文献出版社,2009:14.

化、价值观的多元化以及道德失范都给人际关系和谐带来了冲击。目前，我国贫富差距主要体现在城乡之间、地区之间、行业之间，从目前获得的贫富差距报告来看，评价结果不容乐观，贫富阶层之间的关系出现了不和谐因素，致使社会上潜伏着产生冲突的风险。利益纠纷、价值观相冲突以及道德规范不一致等是导致人际关系不和谐的重要因素，需要对个体、社会和国家进行多层面沟通，从价值观和道德规范的角度培育人际间的和谐关系，提升人际关系的和谐程度。新时代公民慈善美德培育强调"慈善是均衡财富分配、弱化收入两极分化的一种途径"❶。公民慈善美德培育能够沟通社会各个阶层之间的良性互动，有利于营造融洽的人际关系。

其次，新时代公民慈善美德培育对促进人与人之间的友爱互助具有重要意义。孟子曰："天时不如地利，地利不如人和。"❷ 历史和现实都彰显出友爱互助的人际关系是保证个人幸福、社会安定，以及民族振兴和国家富强的不可或缺的因素。新时代公民慈善美德培育强调公民通过参与慈善事业，发扬善举济世的传统慈善美德，不断营造人与人之间的友爱和互助关系，这也是新时代中国特色社会主义精神文明建设的重要内容。中国特色社会主义慈善事业发展需要新时代公民慈善美德作为道德基础，并在不断的实践中提升公民的道德水平。公民慈善美德培育提倡公民对善的追寻、对生命的珍爱、对社会的担当，并在实践中不断提升公民的道德文明程度，是营造良好的人际关系的催化剂，是构建友爱、互助的人际关系的润滑剂，有利于构建和谐社会。

（二）有利于维护社会公平正义

首先，新时代公民慈善美德培育能够有效地降低社会不公平的程度，促进实现社会公平。新时代公民慈善美德培育极力提倡公民要养成参与慈善活动的习惯。新时代慈善是构建社会保障体系的重要内容，是推动社会公平正义的价值取向的重要表现形式。人类社会历史发展表明，公平正义是人类永恒追求的主题和共同理想，维护社会公平正义，能够保障社会秩序的稳定，是考察社会和谐与否的关键维度。党的十九大报告特别指出："必须多谋民生

---

❶ 卢德之. 论慈善事业［M］. 北京：人民出版社，2013：1.
❷ 《孟子·公孙丑下》.

之利、多解民生之忧，在发展中补齐民生短板、促进社会公平正义。"❶ 社会要关心贫困群体、弱势群体，如果对他们放任不管，只会造成新一轮社会不公的现象。新时代公民慈善美德培育鼓励对贫困群体、弱势群体进行帮扶，正是追求社会公平正义的体现。慈善事业能够促进社会资源的重新流动和分配，这可以缩小贫富差距，缓和贫者与富者之间的矛盾，为建设和谐社会奠定基础。应重点发挥慈善事业在收入分配领域的作用，促进财富分配与慈爱、公平和正义等相结合。从我国慈善事业发展现状和富人捐赠的热情来看，当前慈善事业尚未充分发挥其第三次社会分配的功能，富人也还没有形成应有的社会责任意识。因此，充分发挥慈善事业在转移社会财富和补给需救助群体中的调节作用，需要加强新时代公民慈善美德培育。在培育公民慈善美德的过程中，逐步彰显道德调节收入分配的功能和缩小贫富差距的作用，以消除"贫者愈贫，富者愈富"的社会现象，这也是构建社会主义和谐社会的应有之义。

其次，新时代公民慈善美德培育注重培养公民的财富分享美德，从而发挥财富应有的社会效益。党的十八大报告明确指出："初次分配和再分配都要兼顾效率和公平，再分配更要注重公平。"❷ 而慈善事业在第三次分配中所起作用的大小，取决于慈善资源动员能力和公民财富分享意识水平。"财富分享程度是社会发展的重要标志，也是社会主义共同富裕实现程度的标志。"❸ 一是要求富裕阶层对财富的支配做到取之有道、用之有度，不能任意地挥霍和炫富。恣意炫富只会激起人们的仇富心理，只有合法的收入、正当的财富支出才会受到法律的保护，也不至于导致他人的嫉妒，富人也会因此赢得社会上更多人的尊重和赞赏。富人只有具有社会责任意识，才能真正合理地利用其财富，且只有将财富回馈于社会、服务于社会、奉献于社会，才能实现人生的终极价值。二是要求其他社会公民树立勤劳致富的观念，积极地以正当、合法的形式获得财富，实现财富分配的正义性。不能对富人的慈善行为产生

---

❶ 习近平. 决胜全面建成小康社会　夺取新时代中国特色社会主义伟大胜利：在中国共产党第十九次全国代表大会上的报告［M］. 北京：人民出版社，2017：23.

❷ 胡锦涛. 坚定不移沿着中国特色社会主义道路前进　为全面建成小康社会而奋斗：在中国共产党第十八次全国代表大会上的报告［M］. 北京：人民出版社，2012：36.

❸ 陈东利. 中国公民慈善意识培育［M］. 上海：上海大学出版社，2014：157.

仇视或者大肆攻击，更不应该用偏激的道德绑架或极端的方式要求富人进行捐赠。财富持有者更愿意在自愿捐赠的原则下，在保证善款使用合理、管理透明的条件下投身到慈善活动中。三是倡导财富拥有者将财富分享给那些需要帮助的人，以实现财富的真正价值。亚里士多德认为，"慷慨的人的主要特征在于把财物给予适当的人"❶，并提出只有高尚的人才知道给予的快乐和幸福。马克思认为，"社会化大生产和少数人拥有大量的财富，是资本主义生产方式固有的无法克服的矛盾"❷，要规避马克思所说的财富异化的现象，完善社会保障体系是实现合理分配的有效方式，只有使公民树立科学、合理的财富观，才能更好地满足全体社会成员对财富的需求，为实现"自由与平等的属人世界"奠定思想基础，这为我国应对贫富差距问题提供了良好的借鉴。但是，受传统财富观念的影响，藏富思想制约了我国公民进行慈善捐赠的道德自觉性，因而我国公民慈善美德培育还任重道远。

(三) 有利于实现社会安定有序

构建和谐社会的前提和基础是社会秩序稳定，良好的社会秩序表现为社会系统各要素能够按照既定的规则稳定、有序地组合，并井然有序地运行。然而，社会的安定有序不是由社会自发形成的，需要政府制定相应的制度，也需要组织维持制度的重要组成部分，从这个意义上来说，制度可以分为正式的制度和非正式的制度，两者在维护社会安定中所起的作用不同，是硬性要求和软约束相结合，是强制性和自愿性相结合。法律、法规、政策、规章都可以纳入正式制度的范围，它们是使社会正常运转的强有力的手段和方式；非正式制度主要是指价值信念、文化传统、道德伦理等，它们是维系社会秩序的有效补充。两者是相辅相成、互相促进的。由此可见，培育新时代公民慈善美德属于非正式制度，能够提升公民的道德素养，优化与人为善、文明和谐的社会公德，使公民个体利益和全体人民利益在某种程度上达成一致，进而促进社会文明的进步，提升社会文明程度。另外，组织主要包括政府组织和非政府组织。政府组织在社会管理中天然地有义务和责任维护社会的稳

---

❶ 亚里士多德. 尼各马可伦理学 [M]. 廖申白，译. 北京：商务印书馆，2003：97.

❷ 俞吾金. 论财富问题在马克思哲学中的地位和作用 [J]. 哲学研究，2011 (2)：3-9，128.

定，具有法定责任性；非政府组织如慈善组织对维护社会稳定具有有效的补充作用，但是不具备法定责任性。目前，我国慈善组织参与社会管理的空间还很大，慈善组织的触角可以延伸至教育、扶贫、医疗卫生、自然灾害等领域，以改善弱势群体的生活条件，从而有效地抑制社会不稳定因素的出现。党的十九大报告指出："激励人们向上向善、孝老爱亲，忠于祖国、忠于人民。"❶ 新时代公民慈善美德培育就是要提高公民向上与向善的积极性，发挥凝聚人心的作用，积极应对社会转型期所出现的摩擦和矛盾，建立一个平等、和谐、互助、安定的社会秩序，在促进社会和谐、社会安定中发挥其应有的作用。

---

❶ 中共中央党史和文献研究室. 十九大以来重要文献选编：上 [M]. 北京：中央文献出版社，2019：30.

每个国家在经济、政治以及社会文化等方面都具有各自的特点，因而在公民慈善美德培育的发展程度和路径构建上存在一定的差异。从公民慈善美德培育实施的时间性、成熟度和典型性出发，本书选取美国、德国、日本三个发达国家作为案例，分析其公民慈善美德培育对我国的借鉴意义。

第一节　国外公民慈善美德培育的主要经验

美国作为世界慈善事业最发达的国家之一，政府非常重视公民慈善美德培育，同时公民参与公益慈善事业的积极性比较高，因而，其公民慈善美德培育整体上呈现出政府和社会协同的特征；德国作为欧洲慈善事业最发达的国家之一，充分发挥家庭、学校和社会环境载体在公民慈善美德培育中的作用，形成了家校社相互协同培育的模式；日本在公民慈善美德培育中不仅注重发挥文化的作用，而且重视发挥公益活动在培育公民慈善美德中的作用，体现出文化传承和公益实践并重的模式。通过分析美国、德国、日本三个发达国家在公民慈善美德培育上的经验，借鉴"他山之石"，促进新时代我国公民慈善美德培育的发展。

一、政府和社会协同培育的美国模式

（一）政府引导是美国公民慈善美德培育的支撑和保障

美国的慈善事业已达到成熟的阶段，其关键因素是政府在法律和管理等

方面的正确引导，逐渐形成了一套完整而良性的公益慈善制度。政府注重慈善事业的制度建设，为了使慈善事业朝着服务社会的方向发展，美国以法律制度为重要手段，充分发挥政府对慈善事业的正确引导、依法管理和有效监督等作用。政府对慈善组织进行正确引导，逐步提高公民对慈善事业和慈善美德的认知水平，在实践中不断改革，具体做法总结为："依法办事，抓大放小；遵循通则，照顾特殊；广集民意，帮管并举；区别对待，注重实效。" ❶美国政府以《美利坚合众国宪法》为基础，在遵照《美国国内税收法典》的前提下，不断增强美国联邦、州和地方三级政府在慈善事业和慈善活动中的沟通与互动，以便对公益慈善组织进行有效的监督和管理，从而为全社会提供相应的服务和支持。虽然美国慈善事业的运行没有专门的慈善法律，但是发达的慈善组织可以依照行业规定，对慈善机构内部进行监督与管理，这都受益于政府引导民间慈善的发展。

（二）家庭教育是美国公民慈善美德培育的重要阵地

美国家庭教育强调父母与子女的平等互动，注重激发子女的积极性，形成了比较合理的家庭慈善培育理念和实践活动。具体表现在以下几个方面：首先，父母与子女平等互动，注重营造和谐的家庭氛围，以培育孩子的爱心和同情心。父母扮演引路人的角色，在工作之余会尽量安排时间来陪伴子女，与子女共同完成一系列活动，诸如亲子阅读、户外活动以及社区服务等。父母通过与子女的互动，逐渐增进对子女的认识和了解，注重培养子女的动手能力、塑造其独特的个性，进一步加深家庭成员之间的感情。"孩子能够在这种氛围中充分体会到生活的温暖和幸福，丰富了他们的情感经验，从而有利于他们爱心及同情心的产生和发展。" ❷ 其次，美国的社区服务活动比较丰富，父母借助社区活动适时引导子女参与公益慈善活动。例如，参与小型的慈善捐助活动，捐赠旧衣物或者生活用品到社区服务站，鼓励子女参加慈善团体组织的慈善义卖活动以及社区的志愿活动等。通过参与这些慈善活动，孩子能更懂得向需要帮助的人施以援手的重要性，从而在他们内心播种爱心和责

---

❶ 杨团. 慈善蓝皮书：中国慈善发展报告（2011）[M]. 北京：社会科学文献出版社，2011：308.
❷ 蔡苔芬. 教育与温馨家庭的营造 [D]. 武汉：华中师范大学，2006：36-37.

任心的种子。同时，父母在参与过程中也起到了很好的示范作用，这种隐性地灌输乐于助人的价值观的做法，有助于孩子逐步形成慈善意识。最后，正确地选择生活里的典型事例，恰当地运用点滴积累的方式培育孩子的慈善美德。正如"生活即教育"，父母容易忽视生活中看似微不足道的小事，但是要学会倾听孩子的心声，有时这些小事对孩子来说具有不一样的意义，如果不及时疏导其带来的负面影响，那么结果可能是无法挽回的。要想让孩子养成好习惯、好品质，就要从生活中的点滴做起。在美国，家庭的点滴教育成为父母常用的方法。例如，在一些特殊的节日里，父母会引导孩子给自己亲近的人送礼物和祝福，让他们懂得关心他人；在孩子过生日时，父母会邀请亲朋好友到家里庆祝，孩子在这些小事中能够体验到爱与被爱的情感。另外，宗教在美国有相当长的历史，大部分美国人都有宗教信仰，教堂成为人们社交的重要场合，父母会习惯性地带孩子去教堂做礼拜，同时在日常生活中也比较愿意与孩子分享宗教经典故事。这些家庭教育成为培育孩子"博爱"慈善意识的重要途径。

（三）学校教育是美国公民慈善美德培育的重要环节

美国学校重视对学生慈善美德的培育，通过课堂教学和课后实践活动，鼓励学生参与公益慈善活动，以提升学生的社会责任感和社会服务意识。首先，充分发挥课堂教学的优势。美国学校在教育中特别注重大中小学的衔接性，根据各个年龄段学生身心发展的特点，在课程设置和教学方法等方面会相应地进行调整。美国的中小学课堂最具特色的是以"学习给予"为主题的相关课程。通过"学习给予"课程，将慈善事业、志愿服务和个人行善等内容渗透到德育之中，按照循序渐进、逐步深化的要求，并不是将慈善理论知识生硬地植入课程中，而是根据小学、初中、高中的课程情况，不断地糅合慈善文化元素，并借助"学习给予"网站，为家长和教育者提供查阅和学习服务。在美国，中小学没有专门的慈善知识课程教学，主要采用正面灌输和隐性灌输相结合的教学方法，让学生在做中学、学中做。与中小学的教学方式形成鲜明对比的是，大学生的慈善美德培育更加强调学生的自主性和实践性，不再局限于教师的简单说教，而是奠定在服务社会的基础上，同时在公共课、专业课以及部分选修课中融合系统的慈善理论知识，让大学生在实践中不断加强对慈善伦理知识的掌握。课程教学方式也更加自由化，课堂上采用小组讨论、辩论等自由的教学方式，学生在自由和开放的环境中学会了自我教育，其心灵也能得到净化。虽然大中小学的课程设置和课程教学方式存在差异，但是大部分学校都必须开设一门宗教课程，以培养学生积德行善、服务他人和社会的慈善意识。

其次，在慈善实践方面，美国学校重视公民的公共责任意识教育，注重公民的慈善公益美德的培养，尤其重视学生的公益慈善行为能力的培养。"每个孩子都必须做义工，每年至少做义工 60 小时，医院、警察局、敬老院、福利院等都是他们经常去的地方。义工是他们自己的选择，在学校的组织安排下实施。"❶ 根据大中小学不同层次的学生，相应地设定学分制来衡量学生参与慈善公益活动的情况，将学生参与慈善活动计入学分之中，并且将其作为考查学生能否毕业的重要参考指标。美国高校更是将学生在中学和小学阶段参与公益慈善活动的情况作为衡量其能否被录取的重要指标，尤其是在两位学生其他各项分值都相同的情况下，参与慈善活动的情况将成为决定优先录取者的指标。同时，美国学校重视从道德情操和身心素质两方面考查学生的慈善实践效果，注重激发学生的主体体验。美国学校借助体验式的方法，让学生在公益慈善活动中接触社会、了解社会。体验式教学更能增强学生的主体性、独立性和自主性，不断鼓励学生发挥自身的潜力，更加有效地培养学生的互助合作精神。同时，采用创建平台、加强学校管理、家庭鼎力支持、社会大力配合的方式，形成培育学生慈善美德的合力，这股合力促使学生从实践中懂得慈善公益的重要性，使其创造性思维得到发展，促进其身心健康发展。

（四）参与社会慈善活动是美国公民慈善美德培育的重要途径

美国并没有"社会教育"这一专有名词，但是在学校和家庭以外的场所，美国却有十分丰富的社会活动来提升公民的道德素养，社会活动成为人与人沟通的重要载体，美国也特别提倡以丰富的社会活动为载体，逐渐加强公民慈善美德培育。17 世纪初期，美国教会积极组织社会活动，这些活动带有慈

---

❶　罗尔斯. 正义论 [M]. 何怀宏，等译. 北京：中国社会科学出版社，1998：101.

善活动的色彩。同时，美国经济的高度发展也导致社会发生重要变迁，社会变迁引发的一系列社会问题促使美国政府与民众越发重视社会活动的功能。全体社会成员都可以借助社会活动来展示自己，慈善组织和慈善人士也可借助社会活动开展更为丰富的慈善活动。慈善活动成为社会活动的重要组成部分，且慈善活动的主体范围扩大到慈善组织、志愿者、大众传媒、教会和企业等。美国借助多样化的社会慈善活动来丰富人们的业余生活，并将关爱、奉献、友爱和互助等品质渗透到慈善活动中。慈善活动的组织者根据慈善目标策划慈善活动，有些活动甚至会借助大众传媒的力量，在社会上进行慈善活动正能量的传递。

同时，美国作为移民国家，欧洲的大陆文化也为其公民慈善美德培育提供了文化基因。公民慈善思想的发展和参与慈善活动的积极性直接受其宗教思想、博爱慈善文化、志愿服务精神以及精英主义等文化基因的影响。一方面，美国的"罪富文化"发源于传统基督教的"富人原罪"思想，即富人只有将自己的财产全部给穷人才能进入天堂。随着资本主义的发展和时代的变化，基督教的"富人原罪"思想发生了变化，但是这种宗教思想却深深地扎根在美国人的心中，特别是其宗教思想所宣扬的爱心、仁慈、感恩和分享等慈善思想，教导公民将自身拥有的财富用于扶助他人和回馈社会。美国的一些富人认为，将遗产留给自己的后代反而会助长其懒惰和不思进取的恶习，应该将财产捐赠给社会，让子女学会履行社会责任和回馈社会。另一方面，美国进一步将宗教的"富人原罪"文化进行发展，强调相互帮扶的重要作用。美国作为一个移民国家，催生了"互济文化"。美国在被殖民期间，社区公民因缺少政府的关照而自发形成了自治，在自治状态下形成互济的传统文化，公民在以互济为特征的慈善文化"胎记"的熏陶中，能够积极地参与到慈善活动中。

二、家校社相互协同培育的德国模式

德国的慈善事业发展比较成熟，尤其是在第二次世界大战结束后，德国的慈善公益事业开始融合现代思想，慈善公益事业不再是以国家为主导的形式，个人和社会在慈善公益事业中的责任也越来越被放在突出的位置，因此，德国家庭和学校在慈善美德培育中特别注重培养孩子对动物的关爱意识，希望以此来促进德国慈善公益事业的发展。

(一) 注重家校联合的慈善美德培育方式

1. 依托关爱动物实现家校共育慈善美德

从某种程度上来说，德国儿童的爱心培养是从关爱动物开始的，德国父母支持孩子与动物接触，鼓励孩子通过观察动物的成长过程，感受生命的可贵，其善心、爱心以及怜悯之心也会油然而生。在父母的引导下，孩子们会领养小动物回家并负责饲养工作，一旦有虐待小动物的行为，会被视为道德品质出现问题，轻则责罚，重则需要咨询心理医生。家庭教育通常将饲养动物作为培养孩子爱心和善心的启蒙第一课。无论学校是否具有慈善机构的性质，幼儿教育中都会以培养幼儿的"善良"品质为中心，并将爱护小动物作为德育第一课，以培养幼儿善良和有爱心的品质。为了配合家庭教育，幼儿园也会饲养各种小动物，让幼儿仔细观察并做详细的记录。进入中小学后，学校会组织学生集体"领养"动物园的一些小动物，或者让学生了解濒危动物的品种并依据自身能力提供帮助，在关爱动物的过程中，学生会潜移默化地认同善良、仁爱等品质，有利于其形成关爱生命、同情弱者的品质。同时，学校通过丰富的课外活动来培养学生的关爱意识，如举办"善待生命、关爱生命"等相关主题的辩论赛、演讲比赛等。

2. 通过亲近自然实现家校共育慈善美德

亲近自然成为家庭和学校共同关注的活动，这也是培育慈善美德的有效途径。工业革命促进了世界各国的经济发展，但是由于人类过度地开发自然资源用于发展经济，环境问题变得越来越严重，目前，环境问题已成为全球共同关注的焦点。德国人非常关注自然环境问题。德国家庭将亲近自然作为重要的亲子活动之一，父母会通过一些户外活动增强孩子对自然的了解，以亲近自然的方式，培育人与自然和谐相处的理念。孩子在与自然界的亲密接触中，观察到天气的变化、万物的生长，体会到自然界的美轮美奂，从而开始热爱自然，认识到自然的重要性。1980 年，德国通过高层次的会议决定将环境教育纳入学校教学的必修内容，并且强调要根据环境问题的实际情况，不断更新课程教学内容和教学方法。例如，在幼儿课程中加入环境教育的内容，引导学龄前儿童多接触大自然，形成爱护自然和保护自然的观念。在中学课程中，用艺术表演的方法融合环保观念和意识，加强对环境保护的宣传。德国重视环保意识应从孩提时代抓起的理念，从小培养孩子爱护环境的博爱意识，这是其慈善美德培育的重要途径之一。

3. 利用劳动教育实现家校共育慈善美德

劳动教育也是德国慈善美德培育的一大特色，主要培养孩子的独立意识和担当意识，并以法律的形式确定劳动教育的合法性和合理性。法律规定 6 岁以上儿童必须承担力所能及的家务，并且细分年龄阶段和具体的家务事项。例如，6~10 岁的孩子承担洗碗、扫地等家务；10~14 岁的孩子增加了修剪草坪和为家人擦鞋等家务；14~16 岁必须学会清洗家庭汽车和整理自家的花园；16~18 岁需要定期做大扫除等家务。如果有孩子违反法律的规定不做家务，在父母的许可下，地方政府会利用法律条文来督促孩子完成家务。在德国，劳动教育不仅得到了家庭和父母的支持，学校也特别倡导劳动教育。这是因为劳动教育不仅能够培养孩子的劳动能力，增强其家庭意识和责任意识，而且能够为其参与各种慈善公益活动奠定良好的基础。在父母和教师的带领下，孩子会定期参观养老院和贫困区等地，正确地引导孩子为老人提供一些服务工作，并鼓励孩子帮助一些贫困的人，让孩子通过感性思维去接受和体验"给予"的快乐，培养其爱心和怜悯之心。

（二）重视营造公民慈善美德培育的社会环境

德国的文化基因决定了其对社会教育的重视程度，慈善活动作为社会活动的一项内容，也是进行慈善美德培育的重要载体。政府给予慈善活动以法律和制度上的保障，对公民参与慈善活动给予高度的认可和重视。目前，德国是世界上慈善事业发展比较完善的国家之一，公民的慈善捐赠意识较强。德国公民参与慈善活动的积极性较高，大部分德国公民认为自己有义务参与社会活动。具体来说，德国充分利用慈善组织、志愿服务、教会以及大众传媒等社会环境载体进行公民慈善美德培育。

1. 慈善组织成为公民慈善美德培育的重要机构

德国社会福利事业的发展历史源远流长，其政府和社团组织之间的关系在长期发展过程中经历了并行发展、监督干预、非政府社团化等阶段。在德国，政府的角色是倡导公民参与慈善捐赠活动，并在慈善组织的发展中发挥监督职能和供款职能，政府对慈善组织的态度进一步调动了慈善组织的积极性。德国政府之所以能放权于慈善组织的发展，是基于完善的管理制度体系、明确的法律规范以及奖惩分明的管理方式。德国的慈善组织受到社会机构的严格监督，其中影响较大的是"德国社会福利问题中央研究所（DZI）和德国天主教联盟（DEA）这两个社会监督机构"❶。虽然这两家监督机构是非营利性组织，其评价结果也不具有法律强制性，但因其背后的支持者是强大的政府，因而这两家监督机构的评价结果具有较强的权威性。其以"捐赠徽章"为媒介对相关组织进行跟踪检查，获得"捐赠徽章"的相关组织更容易获得捐款，社会好评度也相对较高。德国有着"社团化国家"的美名，这得益于其用明确的法律规范来规避相关社团的乱象问题，社团活动必须遵照法律制度的要求，社团慈善组织制定的活动规章制度不能与本国的法律发生冲突。同时，德国政府对于慈善工作者也有相应的奖惩管理。政府不参与慈善组织或社团内部事务的管理，只是为其提供一定的财政资助并对其执行情况进行跟踪，尤其注重典型教育的作用，对于具有突出贡献的社工组织会给予物质和精神上的双重奖励。而对于那些拒服兵役者，则以到福利机构服务替代，这种奖惩清晰的制度既节省了政府的福利管理支出，也潜移默化地推动了慈善美德培育工作的进程，有利于培养公民高度的社会责任感。

　　政府为慈善组织进行范围更广的慈善活动保驾护航，德国宪章中有专门保护慈善组织的规定。此外，政府为了激发慈善组织的积极性，还会依据实际情况，对一些慈善组织给予减税的优惠政策，尤其是会将一些经常资助慈善组织的个人和机构都纳入政府优惠的范围。"长期服务于该类组织的公民，譬如志愿者等，在社会上享有较高声誉。"❷ 政府对慈善组织给予的支持和鼓励，调动了公民参与慈善活动的积极性，也提升了公民对慈善事业的认可度。为了调动公民行善的积极性，德国还发起了"奉献时间"的特色慈善活动，捐赠的内容多样化。"从 2004 年 7 月到 2005 年 7 月，所有年龄层的人，总共

---

❶　莫文秀，邹平，宋立英. 中华慈善事业思想 [M]. 北京：人民出版社，2010：266.

❷　冯英，穆风龙，聂文倩. 外国的慈善组织 [M]. 北京：中国社会出版社，2009：86.

花费了 34.3 亿小时从事义工活动。有将近一半的德国人都会选择在体育事务、青少年活动和教会等活动中当义工，平均每人基本上一年会有 100 小时的时间参与社工活动。"❶ 捐赠时间可以享受减税的权利，这些措施有效地激发了公民参与慈善活动的积极性，促进了公民慈善美德的培育。

2. 志愿活动成为公民慈善美德培育的重要方式

德国的志愿服务和社区服务活动也是培育公民慈善美德的主要方式，人们可以在践行慈善活动的过程中逐步认识到慈善美德的真谛。志愿服务是慈善活动的一种方式，具体是指志愿者用自己的时间和所掌握的技能优势，不求回报地服务于社会和他人的自愿行为。德国的志愿服务出现得比较早，志愿服务活动有着深厚的文化基础，志愿服务体系比较完善，其服务内容也比较广泛，如灾害救助、医疗卫生、老年人服务、社区服务等。公民在志愿活动中逐渐养成了参与志愿服务的习惯，大约 1/3 的德国成年人会选择每月支出 15 小时，用于支持志愿服务工作。另外，德国公民对社区的认同感比较强，具有社区环保、邻里互助等观念，这也成为德国公民参与社区服务的动力因素。利用各种各样的社区活动来丰富社区成员的日常生活，这样邻里之间在"陌生人社会"中得以有效沟通，增强了社区成员之间的相互信任和相互帮助，为公民慈善美德培育提供了良好的社会基础。

3. 教会成为公民慈善美德培育的重要社会载体

德国的宗教文化十分丰富，教会也涉足慈善事业，其重点服务范围是医院和幼儿园。德国教会组织的慈善活动影响着公民的生活，公民易于接受教会给予的社会福利，并成为其生活的一部分。❷ 德国的社会组织比较庞大，据统计，德国约有 100 万个社会组织，其中约 50 万家为非政府社团型的慈善公益组织，1995 年的资产总规模达到 944 亿美元。❸ 德国公民受到教会等组织的社会慈善活动的影响，逐步摆脱了宗教思想的束缚，开始演变为人文关怀，回归理性的行善方式，这是社会慈善的一种进步。当前，德国的宗教虽然失去了其往日的权威，逐步走向世俗化，但是绝大多数德国人认为教会所表现

❶ 冯英，穆风龙，聂文倩. 外国的慈善组织 [M]. 北京：中国社会出版社，2009：88.

❷ 严红卫，郜志明. 德国人 [M]. 西安：三秦出版社，2004：159.

❸ 丁茂战. 我国政府社会事业治理制度改革研究 [M]. 北京：中国经济出版社，2006：119.

的宽容、仁慈、博爱和平等的思想，应该继续留存于现实生活之中。教会在社会救济以及社会服务等方面发挥了其应有的作用，尤其是在组织青年人进行慈善活动中日益显示出其活力。因而，宗教世俗化的过程也是教会逐步应对现实问题，使公民的慈善理念趋于理性的过程。

4. 大众传媒成为公民慈善美德培育的重要媒介

德国重视大众传媒在慈善方面的导向作用。大众传媒作为社会舆论导向的重要工具，成为培育公民慈善美德的重要媒介。甚至德国比较有名的联邦政治教育中心也会对慈善、志愿服务等内容进行宣传，利用其网络资源优势，搭建专门的网络平台，并且会将一些慈善宣传的典型事例用专栏的形式展示出来，提高公民对慈善、志愿服务的认识水平，利用大众传媒的快捷性和导向性，向公民传递慈心、善心以及爱心等道德规范和原则。

三、文化传承和公益实践并重的日本模式

(一) 多元并存的慈善文化理念有助于公民慈善美德培育

日本的慈善文化理念也呈现出多元并存的特点。早在 3 世纪时，孔子和孟子的思想陆续从中国传入日本，中国儒家思想对日本的影响延续至今，渗透到日本人的言行之中。1868 年明治维新伊始，日本就全盘接受了西方的文明，在多元并存的慈善文化理念中，有些学者认为对日本影响最大的依然是其本土文化。吉田久一认为，"'慈善'是以仁义为特征的儒教慈善、以爱善或禁欲为特征的基督教慈善和以慈悲为特征的佛教慈善，三者既相通又有差异"❶。中国儒家思想传到日本，历经岁月的沉淀，日本民族从中汲取了仁、义、和、诚、信等思想精华，并演化为日本民族传统文化；同时，其也接受了西方现代文明的部分内容，并发展为日本现代文化。日本受到中西方文明的双重影响，这为日本的发展提供了天然的优势，也为日本发展慈善事业奠定了文化基础，同时慈善事业的发展也带动了公民参与慈善活动，为培育公民慈善美德奠定了坚实的实践基础。

---

❶ 吉田久一. 日本社会事业的历史 [M]. 东京：劲草书房，1981：21.

（二）企业公益性慈善方式促进了公民慈善责任意识的提升

日本早在 1892 年就建立了具有现代性的基金会组织——感恩会社。1868年，明治维新后的日本沉思如何发展本国经济以避免被殖民的局面，于是一场向西方学习的浪潮开始在日本掀起，日本通过考察其他国家的经验来探索本国的发展之道，非营利组织就是在这种背景下逐步形成的。为了进一步规范非营利组织的发展环境，1896 年日本颁布了《民法》。1960 年后，日本的慈善组织开始从以寺庙为主体的宗教慈善组织发生转向。20 世纪 70 年代，公众对企业唯利是图的行为表示不满，企业开始返利于民，尔后日本企业开始积极、主动地参与到慈善活动中。20 世纪 90 年代后，日本通过优化法律促进企业从事慈善公益活动，使企业成为慈善捐助的重要经费来源，从而使日本慈善走向企业公益型的方向。日本企业的团队精神、勇于承担社会责任的理念也影响了日本公民，公民的慈善责任意识逐步得到强化。

（三）多样性的公益活动有利于公民慈善美德的形成

日本公民通常会以志愿者的身份参与企业、社会团体、社会组织等所组织的慈善公益活动。日本慈善公益活动覆盖社会多领域，为公民慈善美德培育提供了活动平台。日本的慈善组织大体分为非营利机构、非政府组织以及半官半民组织三大类。首先，通过参与多样化的慈善公益活动，日本公民对慈善美德的理解得到了进一步深化。日本的慈善公益活动本着社会公益服务的理念，主要关注社会弱势群体，如尊老敬老服务、单亲家庭子女培育服务、助残服务以及家教服务，当然，有时还会关涉社会突发问题。其次，公民积极参与志愿服务为慈善组织的运作提供了丰富的人力资源。据调查统计，日本有将近一半的人都有参加志愿服务的经验。公民以志愿者的身份加入各种各样的慈善组织，绝大多数志愿者是无偿参与的，这减轻了慈善组织的资金压力，这些公益活动有效地培养了公民无私奉献的慈善精神。

（四）规范的慈善立法为培育公民慈善美德提供了法治保障

1896 年日本制定的《民法》中关涉"公益法人"制度，但是相关法律不够完善，突出的问题表现为对公益性质的界定不清晰、公益法人的自主权不明确、社会对公益法人的认可度不高、公益组织的批准期限较含糊等。这些问题的出现呼吁着新的法律法规的出台。日本开始重视以法律为基础，健全制度保障体系，最终形成了关于慈善公益事业、慈善公益组织以及慈善公益组织成员行为的法律规范，为日本公益事业的发展营造了良好的法治环境。

其一，日本逐步建立起以归口管理体制为特征的慈善公益组织管理模式。每一个公益法人在登记成立的基础上，都必须依法具备一个上级主管部门，而且要在规定的期限内，向行政主管部门提交相关业务活动的情况报告。而具有民间性质的公益法人也需要依法到法院登记，才可获得公益法人资格，在登记时，必须将活动目标、组织大小、组织活动方式等内容加以明示，以备法院和政府进行审核。其二，日本加强了对慈善组织的日常管理工作，将理事会视为慈善组织的最高权力机构，以便规范行政负责人的相关事宜，这尤其体现在重大问题的决策上。其三，政府依法对慈善公益组织进行经济和政策上的援助。政府通过税收优惠以及经常性积极资助等方式完成特定的公益慈善任务。同时，为了使更多的国民参与到公益慈善活动中，日本政府特别将慈善公益教育作为公民教育的重要组成部分，大学专门设置了志愿服务课程，以提升慈善公益组织的持久力，并为慈善公益事业的发展提供了思想保障。其四，全方位的慈善监管是日本现行慈善监管制度的一大亮点，其中最有特点的是严格的慈善法律。日本慈善法律的监管特别注重公益慈善法人所从事业务内容的非营利性，并明确规定经营性活动收入不得超过总收入的一半，同时严格规定只有用于公益事业的那部分支出才能享受国家给予的税收优惠政策。一切从事公益慈善活动的法人不仅要受到政府相关部门的监督，还要接受社会其他监管部门的多方监管，这提升了慈善组织的公信力，提高了公民对慈善事业的认可度，也为公民参与慈善活动提供了坚实的法治基础。

第二节　国外公民慈善美德培育的经验借鉴

对比美国、德国、日本等发达国家在培育公民慈善美德上的不同经验与方式，可以发现其既有共性又有个性。共性主要表现为公民慈善美德培育主体从政府、家庭、学校、社区等载体出发，重视传承本国的慈善文化，不断优化社会环境。个性主要体现在根据各国不同的国情，政府在公民慈善美德培育中的地位与责任不同，学校和家庭在公民慈善美德培育的具体方式上发挥着各自的作用。公民慈善美德培育糅合了本国经济、政治、社会、文化甚至制度的发展脉络，刻有历史的印记，呈现出培育主体多元化的特征。"他山之石可以攻玉"，新时代我国公民慈善美德培育需要借鉴发达国家的成功经验，建立既融合国际经验，又符合我国国情的公民慈善美德培育新路径。

一、强化政府在公民慈善美德培育中的责任

美国、德国、日本等发达国家慈善事业的繁荣与政府的重视程度和管理方式是密切相关的。无论是美国的政府和社会协同培育模式、德国的家校社相互协同培育模式，还是日本的强调文化传承和公益实践并重的模式，均折射出政府对慈善事业的重视程度和管理方式的重要性。政府强有力的支持和良好的管理模式，能够促使公民积极参与慈善活动，有利于公民慈善美德在日常的慈善活动中逐步形成。美国、德国、日本等发达国家的慈善发展模式为我国处理好政府与慈善组织的关系提供了宝贵的经验，更为我国公民慈善美德培育提供了有益的启示。首先，在学习发达国家慈善事业发展模式的同时，应该依据我国的实际情况，不能一味地照搬照抄，需要处理好政府的角色问题。政府应该加强对慈善事业的支持，积极引导公民行善，但这种支持与引导一定要把握好尺度。如果在引导公民行善的过程中，侧重政府利用自身的"行政力"扮演主要角色，可能会削弱公民行善的主动性和积极性，久而久之，公民行善的热情和持久力都会受到制约。相反，如果在引导公民行善的过程中没有政府的参与，那么可能会导致公民慈善美德培育的无序化。因而，需要进一步深化我国政府职能转变，明晰政府与慈善事业的相互关系，发挥好政府对慈善事业的监督作用，真正还慈善事业以"自由"，这样有利于促进慈善事业的社会化。其次，积极学习发达国家的经验，尤其需要借鉴其经验成果完善政府与慈善组织的关系。具体而言，两者具有互补性和各自独立性，政府必须制定法律法规或规范来明确两者的关系。慈善组织只有在宽松的环境下进行各项慈善活动，才更能展现出活力。慈善组织的社会保障功能只有在政府的大力扶持下才能彰显出优势，因此，我国政府需要增强法治

思维，通过逐步完善法律法规来转变政府管理慈善组织的具体职能，不断激活社会慈善组织的活力因子，形成党委领导、政府负责、社会协调、公民参与的多元主体治理模式，是新时代公民慈善美德培育的必由之路。最后，政府要发挥好引领慈善文化建设的公共责任。慈善文化作为民族文化的一部分，是助弱意识的代代相传，是助人为乐品质的代代相授，人们通过参与慈善活动感悟到自身的价值，从而"使人们的善意得到发挥和强化"❶。日本政府非常重视结合中西方的慈善文化，以及本国传统的慈善文化，并将这些资源融入公民慈善美德中。因此，在新时代公民慈善美德培育过程中，必须传承本国民族慈善文化，同时要取其精华去其糟粕。中国传统慈善文化具有一定的时代局限性，我们要学会用理性的思维摒弃其封建思想，用公正的态度剖析其宗族色彩，用客观的态度剔除其狭隘、封闭的方面，这样才能更好地传承中国传统慈善文化。同时，还要学会中西合璧，将西方国家的"爱心、仁慈、宽恕和感恩"的慈善精神与我国实际相融合，努力做好中西融通的文化交流工作。弘扬以仁爱为核心的慈善精神，为新时代公民慈善美德培育提供不竭的原动力。

二、注重营造公民慈善美德培育的社会环境

社会环境是极其庞大而复杂的系统。"社会环境是影响人的心理和活动及其社会化过程的社会系统；家庭、学校、团体、组织、社区社会、文化等是其重要的组成部分。"❷ 从微观社会环境视角出发，主要选取家庭、学校以及媒体、企业等社会环境进行探索。就美国、德国、日本等发达国家而言，其特别注重对青少年"爱心和善心"的培育，尤其注重从家庭和学校两个载体入手，不断地培育青少年的慈善美德。基于此，我国可以借鉴发达国家慈善美德培育的方法，充分发挥家庭和学校对慈善美德的培育功能，尽可能鼓励青少年多接触慈善活动，从而形成从小培育公民慈善美德的氛围。首先，在家庭教育中融合慈善美德的培育内容。美国和德国的家庭教育都特别注重借助亲子活动来加强父母与子女的沟通，并将慈善美德的观念潜移默化地融入

---

❶ 莫文秀，邹平，宋立英. 中华慈善事业：思想、实践与演进［M］. 北京：人民出版社，2010：290.
❷ 王思斌. 社会工作导论［M］. 北京：高等教育出版社，2004：102.

生活中。父母是最好的榜样，子女与父母共同生活，父母通过自身积极参与慈善活动来鼓励子女也加入其中，为子女系好"人生的第一粒纽扣"。其次，各级各类学校要重视对学生慈善美德的培育。美国、德国根据学生所处的各阶段学习生活的特点，设置与之相配套的公民慈善美德培育课程，并积极组织学生参与各类慈善活动，增强学生积极行善的意识。近年来，我国各级各类学校已经意识到培育学生慈善美德的重要性，组织开展了课程、教学活动等相关的尝试，但是还处于"初步"完善阶段，尤其是学校公民慈善美德培育的硬件和软件设施都有待提高。因此，我国需要不断优化学校公民慈善美德培育的课程、教材以及教辅资料的开发，以"慈善文化进校园"活动为媒介，深化学生对慈善文化的认同，增强学生的社会责任心，不断强化新时代公民慈善美德培育的工作成效。最后，加强家校社联合的作用。德国在进行慈善美德培育时，特别重视家校联合的作用，尤其是在慈善活动中要注重家校培育的衔接性。

另外，美国、德国、日本等发达国家也重视社区教育在公民慈善美德培育中的作用。社区教育主要是指在充分挖掘社区活动、社区文化、社区治理等资源优势的基础上，本社区成员通过日常的交流活动获得教育的一种方式，它是发达国家进行慈善美德培育时不可或缺的一部分。美国借助社区优势，组织了庞大的志愿者队伍，其志愿活动所创造的社会价值影响了美国公民。德国则是通过居民组织起一个社团，利用社区优势实现社会救助和福利事业。德国的社区社团发挥了宣传慈善思想、凝聚慈善力量的作用，能够促进更多人融入社区活动中，为德国公民慈善美德培育提供了活动载体。当前，我国的社区组织还处在发展的初级阶段，社区活力激发得不够，社区文化的宣传方式不够成熟，因此，我国需要进一步完善社区管理，增强社区的服务功能，培养公民共享互助的意识，培育公民慈善美德。一方面，充分发挥社区集生活、休闲和娱乐为一体的天然优势，组织社区成员参与形式多样的慈善活动，以贴近生活为准则，调动社区成员参与社区活动的积极性，并在社区文化宣传中突出将公民慈善美德培育融入社区活动的重要性，以增强社区成员的责任感和行善意愿，创设良好的家风和社区风气，为社区慈善组织的发展提供良善的环境。另一方面，利用社区多层次人口的分布特点，整合家庭、学校、社区在公民慈善美德培育中的资源比较优势，增加家庭成员内部互动的机会，重视学校公民慈善美德培育的理论知识和实践教学环节，拓展社区慈善活动的内容，使公民系统地沉浸在慈善美德的内容、慈善事业的宗旨以及国家依法行善的推进进程中。因此，既要重视和优化家庭、学校在慈善美德培育中的载体价值，也要协同家庭、学校、社区、媒体等社会环境同时发力。

三、重视公民慈善美德培育中的自我教育作用

在公民慈善美德培育中，美国、德国、日本等发达国家强调公民自我教育的重要性，因为公民慈善美德的形成需要经历"什么是慈善""为什么要行善"以及"怎样去行善"一系列过程的转换。这不仅是思想观念的自我转变，也需要在行为上与其保持一致，是一种从自我感性认识上升到理性认识的过程。美国在公民慈善美德培育中，强调通过家庭、学校教育和参加社会慈善组织等方式，在公民的自我体验中、在参与慈善活动的过程中进行自我教育，培养公民的公共责任意识，在吸收、内化和转化的过程中，培育公民慈善美德。德国在公民慈善美德培育中，采用家校社协同的模式，通过家庭、学校和社会环境的营造，将慈善美德推及个人，在亲身经历中培育个体的慈善美德。因此，我国公民慈善美德培育需要注重自我教育的作用，遵循以人为本的原则，把内在的自我教育和外在的社会教育结合起来，在公民慈善行为上必须尊重人格，把施助者和受助者放在平等的地位，通过行善行为逐步提升公民在慈善活动中的获得感。

四、建立公民慈善美德培育的法律保障机制

美国、德国、日本等发达国家在慈善相关法律制度建设上采用不同的方式，美国虽然没有专门的慈善法，但其宪法、税法、雇佣法和公司法等法律法规对慈善事业多有涉及，从而有效地规范了美国慈善事业的发展。德国、日本都设有专门的慈善法律。现代慈善事业如果只寄希望于公民的道德自觉，显然有些"乌托邦"的意味，还需要通过慈善立法来规范公民的慈善行为以培育公民慈善美德。一方面，应改进和完善慈善事业的法律体系。目前，我国虽有《慈善法》，但配套体系有待完善，在支持和保护慈善事业方面的效果甚微，因此，我国需要进一步改进和完善慈善法律体系，促使慈善组织做到有法可依，构筑依法行善的法治环境，激发民众参与慈善事业的积极性。另

一方面，应制定科学的、适用于中国慈善组织的税收优惠政策。依据民间慈善组织的类别不同，应该制定相应的税收政策，加大政府扶持力度以及监管范围，通过税收等优惠政策支持和鼓励公民主动参与到慈善活动中。美国的"联邦和州都设有对志愿者绩效进行评估的专门机构，对优秀的志愿者予以奖励和表彰"❶。这为我国培育公民慈善美德提供了宝贵的经验。在制定适用于本国慈善组织发展政策的基础上，积极推进以志愿服务为依托的慈善活动，在社会中塑造出友爱、平等、共享的公民慈善美德。

❶ GARRETT T, RHINE R. Government growth and private contributions to charity [J]. Public Choice, 2010, 143 (1): 103-120.

第五章 新时代公民慈善美德培育的现实困境

新世纪以来，我国慈善事业经历了破冰期、复苏期和发展期，公民慈善美德培育也逐步引起政府的重视，取得了一定的进展。然而，公民慈善美德的培育不是一蹴而就的，在新的时代条件下面临着新情况、新问题。一方面，在传统慈善思想、现代慈善思想和国外慈善思想的相互撞击下，公民对慈善美德的认知还存在一定的盲区。另一方面，在家庭、学校、媒体以及社区对慈善美德的"有限"宣传下，公民慈善意识尚且淡薄，参与慈善活动的积极性不够高。基于此，通过从政府、社会、公民以及法律制度建设四个方面设计访谈提纲来考察公民慈善美德培育现状，根据访谈调查发现，我国公民慈善美德培育还存在诸多问题与不足，应该进行适当的调整，以适应中国特色社会主义慈善事业发展的需要。

第一节 新时代公民慈善美德培育的访谈调查

一、访谈调查的目的

要使公民养成行善的习惯，需要对公民慈善美德培育的具体情况做进一步的了解和分析。在此基础上，主要从政治、经济、文化、社会等多维度考察公民参与慈善活动遇到的困境，有导向性地提升公民的慈善践行力。为此，笔者面向社会通过访谈调查的方式，主要调查慈善组织、民政局、企业以及学校管理人员在慈善美德培育中的亲身经历，了解民政局、企业、学校师生以及慈善组织等对慈善美德培育工作的感受、看法，由于他们对于新时代公民慈善美德培育中存在的问题有一定的认识，因而通过对这些访谈调查结果进行整理与分析，能够相对客观地审视我国公民慈善美德培育在政府、社会、公民以及法律制度建设四个方面存在的不足，从而为构建新时代公民慈善美德培育的路径提供资料准备。

二、访谈调查的步骤

首先，设计访谈提纲。根据公民慈善美德培育研究的文本资料，在重点参照国内相关学者对中国式慈善研究的基础上，对照新时代慈善美德培育的要求，设计了六种不同的访谈提纲，访谈过程中主要关涉政策对慈善行为的关注度、学校和家庭对慈善美德的支持度、公民在慈善活动中的参与度，以及法律法规对慈善行为的规范度四个方面。其次，实施访谈调查。主要选取广东省作为调查区域，具体选取 GZ 市、SZ 市、SG 市三个地区，并选取这三个地区的民政局行政人员，慈善组织的管理人员，高校、中小学的管理人员和教师，以及在校学生作为调查对象。同时，访谈对象的选取方法采用的是非随机抽样中的立意抽样，即研究者按照研究旨意来寻找适当的受访者。❶ 最后，整理访谈记录。根据对 GZ 市、SZ 市、SG 市三个地区的访谈调查，依照访谈顺序对被访谈者进行编号，从 F1 至 Fn 进行标注，对访问调查的记录进行整理与分析，并运用到本研究的论证中。

三、访谈调查的样本选择

为了搜集到客观、全面的事实材料，确保访谈对象具有样本代表性，在访谈区域上，考虑到区域经济发展程度与公民慈善美德培育程度的相关性，选取广东省 GZ 市、SZ 市、SG 市三个地区用于对照比较。在访谈对象上，从公民慈善美德培育的主体和对象出发，选取民政局、企业、学校管理人员以及慈善组织等主体。第一，选取负责审批慈善组织的民政局工作人员和具有代表性的慈善组织的工作人员，这两个群体之间存在监管与被监管的关系，对公民参与慈善活动的积极性和规模化的状况、存在的问题，以及改进措施

---

❶ 瞿海源，毕恒达，刘长萱，等. 社会及行为科学研究法：二 质性研究法［M］. 北京：社会科学文献出版社，2013：30-38.

等具有亲身体验。第二，选取企业的工作人员，作为慈善活动的重要捐助者，其对捐赠行为的影响因素、引起的社会效应等问题有深刻的体会。第三，选取高校、中小学的管理人员，这些受访者是学校中负责公民慈善美德培育的主体，对培育过程有实际体验，对学校慈善美德培育的举措及问题都有自身的体会和见解。从培育对象出发，选取高校、中小学的学生作为主要考察对象。由于新冠病毒感染疫情的影响，本次访谈主要对三个地区的慈善组织和民政局的专职人员、学校的管理人员和师生、企业的管理人员进行访谈，每个地区的每个群体选取 2~3 名代表，访谈人次达到 72 人，具体见表 5-1。

表 5-1　访谈调查地区与访谈对象一览表

访谈对象所在地区	广东省 GZ 市	广东省 SZ 市	广东省 SG 市
慈善组织工作人员	F71、F72	F47、F48	F23、F24
民政局工作人员	F69、F70	F45、F46	F21、F22
企业工作人员	F67、F68	F43、F44	F19、F20
学校管理人员	F49~F52	F25~F28	F1~F4
学校教师	F53~F56	F29~F32	F5~F8
学校学生	F57~F66	F33~F42	F9~F18

第二节　公民慈善美德培育中政府方面的问题

一、慈善文化建设的引导不足

公民慈善美德培育过程中要重视政治导向所发挥的作用。政治导向，主要是指党的政策、方针、路线等内容。明确的政治导向能够有效地指导公民践行慈善美德，并提升公民行善的能力，增强公民行善的积极性。反之，模糊的政治导向不仅会降低公民行善的热情，而且会削弱公民行善的积极性，从而不利于公民慈善美德的形成，从长远来看，也不利于社会主义和谐社会的构建。国家颁布了《慈善法》，并出台了一系列配套措施，但重要的制度配套依然缺失。

受访者广东省 GZ 市某企业工作人员 F67 在被问及企业目前的慈善文化宣传、慈善活动参与情况时回答:"我们企业每年都会拿出一部分钱用于捐赠贫困地区或基金会,但是还没有享受到国家应有的税收优惠政策,对慈善文化的宣传虽然较少,但是每年都会有慈善性质的答谢酒会。"受访者广东省 SZ市某企业工作人员 F43 认为:"企业会将慈善理念融入日常的管理之中,有时会参与社会的捐款活动,企业接受过国家的税收优惠政策,但是程序过于复杂,有时就会不了了之。"

通过访谈企业的工作人员,可以了解到当前政府对慈善事业的态度。以上访谈记录从侧面反映了政府在培育公民慈善美德上存在一定程度的缺位问题,如政府对慈善事业的重视程度有待加强、措施落实不到位。《慈善法》虽明确提到慈善文化的"五进"政策,但从上述调查中发现,慈善文化进企业的成效并不大,有些企业只是蜻蜓点水式地进行了慈善文化的宣传。这在一定程度上反映了政策导向的笼统性和模糊性,公民慈善美德并没有成为主流的意识。有些民政局在管理慈善组织时,明显出现了人力资源紧张,甚至专业人员匮乏的问题。目前,官方或者半官方在组织策划慈善活动中仍然起着主导作用,社会参与慈善的活力激发得不够,甚至有些公民参与慈善活动只是"被要求"下的特意而为,政策导向的笼统化不利于激发公民的行善热情,慈善美德难以被公民所广泛接纳并实践。

二、制度和经费保障不足

近年来,国家逐渐认识到培育公民慈善美德的重要性,也出台了弘扬慈善精神、培育慈善美德的相关文件,但受到制度体系和经费资助等资源不完善、不到位的限制,各地方政府及其相关管理部门的公民慈善美德培育工作相对滞后。

受访者广东省 GZ 市某高校管理人员 F49 在被问及学校每年用于组织学生参与慈善活动的经费问题时回答:"我们学校有学生社团组织学生参与慈善公益活动,一般是学生自筹经费,对于少数的学生志愿服务活动,学校会给予一定的活动经费,但是占教育经费总额的比率不高。"受访者广东省 SZ 市某小学管理人员 F28 认为:"学校会定期组织学生走访养老院、社区等进行力所能及的慈善公益活动,虽没有设立慈善活动专项资金,但会有一定的款项资助。"受访者广东省 SG 市某中学管理人员 F3 认为："学校的教育经费支出项太多，用于组织学生参与慈善公益活动的少之又少。我们也很无奈，巧妇难为无米之炊。"

从访谈中发现，学校的经费支出与学生参与慈善活动的频率有直接的关系，主要问题表现在以下几个方面：首先，政府给予学校的教育经费不足，而用于培育学生慈善美德的支出更少。从国家的教育经费投入情况分析，虽然表面上呈现逐年上升趋势，但是由于我国人口基数大，每位学生能享受到的教育经费补贴较少，与部分发达国家相比，我国教育经费的支出存在一定的不足，对学生慈善活动的资助经费较为匮乏。从大中小学的慈善美德培育支出来看，学校没有相关的师资投入、教材投入、慈善活动专项经费等。其次，在社会转型过程中，为了缓解社会保障方面的压力，政府聚焦慈善事业的管理，从而忽视了慈善事业发展背后的精神动力因素。政府包揽社会福利服务的压力增大，并逐步让渡部分事务给慈善事业，政府开始逐步关注慈善领域。同时，政府因"焦虑"所致而表现出过多地干预慈善组织发展的内部事务。政府把过多的注意力放在了对慈善事业的管理上，相应地忽略了对公民慈善美德的培育。公民的慈善习惯与慈善美德不会自然产生，政府的重视是保证公民慈善美德培育效果的重要因素。慈善事业的发展会受到慈善美德等精神动力因素的制约，政府应该注重精神动力因素的引导，以促进慈善事业的发展。《中国慈善事业发展指导纲要》明确提出要"普及慈善教育"，这是政府向世人展现慈善美德培育的重要性，但是因缺乏具体的普及方案和措施而没有得到进一步落实，主要原因在于没有出台相关的政策以及相应的经费支出规定。最后，政府非常重视公民思想道德建设，但是始终没有将慈善美德培育纳入公民思想道德建设之中，事实上，两者在内容和目的上都是相互促进、相得益彰的关系。2019 年《新时代公民道德建设实施纲要》中只是简单地提及要挖掘扶危济困的传统美德，并笼统地提出继承创新以彰显时代价值。但是，由于传统观念的束缚，并没有进一步明确公民慈善美德是对扶危济困的传承和发展，也没有凸显培育公民慈善美德的时代价值。

第三节　公民慈善美德培育中社会环境方面的问题

目前，我国正处在全面深化改革的攻坚期，各地经济发展的不平衡为慈善事业的发展提供了空间，而慈善事业的发展离不开公民慈善道德素养的提高。目前，大多数公民认为慈善美德只涉及个人的道德品质问题，并没有将其上升到公共责任的意识范畴，公民对慈善美德的认同度参差不齐。事实上，公民慈善美德的培育与社会环境密切相关。本书从微观社会环境视角出发，主要选取家庭、学校以及媒体、企业等社会环境来分析其中存在的问题。

一、家庭培育角色性缺位

（一）家长对公民慈善美德缺乏清晰的认知

受访者广东省 GZ 市某中学学生 F60 在谈及父母的言行举止对自身是否行善的影响时回答："爸爸妈妈有时偶尔会去做义工，甚至我也会跟着去，我感觉所做的事情虽小，但是会让我们的城市变得更美丽。"受访者广东省 SZ 市某中学学生 F36 认为："妈妈会不定期地参加社区里的公益慈善活动，但是不太愿意带我去，担心影响我的学习，开始我会好奇地跟着去，但是没有感觉到有太大的意思，后来就没有再去。"受访者广东省 SG 市某中学学生 F12 认为："爸爸妈妈接触到的慈善活动较少，而且他们认为慈善是富人的事情，与我们平民百姓无关，他们好像都没怎么参加，我只是偶尔在学校听说过慈善活动。"

通过访谈可以了解到，父母自身对慈善美德的认知会潜移默化地渗透到日常的家庭教育理念中，子女会在不知不觉中受到熏陶。目前，公民慈善美德的内涵发生了很大的变化，但部分家长对慈善美德的认知并没有与时俱进，这直接影响了新时代公民慈善美德培育的进程。一方面，中国传统慈善美德主要强调乐善好施，这种传统的慈善美德与新时代的要求显然有不相吻合的地方。新时代慈善事业的发展需要更多地强调多元合作和助人自助的慈善美德，形成"人人行善"的慈善氛围。受传统慈善美德的影响，有些家长将慈善美德简单地理解为施舍钱财和物品等，事实上，新时代公民慈善美德强调志愿精神和为民奉献的美德，公民慈善美德的内容已拓展至捐献时间和技术等的社会服务。家长认知的狭隘性致使其不主动参与社区和社会的慈善活动，对子女的慈善美德培育更是无从谈起。另一方面，中国传统的慈善美德强调政府和富人的扶危济贫，新时代公民慈善美德更多地强调一种感恩回馈和财富分享，最终实现共享的理想状态。有些家长受传统思想的束缚，认为慈善的道德责任应由富人承担，公民慈善美德对于普通家庭来说是"奢侈品"和"绝缘体"。例如，学校在学生群体中积极开展慈善活动时，家长会提出各种理由拒绝让自己的孩子参加类似活动，其中有相当一部分家长认为参加这些活动会影响孩子的学习成绩。基于此，家长对慈善美德的认知误区导致了中国家庭慈善美德培育的缺位。要改变这种现状，需要从家长的认知上寻求突破口。

（二）家长重智轻德的教育理念制约公民慈善美德的培育

家庭作为社会环境的一个缩影，是每个个体从出生就要面对的，人的道德素养的启蒙是在家庭中完成的，因此，良好的家庭环境是个体形成正确价值观的重要影响因素。当前，我国虽然提倡素质教育，但是许多家长在思想上还停留在应试教育阶段，过分注重子女的智育开发，甚至仅用分数的高低来评价子女能力的强弱，尤其是一些家长本着"望子成龙、盼女成凤"的观念，子女的道德教育受到了不同程度的忽视。

受访者广东省 GZ 市某中学学生 F63 被问及自己参加学校组织的慈善活动时父母的态度如何，他回答："父母会问清楚参加什么慈善活动，如果觉得不合适，会主动与班主任沟通，一般愿意让我多接触社会。"受访者广东省 SZ 市某中学学生 F39 认为："爸爸一般不会问，妈妈会问参与什么慈善活动，会不会影响我做作业，并且要求做完作业才能去参加此类活动，勉强支持。"受访者广东省 SG 市某中学学生 F15 认为："学校偶尔会组织参加慈善活动，但是爸爸妈妈不太支持我去，认为我本来学习成绩就不好，还老是花心思在这些活动上，劝我把时间放在补习功课上，其实我本来参加的活动就少，还是挺想试试的。"

从访谈中可以得知，一些家长有重智轻德的教育理念，这给家长和子女带来了双重伤害。一方面，在这场"追分"战术中，一些家长扮演着子女"仆人"的角色，他们对子女生活上的需求百依百顺，包办了子女所有的生活琐事，只是为了使子女将更多的精力放在学习上，最终可能会培养出"高分低能"的"巨婴宝宝"。子女对父母提出的要求越来越高，但对父母的关爱越来越少，缺乏感恩之心，更不懂得为人子女之道。如果这种现象愈演愈烈，最终可能引发道德危机，子女步入社会后可能只关心自身利益，缺乏对父母的关心，甚至会出现抛弃父母的现象。子女对父母尚且如此，要培养其感恩回馈和财富分享的慈善美德更是步履维艰。另一方面，一些父母只重视子女智育的发展，而忽视了子女思想观念的同步发展，孩子的身心发展受到牵制，无法形成对慈善美德的正确认识，缺乏慈善实践的历练。社会是人才的"试金石"，这些家长眼中的"优秀"孩子一旦步入社会，各种问题便开始出现。由于缺乏健全的人格，这些父母眼中的"优秀人才"会走向两个极端：其一是成为精致的利己主义者，在学校，学习是他们唯一的目标，在工作岗位上，高薪是其唯一的参考指数；其二是成为孤独的自闭者，在学校不会与同学友好相处，在工作岗位上缺乏与人沟通的能力。这两个极端有一个共同的特点，就是缺乏对身边人的关心，要培养其志愿精神和为民奉献的慈善美德更是难上加难。

(三) 现代家庭结构转型制约慈善美德的培育

受访者广东省 GZ 市某小学学生 F66 在被问及父母平时对自己的关心程度，以及与父母相处的方式会不会影响到自己的待人接物时回答："父母只是一味地挣钱，对我给予物质上的满足，但是交流机会比较少，与父母的相处方式多多少少会影响到自己与朋友相处，真羡慕那些有着父母百般呵护的同学。"受访者广东省 SZ 市某中学学生 F38 认为："爸爸妈妈对我很关心，我能够感觉到家里的温暖，这对我与人交流有帮助，而且我也愿意与妈妈分享我的事情。"受访者广东省 SG 市某中学学生 F14 认为："我和爷爷奶奶一起住，爸爸妈妈在异地上班，谈不上关心。"

从访谈中可知，经济发展提高了人们的生活水平，但也催生了不同的社会问题。首先，社会转型催生了留守儿童问题。我国传统社会中的家庭，孩子对家庭的经济具有绝对的依附关系，父母主要通过经验传授道德规范，以口口相传的形式加深孩子对道德规范的认识。随着社会经济的发展，传统核心家庭的结构模式发生了改变，父母对子女的道德教育权威被削弱。现代家庭模式缺乏稳固性，表现为易流动性和易解体性。"进城务工潮"使大批中青年农民开始背井离乡，而留守儿童现象也相伴而生。虽然他们是为了给子女提供更好的生活条件，但是家长与子女长时间的分离会导致留守儿童很少从父母身上得到关爱，这种父母的关爱逐步被留守老人替代，导致"隔代亲"的现象非常常见。祖辈虽然会给孩子带来关爱，但也容易导致过分溺爱，有些孩子甚至不懂得人与人之间的基本尊重，这会给孩子的道德教育带来巨大的挑战。父辈在孩子的道德教育上投入的时间和精力都是有限的，孩子所受的家庭道德教育会面临中断甚至终止的风险，孩子的慈心、爱心和善心的美德培育也将受到影响。

其次，社会转型过程中也逐步形成了特殊的家庭模式，即独生子女家庭。20世纪80年代，中国家庭积极响应国家关于人口计划生育的基本国策，大部分家庭选择只生育一个孩子，这种由夫妻共育一个子女的家庭称为独生子女家庭。在独生子女家庭中，父母以"成人化"的方式与孩子进行沟通，甚至为孩子包办一切事务，孩子对父母的说教易产生逆反心理，家庭氛围时常会因为孩子的养育问题出现紧张的状态，尤其是养育孩子还增添了祖辈力量的"话语"，因父辈与祖辈的育儿观念不同，会进一步加剧家庭的紧张氛围，从而削弱家庭成员的活力和创造力。有些家长甚至将自己没有完成的事业寄托在孩子身上，认为孩子可以延续自己的事业。亲子活动多被报班活动所替代，一些孩子长期生活在父母施加的压力之下，没有自己的主见，缺乏与社会沟通的能力，很少体会到生活的温暖和幸福，缺乏生活情感体验，对公益慈善活动接触得很少，缺乏爱心和同情心的培育土壤，家庭慈善美德培育便无从谈起。当前，青年一代绝大多数都是独生子女，有些青年因为是在溺爱环境中成长起来的，家庭环境没有赋予其生活的正能量，当其面临集体生活时，会出现自理能力差、吃苦耐劳能力差、自我中心意识强和缺乏感恩之心等问题，这些不利于多元合作的公民慈善美德的培育。

二、学校培育重视度不够

《慈善法》指出：学校等教育机构应当将慈善文化纳入教育教学内容。慈善文化进学校，这是新时代对学校进行慈善公益事业知识和素养教育的新要求，目标是让慈善公益成为学生学习和生活的一部分。

受访者广东省 GZ 市某大学管理人员 F49 在被问及学校在学生参加慈善活动方面有无相关规定时回答："近几年，学校非常支持学生参加慈善活动，也会与社会组织合作举办一些社会活动，主要以鼓励学生参加社会慈善活动为主。"受访者广东省 SZ 市某大学管理人员 F25 认为："近几年，学校设置了相关专业来培育专门从事慈善活动的人才，鼓励学生举办和参加以慈善为主题的慈善活动，学校根据管理规定给予经费上的资助。"受访者广东省 SG 市某大学管理人员 F1 认为："学校没有设置相关的专业和课程，只是将创新学分与参与社会志愿服务活动挂钩，但学生比较流于形式去完成，效果不是很明显。"受访者广东省 GZ 市某中学教师 F54 在被问及学校开展慈善活动的情况时回答："近几年，学校开始逐步规范学生系统地学习慈善的相关知识，还采用了地区研制的首套慈善读本，并在主题班会中体现出来。"受访者广东省 SZ 市某中学教师 F30 认为："近几年，学校比较重视慈善活动的开展，要求我们选取鲜活的案例用于慈善知识的教授。"受访者广东省 SG 市某中学教师 F7 认为："我们基本上会把主要精力花在教授专业课知识上，主要是因为受到升学率等教学压力，对于慈善知识等方面涉及得较少。"

（一）学校对公民慈善美德培育缺乏均衡性

从调查中可以看出，不同区域、不同层次的学校对落实慈善文化进学校的措施存在明显的差异。目前，学校对公民慈善美德的培育处于起步阶段，较之西方国家，我国学校对公民慈善美德的培育起步比较晚，大多数学校对公民慈善美德的培育尚处于探索阶段，其发展状况呈现出明显的不平衡性。

一方面，高校对公民慈善美德的培育呈现出明显的地区差异。在经济发展繁荣的地区，学校对公民慈善美德的重视较高。2005 年，上海华东师范大学承办了名为"慈善爱心屋"的特色慈善活动，受其影响，其他高校也开始开展类似的慈善活动，慈善活动的辐射面变得更为广阔，如东华大学以"慈善爱心屋"为依托，结合学校的勤工俭学工作，逐渐打造具有特色的学校慈善育人基地；复旦大学成立的"复旦大学慈善公益站"定向帮助经济困难的在校生和社会上有困难的学生群体，并设立了专门的复旦大学慈善公益基金。

在经济发展相对落后的地区，部分高校只是以创新学分的形式，要求学生参与零散的慈善活动，甚至有些大学生对公民慈善美德和慈善活动本身都不甚了解。

另一方面，大中小学的慈善美德培育工作有明显的差异。较之高校，中小学对公民慈善美德培育更加注重规范性。部分地区的中学发放了《慈善读本》并落实慈善美德教育的试点工作。中小学的慈善美德培育工作依托大规模的试点，主动遴选教材，在活动开展上兼顾区域差异，取得了阶段性的成效。

目前，各高校在慈善美德培育上存在差异，同时也出现了培育不规范和不系统等问题。学校间或有涉及慈善美德教育的内容，但是高校还没有统编的教材、配套的教学计划以及相应的师资力量，大学生没有进行系统的学习，这会影响大学生对慈善美德的认知，甚至会影响其参与慈善活动的效果。部分中小学开展公民慈善美德培育的方式还比较生硬，不够深刻，师资力量的后续发展不足。如访谈中发现，有些中小学也会引导学生去参观敬老院等场所，但这些活动的开展不够丰富且有的只是流于形式，没有给学生留下深刻的印象。在此背景下，如何规范学校的公民慈善美德培育工作，让慈善文化浸润学生的内心，让学生感受到慈善之美，从而主动践行慈善美德，这些工作还需进一步加强。

（二）学校对公民慈善美德培育缺乏协调机制

受访者广东省 GZ 市某大学管理人员 F49 在被问及学校用于慈善活动的支出时回答："近几年，应国家政策要求，学校开始有了用于慈善活动的赞助资金，但是不多，更加没有专款专用，再加上校外赞助比较少，学校有些学生无法参加慈善活动。"受访者广东省 SZ 市某中学管理人员 F26 认为："近几年，学校加大了用于慈善活动的经费支出，比如相关教材的订购、招聘师资的支出，但是，学校还没有设立关于组织慈善活动的专项资金，接受的校外赞助非常少。"受访者广东省 SG 市某小学管理人员 F4 认为："学校办学压力比较大，基本很少涉及此类经费的支出。"

从以上访谈调查中可以发现，学校作为培育学生慈善美德的重要载体，在慈善美德培育的经费管理上缺乏有效的协调机制。目前来看，学校慈善美德培育仍然存在经费不足的问题：一方面，政府对学校教育经费的支出虽呈现上升趋势，但存在总体投入不足的问题，用于培育学生慈善美德的预算甚微；另一方面，因政府、社会和学校缺乏协调机制，民间社会慈善组织对教育事业的关注太少，尤其是对学校教育的投资捐赠较少，学校对社会经费的吸纳能力不强，多方合作面不广。著名慈善教育家陈嘉庚指出"诸文明国教育除却政府注意维持外，而个人社会捐资倡设者其数尤巨"。❶ 目前，公民慈善美德培育需要多方面的参与合作，我国大中小学校开始尝试校际合作、校外合作等方面的探索，但实际成效还不是很明显，构建政府、家庭、学校、社区的协调机制势在必行。

（三）学校对公民慈善美德的培育受多元价值观念的制约

受访者广东省 GZ 市某大学生 F58 在被问及自身参与慈善活动的动机时回答："为了丰富自身的课外生活，拓展自己的视野，通过参与慈善活动更多地了解社会，以便在毕业后找到一份更好的工作。"受访者广东省 SZ 市某中学学生 F37 认为："学习很忙，基本上不怎么参加慈善活动，如果其他同学参加，我就参加。"受访者广东省 SG 市某大学学生 F10 在被问及参与慈善活动的积极性时回答："我觉得有钱才能参加慈善活动，我自己都没有实现经济独立，所以我不太主动参与慈善活动。"受访者广东省 GZ 市某小学学生 F65 认为"我虽然小，但是我很愿意参加慈善活动去帮助更多的人。"

从访谈中可知，目前学校组织学生开展慈善活动时受到内外因素的夹击，学生对慈善还没有形成明确的认知，参与慈善活动的积极性相对不高，这都需要从社会转型和多元化价值观等方面找出问题症结。

首先，是社会转型所引发的思想冲击。伴随改革开放的步伐和经济全球化的浪潮高涨，中国市场经济逐步走向成熟深化发展，西方经济、政治、文化等糅合意识形态的文化产品涌入中国市场。人们在消费西方的商品和文化产品时容易迷失方向，在西方社会思潮的渗透下，其价值观也开始发生偏离。"在物质文明发展的同时，人的精神文明却惨遭抑制，造成人们物质丰富却精

---

❶ 王增炳，陈毅明，林鹤龄. 陈嘉庚教育文集 ［M］. 福州：福建教育出版社，1989：165.

神痛苦"。❶ 无论是中小学生还是大学生，其心理都具有可塑性的特征，其思想也易受西方社会思潮尤其是消费主义思潮的渲染，这种思潮正改变着青年一代的消费观念，并体现于日常的消费活动中，具体表现为符号价值消费和炫耀性消费等。不合理的消费观会催生歪曲的思想价值观，具体表现为劳动观念的淡薄化、审美品位的低俗化以及爱心意识的逐步弱化等。同时，由于经济发展所带来的城乡差异致使学生的家庭背景参差不齐，有些高收入家庭学生会不自觉地将家庭的身份、品位、地位等阶层差异"植入"校园生活中。在校园生活中，因消费差异而不自觉地将学生分成了不同的群体，家庭经济比较拮据的学生有时会处于弱势地位，这在无形中给一些学生带来了自卑感和无助感，甚至会埋下"仇富"的种子，阻碍了其爱心和善心等慈善美德的培育。学校德育特别是公民慈善美德培育如何应对这些现实挑战？学校应担负起教化的责任，赋予学生正确的消费观和幸福观，培养学生以正确的姿态和心理去应对各种物欲的诱惑，体现出新时代学生应有的风貌，做到真、善、美的统一。

其次，是多元价值冲击下形成的不良影响。21世纪，全球化趋势日益明显，并且已经从经济领域逐渐向政治、文化、社会甚至技术等方面扩张，各国之间的发展越来越呈现出整体性、多样性、依存性和关联性等特征。各国之间在经济、政治、文化等方面的交流越来越密切，在进行文化交流的同时，也会给我国带来多元价值冲突的风险。价值多元化通过各种途径渗透到人的生活中，进而浸染人的心理和思维方式。例如，西方的非马克思主义和反马克思主义等思潮的渗透，以文化产品如文学、小说、电影等为载体进行价值观念的渗透。由于学生群体具有思想单纯、可塑性强、阅历较浅等特征，其思想价值理念很容易受到干扰。西方国家甚至鼓吹"普世价值"的优越性，进而贬低中国的价值观，一些商家为了营利而极力推荐西方的电影和文学作品，学生接触到西方社会的文化产品后可能出现崇洋媚外的风险，这种风险主要是以隐性的方式存在，当达到一定程度之后，就会以显性的方式暴露出来，学生的爱国和爱心意识均会受到影响。

---

❶ 江泽全. 英国志愿服务发展及对中国的启示 [J]. 广东青年干部学院学报，2004，18（3）：22-24.

三、媒体宣传正面性不足

(一) 媒体对公民慈善美德的正面引导不足

当前媒体越来越关注慈善公益行为，但一些媒体倾向于披露慈善活动的负面信息，部分媒体甚至对慈善行为进行苛责和挑剔。新时代背景下，新闻媒体在监督慈善行为和增强慈善行为的透明度等方面起到了重要作用，但新闻媒体在关于慈善行为的报道中也存在偏颇的现象，这可能会误导公民对慈善的认识，甚至会挫伤公民行善的热情。

受访者广东省 GZ 市某大学生 F57 在被问及近几年媒体关于明星慈善报道的效果时回答："明星慈善越来越火，我感觉他们是为了建立自己在公众心中的好印象，说白了就是'面子工程'，不赞成明星拿慈善来炒作自己。"受访者广东省 SG 市某大学生 F9 在被问及明星慈善报道给社会带来的效应时回答："媒体对明星慈善的报道要么注重捐赠的数字，要么注重慈善捐赠以外的事情，娱乐味太足，明星慈善捐赠行为也没有给我们带来正能量。"受访者广东省 SZ 市某大学生 F33 在被问及媒体报道明星慈善的态度时回答："媒体在报道明星慈善行为时，多少有博眼球的成分，掺杂了主观的情绪，大众会受到媒体的引导，因而媒体对慈善宣传反而起了负面作用。"

从访谈中可以得知，目前媒体对慈善美德的正面宣传不足，主要表现为：其一，媒体报道对象过多地聚焦名人、富人、明星和企业家。部分媒体为了提升新闻的影响力，在报道中过度挖掘富人的致富经历，脱离了慈善这一主题。公民对"名人慈善"和"明星慈善"的模板叙事方式产生了审美疲劳，公民慈善美德的宣传难以走进普通大众的心中。有些媒体为了博得公众的关注甚至误传"诈捐事件"的虚假事实，挫伤了公民的慈善热情。其二，媒体在报道慈善事件时存在缺乏后期持续报道的现象。完整的慈善报道应包括慈善事件的出现、捐赠活动、资金管理和实施效果四个阶段。由于在资金管理和实施效果上的报道需要花费高昂的时间成本与经济成本，部分媒体选择了避而不谈。从慈善阶段的报道效果来看，对资金管理和实施效果的有效报道更能发挥媒体的监督作用。媒体在发出捐款呼吁后的沉默使慈善捐赠款项的使用情况不明，公民的行善信心受到打击，不利于公民慈善美德的培育。其三，媒体的慈善报道存在商业化的倾向。现在有些媒体为了追求商业价值，将慈善报道明显地变成了产品发布会，假借慈善报道谋取商业利润，公民从慈善事件的报道中并没有全面地认识慈善事件的真相，因而，消除公民对慈善事件的疑虑是媒体应该承担的责任。新闻媒体的"自娱自乐"的行为使得"在公共舆论中真理和无穷错误直接混杂在一起"❶，社会舆论导向偏离正确轨道将影响人们对公民慈善美德的认知和合理评价，部分公民对这些报道会偏听偏信，公民对慈善的顾虑不降反增，其慈善捐赠热情被大大削弱，慈善事业的发展将受到影响。

(二) 媒体对公民慈善美德的社会典型宣传不够

一些媒体在宣传慈善事业时过多地注重形式化和表面化的内容，公民参与慈善活动的热情并没有得到有效的激发。显然，媒体在传播慈善美德、培养公民的慈善意识方面有着得天独厚的优势。但是，部分媒体没有担负起应有的责任，没有对公民慈善美德榜样示范人物进行深度的挖掘和有效的宣传，倾向于报道精英阶层的慈善捐赠，对普通人的慈善捐赠行为缺乏典型的报道，这会导致人们认为慈善只是关乎富人的事情，普通人无法涉足，不利于公民对慈善美德形成正确的认识。如果缺乏清晰的认识和良好的氛围，那么慈善事业的发展就会受到阻碍，表现为社会成员对慈善活动的不理解、不支持、不参与，或是冷漠应对，甚至对他人的慈善行为乱加猜测，这些都将恶化公民慈善美德培育的社会环境。

四、社区培育效果不明显

公民慈善美德与人们日常生活相融合，在培养人们的慈善习惯的过程中，社区是重要的场所。社区慈善是社区治理的重要组成部分，是发展我国慈善事业的重要"推手"。社区慈善突出社区居民的自主性、参与性和服务性，其所创建的社区慈善文化深刻地培育着公民慈善美德。目前，部分社区在培育公民慈善美德中还存在培育主体不明、培育资源挖掘不够、培育氛围不浓等问题，这不利于社区慈善环境的良性发展，更不利于社会培育慈善美德功能的发挥。

---

❶　黑格尔. 法哲学原理 [M]. 北京：商务印书馆，1961：333.

（一）社区对公民慈善美德培育主体不明

受访者广东省 GZ 市某区民政局工作人员 F70 在被问及社区慈善组织管理的问题时回答："我们加大了对社区基层组织的孵化，放权于社区基层组织的组织权，某些社区形成'时间银行'特色项目，但有些社区还处于无人管理的状态，尤其是在城中村，社区慈善组织开展的慈善活动流于形式的问题比较严重。"受访者广东省 SZ 市某区民政局工作人员 F45 认为："现在删减了一些对社区慈善组织管理的条文，放权于社区，我们向他们购买服务，增加了社区组织慈善活动的活力。"受访者广东省 SG 某区民政局工作人员 F21 认为："目前，我们试着放权于社区，有些社区慈善组织开展慈善公益活动越发显示出其特色，但是更多的社区一旦脱离了政府的扶持，社区组织的功能便开始弱化，基层社区慈善组织的孵化功能太弱。"

政府对社区的治理方式在一定程度上制约了社区慈善的发展，影响了社区对公民慈善美德的培育。政府对慈善事业的态度经历了从全盘否定、全面管理到适当放权的过程，民间慈善基因尚未从政府政策的变动中做出应激反应。一方面，基层政府未能及时调整行政思维，过分依赖行政部门的强制力开展工作，在社会组织重心下沉的治理趋势下，社区公民和社区行政部门不再是行政隶属关系，这也削弱了社区行政部门在培育社区公民慈善美德中的主体效用。另一方面，社区慈善组织发育不足，虽然我国已经开始重视对社区慈善组织的培育，但从供求关系来说，还是呈现社区慈善组织供不应求的现状。社区慈善组织开展的慈善活动处于探索期，在社会慈善超市、社会志愿服务、社会基金管理等方面也有待进一步完善。发育不完善的社区慈善组织还不足以承担起公民慈善美德培育的主体责任，社区对公民慈善美德培育主体缺乏有效的认识。

（二）社区居民缺乏参与慈善活动的积极性

受访者广东省 GZ 市某区民政局工作人员 F69 在被问及开展社区慈善活动时遇到了哪些问题时回答："部分城中村地区的慈善活动本来就少，其开展比较流于形式，主要是看访孤寡老人等。"受访者广东省 SZ 市某区民政局工作人员 F46 认为："社区慈善活动近几年开展得比较多，放权于基层组织，但因城市居民邻里之间关系的变化，很多居民不太愿意参加社区的慈善活动，甚至会怀疑慈善活动的动机。"受访者广东省 SG 市某区民政局工作人员 F22 认为："目前，我市处于老城区改造和新城区建设阶段，人员的流动性比较强，社区慈善活动最大的问题是成员吸纳难、不稳定，有时会面临社区慈善组织刚吸纳 1 名新成员，因居民搬家等又退出 3 名成员的尴尬局面，有些社区慈善组织甚至面临解散的困境，社区成员的归属感不强，参与活动的积极性就更弱了。"

目前，部分社区慈善活动未得到社区居民的积极响应，社区居民的凝聚力和归属感不强，这些问题影响了社区慈善组织的发展和社区对公民慈善美德的培育。"社区是人们涉足公民参与、学习参与的首要场所"❶，社区需要以社区居民自愿为原则，组织好慈善活动，这样才能充分激活社区的"天然功能"。目前，社区居民出于多方面的原因在参与慈善活动时呈现积极性不强、后劲不足等特点。一方面，混合型社区因成员之间的沟通较少而导致社区的凝聚力不强。在城市发展进程中，社区成员比较复杂，他们来自不同单位、不同地区，人员流动性大导致社区成员不稳定。混合型社区越来越普遍，呈现出居民之间的联系少、社区认同感和归属感比较弱等特点。随着城市居民生活节奏的加快，人们会因生活压力的增大而忽略社区活动，社区慈善活动将难以为继。另一方面，社区慈善活动未能充分挖掘资源优势进行慈善美德的宣传。部分社区以传统的慈善活动形式为主，缺乏主动性和创新性，无法调动社区居民参与社区慈善活动和慈善组织，社区居民互动的机会少必然会导致其参与社区慈善组织的概率降低，社区居民相互之间成为"陌路人"，社区的发展缺乏凝聚力的助力。

第四节　公民慈善美德培育中公民方面的问题

一、公民慈善美德认知匮乏

受访者广东省 GZ 市某区的红十字会负责人 F71 在被问及现在公民慈善美

---

❶ 孙慧民. 城市社区发展 [M]. 上海：上海社会科学院出版社，1997：205.

德缺失表现时回答："大家来参与慈善活动时，较少人知道慈善法律的相关知识，一些企业家、富人特别注重行善所带来的商业效应，缺乏应有的姿态和社会责任感。"受访者广东省 SG 市某社区的工作人员 F23 认为："大家对慈善的了解状况参差不齐，有些人参与慈善活动的热情不高，有些人是为了完成单位分配的任务，还没有将其上升到社会责任的高度。"受访者广东省 SZ 市某区的某慈善组织负责人 F47 认为："我们对《慈善法》的宣传不够，有些人行善是为了对得起自己的良心，有些人甚至还停留在施恩图报的传统意识中，对慈善美德的认识不够深刻、具体。"

基于此，部分公民对慈善美德缺乏公正、客观的判断，从访谈中可以看出具体表现在依法行善意识的缺乏、人本权利观的缺失、社会责任感的匮乏，以及理性的财富观尚未确立四个方面。

（一）依法行善意识的缺乏

新时代慈善事业的发展要做到依法行善，但是《慈善法》从制定到实施至今时间尚短，公民依法行善的意识还不足。具体表现为：其一，《慈善法》的配套体系还不完备，慈善组织开展慈善活动有时面临"无法可依"的尴尬局面，慈善组织的工作效率得不到保障，尤其是一些慈善组织因法律监管不力而出现的失信行为更是遭到公民的质疑。公民面对慈善组织出现的失信行为，会产生对行善的困倦甚至是困惑，公民的行善热情遭遇"拦截"，难以培育公民的慈善美德。其二，公民对《慈善法》的内容知之甚少，缺乏对《慈善法》内容的解读，公民主动参与和监督慈善组织活动的能力被削弱。近几年我国特别注重普法教育，但是对于《慈善法》的普法关照比较少，在政策的导向下，公民不会特别重视对《慈善法》的学习，要树立公民依法行善的观念依然任重而道远。

（二）人本权利观的缺失

新时代慈善事业是在现代慈善事业基础上的接续发展。慈善组织作为慈善事业的主要发起者，主要具有社会性、制度性以及开放性的特点，其主要目的是在保证施助者和受助者双方平等的条件下，在全社会建立普遍互助的慈善价值。这与传统的慈善价值理念有很大的区别，慈善不再是受助者对施助者所给予帮助的直接授受，而是通过慈善组织实现了施助者与受助者的分离，受助者不再有接受别人帮助时的心理压力，崇尚一种人人平等的慈善理念。因此，新时代公民慈善美德遵循以人为本的原则，其主要目的是实现人人平等的权利观，真正实现施助者和受助者的平等。公民行善必须在尊重人格的前提下，通过行善行为逐步提升公民在慈善活动中的获得感。受传统文化的束缚，政府、社会对公民的权利意识不强，对公民接受国家和社会的救助还保持着"施恩论"，这与新时代公民慈善美德凸显平等的权利观是相悖的。只有国家和社会对公民慈善美德进行准确定位，公民才能更加清晰地认识到施助者和受助者的平等地位。只有明确捐赠双方的平等地位，公民的行善能力才能得到有效的激发。

(三) 社会责任感的匮乏

新时代公民慈善美德具有公共的共享性特点，主要凸显公民行善的自愿性和自主性，而不是出于外界压力被迫行善，公民在自愿行善的基础上不断形成公共的责任意识。"这种责任不是分外的德行，而是现代公民在公共生活中主体地位的体现。"[1] 经济的发展、社会的转型以及自然灾害的时有发生，某些群体因为能力的限制会不可避免地成为弱势群体。慈善具有人文关怀的意蕴，主要是给予弱势群体以经济帮扶，其旨意是维护弱势群体的权利，让其在保障生活的条件下谋求个人的发展和追求个人的幸福。中国传统慈善观念主要将慈善界定为熟人社会的产物，施舍者和施舍对象均为熟人社会中的一分子，对陌生人组成的社会关爱较少。同时，传统的慈善观念中强调善有善报的理念，缺乏社会责任感和公共精神，行善的目的大体是给自身名声和利益等方面带来回报，这与新时代公民慈善美德强调的社会责任意识和奉献意识有着明显的差异。目前，我国公民在社会公共意识和责任意识方面仍然相对匮乏，需要逐步培养公民的公共意识和责任意识，不断提升公民的道德素养，才能促进慈善事业的发展。

---

[1] 上海市慈善基金会，上海慈善事业发展研究中心. 慈善：创新与发展 [C]. 上海：上海社会科学院出版社，2009：98.

(四) 理性的财富观尚未确立

改革开放以来，经济的高速发展也衍生出贫富差距的问题，贫富差距的进一步拉大无疑考验着社会的自我修复力。"金钱的能量愈大，制造的不平等愈深，人们对金钱的守护心理就愈强，就愈不肯割舍和出让，更不会有慈善。"❶ 首先，富裕阶层中的一些人出现了扭曲的财富观。我国乐善好施的传统美德受到社会转型的冲击，人们的价值观和财富观发生了变化，一些人受到了拜金主义和利己主义的影响。当前，我国公民的收入结构整体呈现"两头大、中间小"的哑铃形结构，公民作为供给方，在参与慈善捐赠和慈善资助活动中的供给能力比较薄弱。一部分富人会选择藏富或者用极少的财富救济他人；还有一部分富人改变了以往"藏而不露"的财富价值观，却开始喜欢摆阔、炫富。同时，受拜金主义的冲击，公民原有的价值观被碎化，有些人为了钱财藐视道德法律。在这种畸形财富观、错位价值观的支配下，公民"爱"的意识和能力受到了不同程度的影响。传统"藏不露富"的财富观念与新时代"理性施与"的财富观念形成鲜明对比，公民应该摆脱传统财富观念，树立与时俱进的新时代财富观念。其次，现代财富观尚未形成，捐赠会招致麻烦。贫富差距的拉大使人们开始过分地关注物质、医疗、教育、就业等问题，加之我国的社会保障体系以及福利制度还不完善，这会加重人们内心的焦虑和压力，弱势群体的慈善需求日益强烈，而经济实力雄厚的富裕阶层将成为慈善事业的主力军。但是，富人因社会"仇富"心理的影响而不会选择积极参与慈善事业，甚至会直接拒绝参与。一些富人会担心因捐赠而引起社会对自身财富来源的过分关注，为了避免出现麻烦，富人可能会选择远离慈善事业。因此，新时代公民必须树立理性的财富观，要学会正面面对贫富差距，而富人也要承担起相应的社会责任。

二、慈善行为认知存在错位

公民对慈善美德的理性认知是其参与慈善活动的内生动力来源。目前，我国部分公民对慈善美德缺乏清晰的认识，甚至还存在明显的误区。厘清公

---

❶ 钟宏武. 5·12大地震企业捐赠大众评价调查 [J] 中国经济周刊, 2008 (20): 38.

民对慈善美德的错误解读，是解决公民参与慈善活动内生动力不足问题的重要内容，是新时代公民慈善美德培育的应有之义。

受访者广东省 GZ 市某大学生 F59 在被问及其对慈善具体内容的认识时回答："慈善就是乐于助人，具体来说就是力所能及地帮助别人。"受访者广东省 SG 市某大学生 F11 认为："慈善主要是捐款，因此，是富人该承担的社会责任，与我们普通人好像没有太大关系。"受访者广东省 SZ 市某中学教师 F31 认为："慈善是现代社会比较倡导的一种生活方式，主要就是捐钱捐物，我们学校会组织义卖等活动让学生多接触慈善。"受访者广东省 SG 市某小学学生 F17 认为："慈善就是献爱心，多多帮助别人。"受访者广东省 GZ 市某小学学生 F66 认为"慈善就是做好事，比如把自己储钱罐里的钱拿出来捐给最需要帮助的人。"

从访谈中可知，公民对慈善美德的具体内容仍然存在理解上的偏差，尤其是在慈善行为本质、慈善行为主体以及慈善实践活动的方式等方面。

（一）慈善行为本质被误解为施舍行为

受中华民族传统慈善美德的影响，部分人还停留在慈善是施舍行为的认知水平上，主要体现在捐助者与受助者双方在慈善活动中的身份和地位不平等。仁爱和同情是产生慈善行为的心理动力因素之一，但不能将其理解为捐助者有一种凌驾于受助者之上的优越感和高人一等的施舍感。新时代慈善活动的行为双方必须以尊重生命和人格为前提，是社会公共道德事业的组成部分，彰显出慈善活动行为双方身份和地位的平等性。

（二）慈善行为主体被狭隘地界定为政府、企业、富人

受传统慈善事业的影响，政府往往专注于直接干预民间慈善活动，使公民参与慈善活动的公共空间变得狭窄，从而导致有些人将慈善事业与政府责任简单化一，认为慈善行为主要是政府管理下的社会保障事务。由于部分公民对慈善美德的认知相对滞后，将慈善行为误解为政府、企业、富人的事务，认为其与普通公民关联不大。公民将经济情况视作参与慈善活动的前提条件，尚未形成新时代公民权利和义务相统一的观念，更没有将慈善行为上升到公民应尽的公共责任和义务的道德境界。慈善发端于仁爱和同情心，新时代公

民慈善美德更强调全民慈善，慈善并不是某一特殊群体的专属品。公民对慈善的狭隘认知造成了其主动参与慈善活动的积极性不高，其慈善美德培育缺乏理论与实践的根基。

（三）慈善实践活动的方式被狭隘地理解为捐款捐物

在传统观念下，慈善活动更重视物质捐献而忽略了精神付出，这种思维定式也影响到新时代公民行善的积极性，具体表现为公民参与慈善活动的内容比较局限、方式比较单一等。显然，将慈善活动局限为捐款捐物的观念有悖于《慈善法》的内容。《慈善法》中提及捐款捐物是慈善活动的一种方式，除此之外，人们还可以通过提供服务等方式参与慈善活动。新时代公民慈善美德培育彰显出共享的公共性和自主的无偿性，人们可以尝试捐献自己的知识、技能、时间和体力等，通过不断地向社会提供志愿服务、慈善扶贫、支农支教等慈善活动，推动社会理想的实现。

三、慈善行动的去道德倾向

受访者广东省 GZ 市某区某阳光慈善组织的工作人员 F72 在被问及现在从事慈善事业的困扰时回答："部分公民虽然接触过慈善，但是要鼓励他们主动参与慈善活动还是很难，比如在说服公民捐赠造血干细胞时，有些公民表示思想上支持这件事情，但行动上还是很难接受。"受访者广东省 SG 市某大学的教师在被问及自身是否愿意参与捐献造血干细胞时回答："我虽了解这是一件善事，但是真正要自己去捐献造血干细胞时，还是会有很大顾虑的。"受访者广东省 SZ 市某小学学生认为："如果能够救别人，又不会伤到我，我是愿意捐献的。"受访者广东省 SZ 市某企业的工作人员认为："要我无私地捐赠造血干细胞，我还是有些不接受，如果可以享受一定的补偿，我还是愿意的。"

基于上面的访谈，可以发现公民参与慈善活动的动机呈现复杂化特点，这主要归因于公民的行业、年龄、社会背景、对慈善的认知程度等方面存在差异。有些人认为参与慈善活动的动机源于纯粹的爱心，有些人则认为参与慈善活动的动机是出于功利性目的。目前，"道德化"和"去道德化"成为慈善动机争论的焦点。

一方面，现代慈善事业在发展过程中并不排斥"逐利"动机的捐赠者，这种多元化的慈善动机为一些"伪善者"在谋取个人私利时提供了便利条件，投机分子以慈善的名义进行自我炒作，最终实现名利双收，这种借助"道德"的工具理性进行牟利的行为破坏了慈善组织的诚信，也冲击了慈善行为的道德底线。这种风气甚至影响了大学校园，例如"志愿僵尸"的现象，即一些大学生参与慈善活动完全是为了丰富简历，以便为毕业后找工作做好铺垫，其目的实现后就不再参与慈善活动。另一方面，国内慈善事业的发展也呈现多样化的特点，慈善风险资本、慈善公益创业以及慈善公益咨询等运营形式不断出现，日益发展的慈善活动正竭力挣脱"道义论""圣人论"等道德束缚。在现代慈善事业的发展过程中，公民参与慈善事业不应带有道德的光环，而应将此事业看作满足自身情感和利益诉求的有效载体，因此，有学者认为"去道德化的公益慈善才是可持续的公益慈善"❶。显然，在考察慈善活动的动机时，"道德"和"去道德"的矛盾成为辩论的焦点。其实质反映的是理性与感性在逐步分化中衍生而来。公民参与慈善活动如何通过"去道德化"的理性手段来维护慈善的初心——"道德"，这是公民参与慈善活动的动机复杂化需要解决的问题。

第五节　公民慈善美德培育中法治建设方面的问题

西方发达国家有着健全的慈善法律制度，这为公民依法行善奠定了坚实的基础。"合理的制度设计可以让人的慈善公益之心最为便捷地转化为公共道德行为。"❷ 目前，我国慈善事业法律体系尚不完备，慈善的法治观念还比较淡薄，还需要进一步推进"依法治善"工作。

一、法律制度保障的不足

近几年，我国在促进公民慈善美德培育的法律法规体系构建上取得了一些进展，如《慈善法》的颁布。鉴于慈善事业发展过程中涉及的领域逐步向

❶ 吴重庆. 去道德化的慈善才是可持续的慈善 [J]. 精神文明导刊，2010（3）：47.
❷ 陈东利. 中国公民慈善意识培育 [M]. 上海：上海大学出版社，2014：132.

深度和广度拓展，原来主要由政府向社会提供的公共服务和政策已经远不能适应新时代慈善事业发展的需求，尤其是慈善法律制度仍需细化和慈善法治实践过程中要破解的难题还比较多。

受访者广东省 SG 市某区民政局的工作人员 F21 在被问及慈善法律的执行力情况时回答："《慈善法》为慈善组织的管理提供了依据，但是随着网络的发展，人们开始充分利用互联网进行网上募捐活动，这些慈善行为是否合法，其本身的界定就存在一定难度。"受访者广东省 GZ 市某区民政局的工作人员 F69 认为："界定难度在于网络上的个人求助行为和慈善募捐存在灰色地带，其往往是《慈善法》还没有细化的内容，配套的法律体系有待进一步完善，有些虽然做出了界定，但有些界定是事后界定，其引发的社会负面影响很难平复，这在一定程度上挫伤了公民参与慈善活动的积极性。"受访者广东省 SZ 市某区民政局的工作人员 F46 以"罗尔事件"为例，谈到了个人求助和慈善捐助的问题，他认为："罗尔利用网络的'卖文救女'之举是个人求助的行为，具有募款性质，在法律意义上不应该被禁止，且法律受理个人求助行为的管理时，往往会显得束手无策。"

从访谈中可知，《慈善法》处于实施的初步阶段，一些配套体系开始制定但还没有完善，具体表现为：首先，慈善事业的法律体系不健全。我国主要由政府相关机构对慈善法律法规单独进行制定，这导致法律法规所涉及的面较窄、所规定的基本准则大多具有统领性，但没有细化实施细则，在大方面可以起到引领的作用，但在涉及慈善事业的进入、监管以及退出等法律实施细则时，《慈善法》的执行力和约束力明显存在不足，尤其缺乏对慈善组织、慈善捐赠和慈善义工的规范与管理，相关的制度体系有待完善。其次，制度衔接出现空白，慈善法治实践中的配套制度长期缺失，致使慈善事业的发展过程中因缺乏法律体系的有效约束而出现慈善乱象，从而阻碍了慈善事业的繁荣发展。为此，我国加快了慈善方面法规的立法进程。如《慈善法》与《境外非政府组织境内活动管理法》的相继出台。2017 年，《民法总则》专门创设了"非营利法人类别"，与慈善法配套的法规文件也相继出台，慈善的法治环境开始逐步得到重视。"但是，慈善法实施的重要的配套制度却长期缺失"●，尤其是在慈善事业的组织规范和激励机制等方面缺乏明确的社会组织立法与慈善税收减免制度，培育公民慈善美德的法治环境需要进一步优化。慈善法律制度整体上没有过多的突破，社会组织立法和慈善税收减免的配套制度也没有实质性进展。

二、管理体制保障的缺乏

慈善组织是公民践行慈善美德的组织基础，是发展慈善事业的重要组织条件，慈善组织的运行情况能够折射出公民对慈善组织的认识程度，也能反映出慈善组织的廉洁性和社会名誉等情况。因此，慈善组织的有效管理更有利于公民慈善美德的培育。

受访者广东省 SG 市民政局的工作人员 F22 在被问及慈善组织的管理困境时回答："我们严格遵照国家的法律对慈善组织的入门进行严格把控，但是慈善组织监管环节的配套法律不够明确，再加上监管的人力资源不足，致使有些监管环节出现问题。"受访者广东省 SZ 市民政局的工作人员 F46 认为："我们对慈善组织的入门有着严格的管理，但是因为人力资源的问题，不能事无巨细地对慈善组织活动进行监督。"对于企业是否发挥党组织优势开展慈善活动，受访者广东省 GZ 市某企业的员工 F68 认为："企业的党组织主要开展一些党建工作，因为人员比较少，工作量比较大，没有系统地发挥出引导参与党员活动的优势。"受访者广东省 SG 市某企业的员工 F19 认为："企业的党组织平常主要抓党建工作，现在开始结合党员服务报道社区与企业的党组织对接，组织企业党员在所在党员社区进行多种志愿服务活动，虽然暂时还没有充分发挥其优势，但从长远看，还是会起到一定的作用。"

从访谈中可知，慈善组织的管理困境主要表现为：首先，因各部门落实慈善组织的监管工作时，具体责任还没有细化，甚至有些部门还没有意识到监管的重要性，致使慈善组织的发展水平参差不齐。目前，我国主要运用双重管理制度对慈善组织进行监督管理，具体由登记管理机关和业务主管单位

● 杨团. 慈善蓝皮书：中国慈善发展报告（2018）［M］. 北京：社会科学文献出版社，2018：90-105.

负责。登记管理机关虽有对慈善组织的违法行为进行查处的权力，但是因人员力量薄弱、精力不足而疏于对慈善组织的日常监管。业务主管单位只负责协助和配合登记管理，不负责违法行为的监管工作。双重管理制度表面上看很严格，实质上只是"严进松管"的状态，造成这种局面的原因是多重的。其一，政府没有明确慈善组织的日常监管机制。其二，司法的监督作用滞后，只有对慈善组织的事后监督，没有未雨绸缪和实时跟踪的司法监督机制。其三，缺乏对慈善组织的民间评估机制，我国尚未建立一个完全独立的第三方机构，对慈善组织、慈善项目等进行有效评估，让公民实时了解自己所捐款项的使用情况。其四，群众监管慈善的功能没有得到开发。其次，因慈善组织监管不力，慈善公信力偏低。慈善组织的公信力问题主要表现为公民对慈善组织的认同度普遍下降、慈善组织的形象工程受到重创、慈善组织的知晓度明显偏低等。

三、激励制度保障的缺失

受访者广东省 GZ 市某企业的员工 F68 在被问及企业是否享受过关于慈善捐赠的免税政策优惠时回答："我们企业也会不定期地参与慈善捐赠，比如资助贫困生、捐献救灾物资等，听说可以享受国家免税政策，但是具体情况不清楚，好像和我们普通员工没有太大的关系。"受访者广东省 SG 市某企业的员工 F20 认为："我们企业主要结合地方特点参与慈善捐赠和社会志愿服务活动，听说可以享受免税的相关政策，但是有时会不了了之。"

从访谈中可知，公民、企业等慈善行为主体参与慈善活动时，物质和精神的激励机制都起着重要的推动作用。有效的激励制度能够激发公民参与慈善活动的积极性和主动性，为慈善机构的劝捐工作提供依据，是推动慈善事业发展、提高公民行善能力的重要助力。目前，我国公民对慈善的认识没有太大的变化，慈善美德素养没有显著的提高，先富起来的部分企业家并没有承担起相应的社会责任，公民的行善缺乏有效的激励将导致慈善事业的发展受挫。要打造浓厚的慈善氛围，除了从培养公民的慈善意识着手外，外在的激励机制也是不容忽视的重要因素。目前，我国鼓励公民、企业、社会团体等行为主体的捐赠行为，但是激励制度不够完善，主要体现在税收激励机制不完善。我国现行法律法规对激励社会慈善捐赠有明确的规定，但是在激励企业和个人加入社会捐赠的慈善活动方面还存在一些问题。首先，激励政策表面上是具体问题具体分析，实质上是无合理依据的优惠歧视。这是因为税收优惠的倾斜需要对捐赠对象做出差异性的分析。慈善捐赠的目的是为慈善事业的发展提供经济基础，基于此，慈善捐赠的对象和形式虽各有差异，但从性质和功能上来说是一致的。其次，目前的税收优惠政策属于探索阶段，税收优惠力度整体偏小，公民的慈善捐赠热情没有得到有效的激发。再次，法律对"免税"的界定含糊不清，一些慈善组织利用制度上的空白进行恶意避税，税收优惠没有落到实处。最后，税收优惠的额度以及具体操作都需要进一步探索，其配套措施也需要进一步完善。一些企业税法在实施过程中因细则的缺失而无法操作。

第六章

新时代公民慈善美德培育的实践路径

　　新时代公民慈善美德的培育需要借助社会各界的力量，从而实现协同发展的良性循环。明确党委领导，正确认识党在慈善事业治理中的核心角色，并充分发挥党组织在培育公民慈善美德上的组织优势；明晰政府权责，进一步促进慈善事业的治理进程，鼓励社会各界人士积极行善；充分发挥社会协同育人的优势，提升公民参与慈善活动的积极性和专业性，培养公民参与慈善活动的责任意识；推进《慈善法》配套体系的构建，以实现依法行善。新时代公民慈善美德培育需要党、政府、家庭、学校、媒体、社区等主体的共同参与，以推进慈善事业社会治理现代化的步伐。

第一节　强化政府责任，加强慈善美德培育的规范化

　　目前，我国慈善事业仍然是在国家的主导下进行的，党和政府的决策在慈善事业的发展与定位中起决定作用，社会公共领域的慈善机制尚未成熟。新时代条件下，政府在推进慈善事业治理现代化的进程时，要做到与时俱进、转变以往大包大揽的思想，逐渐扮演好慈善事业发展中的引导者、服务者和监督者的角色。基于此，政府要从行政管制的角色定位中走出来，做好顶层设计，积极引导慈善文化的建设、鼓励公民的慈善行为、设立相应的慈善表彰制度。倡导慈善美德，培养慈善事业的专业人才，依托慈善组织和精准扶贫事业，拓宽公民慈善美德培育的平台，逐步达到慈善美德培育规范化的目标。

一、加强慈善文化的整合宣传

陈越光先生在作题为"慈善文化的定义与结构层次"的演讲时，将慈善分为物化层、行为层和意识层，并指出："行为层是物化层和意识层的结合，是'构造层'和'转化层'，是慈善创新性发展的着力点。"❶ 慈善要在资源保障和伦理贯穿的双轮驱动下才能发力，实现慈善的价值追求。近几年，政府特别聚焦慈善文化的物化层和行为层，兴起了"公益慈善市场化"的热潮，慈善文化意识层逐渐趋向边缘、附带的状态。因此，重视慈善文化意识层建设，加强慈善文化意识层资源的整合和宣传是政府倡导慈善美德的重要内容，也是新时代慈善美德培育的重要路径。

（一）整合慈善文化

1. 弘扬中国传统慈善文化

根植于历史，在继承和发扬中国传统慈善文化中优秀元素的基础上，弘扬中国传统慈善文化。"仁"作为传统慈善文化的优秀元素之一，在剔除封建古板的礼仪之后，逐渐演变为近代的"教养并重"，但由于慈善文化的传承遇到了社会转型，显示出碎片化的特征。经过数千年的丰富和发展，中国传统慈善文化是历史积淀的财富，应充分挖掘传统慈善文化的精髓，提高公民参与慈善活动的积极性。儒家"仁爱"的思想是在特定历史条件下提出的，带有阶级性、封建性的印记，但也映衬出人文关怀的精神，彰显出人性慈善的力量；道家"积德行善"的思想发展至今，也成为规劝人们去恶存善的重要慈善思想。千百年来，儒家、道家、墨家等传统慈善文化在人们的践行中不断发展，被历史赋予新的内涵，这既是历史最好的馈赠，也成为新时代公民慈善美德培育接续发展的重要内容。

立足国情，传承经典。弘扬中国传统慈善文化的优秀元素需要在国学经典中寻找文化魅力。在研读国学经典的过程中，应从批判的视角和实事求是的态度出发，提炼经典，以满足新时代公民慈善美德培育的要求。其一，摒

---

❶ 陈越光. 以公益为志业：陈越光慈善文化言语集［M］. 北京：社会科学文献出版社，2020：12-29.

弃《论语》中"仁者爱人"所体现的差序格局之"爱",倡导与时俱进的社会"平等之爱",新时代慈善美德之爱更要做到以人为本,将传统的同情怜悯之爱转化为公民应具备的责任和义务,让受助者更容易接受施助。其二,摒弃传统的"财富"观,倡导现代"财富"观,新时代慈善美德更要做到理性施助的财富分享,在财富分享中践行公民慈善美德。

2. 明确新时代慈善美德的内容

明确新时代慈善美德的内容是培育公民慈善美德的重要依据。新时代慈善美德强调公民的责任意识,慈善事业不局限于政府的责任,也是公民在尊重他人的前提下应履行的义务,这样才能为社会贡献自己的力量;新时代慈善美德褪去了施助者和受助者的不平等性,凸显公民的平等性和共享性,两者地位上的平等说明了行善者的行为目的是追求共享理念,是一种不求回报的付出,受助者在没有心理负担的情况下接受帮助。新时代慈善美德突破了传统慈善的捐钱捐物的局限性,逐步实现了慈善行为的多样化,捐赠时间、捐赠技术、志愿服务等都被纳入其中。新时代慈善美德彰显公民相互帮助的重要性,慈善行为不局限于政府、企业、富人,逐渐实现慈善行为主体的多元化。新时代慈善美德逐步挣脱了传统慈善的束缚,正在朝积极、稳健的方向发展,社会也会逐渐接受和包容它。

(二) 宣传慈善文化

塑造良好的慈善文化氛围首先要做好慈善文化的建设工作,人们将在慈善文化的建设工作中逐步认识新时代慈善美德,促进慈善共识的达成。因此,宣传慈善文化是新时代公民慈善美德培育的重要内容,也是倡导慈善文化的重要方式。要实现慈善文化以更深、更广的途径渗透到公民意识中,必须充分发挥政府在慈善文化建设中的倡导作用。当前,政府开始以文件、法律条文等资源优势和权威优势加大对慈善美德的宣传力度,慈善美德开始被公民关注。政府需要进一步利用社会、媒体等媒介向公民介绍通俗易懂、内容生动的优秀慈善文化。一方面,政府应充分利用主流媒体的话语权,并以慈善海报、慈善纪录片、慈善教材读本等宣传载体,将中华民族传统慈善的优秀因素与新时代慈善美德进行对比宣传,以便公民更深入地了解慈善美德的慈善之源、文化之根。另一方面，政府应大力提倡公民参与公益慈善活动，鼓励慈善进社区、进企业。政府应注重慈善"重心下沉"，走进社区和企业，引导公民参与慈善活动，将外在的慈善知识内化为慈善美德，并在日常行为中加以践行，使公民在践行中感悟其责任和义务。

二、健全公民参与慈善活动

践行"人人可慈善"理念，需要做到行善不再是某些特殊群体的专利，而是全民都可以参与的活动，展现出行善主体的扩大优势。公民既可以是慈善事业的受助方，享受第三方对其提供的帮助；也可以是慈善事业的施助方，"赠人玫瑰，手有余香"。公民积极参与慈善活动，为公民全面了解新时代慈善美德提供了实践基础，公民通过接触慈善事业，更容易揭开新时代慈善美德的"神秘面纱"，探索出一条适合中国国情的慈善事业发展之路。基于此，政府应倡导公民参与慈善活动，鼓励公民的慈善行为，具体可以从以下几个方面着手。

(一) 政府依托慈善组织鼓励公民行善

政府应从慈善事业发展的现状出发，依托慈善组织的活力，鼓励公民参与慈善组织，以求自身和社会发展。当前，"草根慈善""微慈善""互联网+慈善"等慈善组织日益兴起，慈善组织的发展越来越呈现"重心下沉"的趋势，政府相关部门应抓住机遇，大力提倡公民行善，并制定相应的保障制度以调动公民参与慈善活动的可能性和积极性。基层慈善组织相对来说容易被忽视，政府应在推动慈善组织"重心下沉"的过程中，加强对基层慈善组织的培育，发挥基层慈善组织与公民行善能力相结合的优势，促进社区慈善事业的发展。

首先，加大对基层慈善组织的资金支持，同时构建资金引导机制。近些年，政府对民间慈善组织的直接拨款一直处于比较低的水平，有些民间慈善组织甚至从未接受过政府的相关资金支持。基于此，政府应优化慈善组织的资助政策，提升资助力度，尤其是在基层慈善组织遭遇资金困境时，政府应该在资金、人力等方面加大扶持力度，实现政府角色从领导者向引导者的转变。其次，政府要扮演好监管角色，不断提升慈善组织的公信力，使公民慈善活动能够顺利开展。政府要逐步落实《慈善法》的配套措施，加强相关部门的监管作用，让慈善组织的慈善行为在阳光下进行。最后，政府要扮演好服务者的角色，利用政界的推动力量吸纳社会资源来发展基层慈善组织。政府也要改变一手全揽的局面，完全由政府解决慈善资金来源问题是不可行的。政府可以通过多渠道、广途径的形式吸纳社会资源助力慈善组织的发展，从而提升公民行善的能力，以浸润的方式培育公民慈善美德。

（二）政府借助精准扶贫激发公民参与慈善的主动性

精准扶贫不是政府的专利品，而是有效调动各方力量，凝聚民族团结的福利品。社会力量能够有效补充政府在精准扶贫工作上的不足。因此，政府应以精准扶贫为发力点，协调各方力量促进"处处皆慈善"，突出公民的责任和义务。

首先，人民群众作为新时代精准扶贫的"答卷人"，需要借助其力量开展精准扶贫工作。政府应当引领人民群众，以精准扶贫为依托，不断提升公民的慈善美德。其一，从思想上入手，在扶贫地区树立为民奉献的榜样，引导更多的人加入扶贫事业的建设中，在扶贫实践中培养人民群众的志愿精神和为民奉献的慈善美德。其二，从实际情况入手，依据各地区的情况，因地制宜，充分发挥群众路线的优势，学会依靠群众、尊重群众，特别是在一些扶贫工作的项目实施中，要让群众参与其中，群众不仅有知情权、决策权，还拥有参与权和监督权，充分调动人民群众的参与积极性和持久性，从而培养公民多元合作和助人自助的品质。

其次，人民群众作为精准扶贫的"阅卷人"，应明确培育公民慈善美德的目标是实现共同富裕。其一，从扶贫工作者的角度来看，要有慈善之心，真心关怀贫困户所遭受的苦难。通过体验贫困户的苦难，激发扶贫工作者的积极性和主动性，提高扶贫工作质量，提升扶贫工作者的道德境界。其二，从贫困者的角度来看，贫困者不再是被施舍的对象，改变了以往怜悯的色彩，慈善扶贫是奠定在扶贫者与贫困者人格平等的基础上，不断践行公共精神和社会责任等理念的活动。贫困者要主动转变思想，以平和的心态接受帮助，为扶贫与扶智相结合奠定良好的基础，在扶贫工作中激发慈善美德的力量，让扶贫工作更具人文气息。

三、完善公民慈善激励机制

公民参与慈善活动受众多因素的影响，其中社会认可和褒奖是重要的外部激励。目前，我国在慈善方面的荣誉表彰比较单一，基本依靠媒体发布的慈善排行榜进行宣传。同时，部分媒体为了"蹭热度"，在采访和宣传过程中过多地将焦点放在慈善捐赠数额和明星效应上，媒体只是为了迎合观众而失去了宣传正能量的作用。因此，国家应该制定慈善荣誉表彰制度以及实施方案，以促进政治稳定和政治传承。❶

首先，注重慈善表彰的精神激励作用。国家层面的慈善荣誉表彰是构建和谐社会，凸显平等友善、共享互助、关爱奉献等价值的重要性，培育公民慈善美德的重要举措。通过对具有重大社会反响的个人慈善行为给予国家层面的精神褒奖，有助于在全社会营造出良好的行善氛围，促使公民将精神激励的外部力量转化为自身的慈善行为。其次，重视慈善表彰的方式。国家利用话语体系的权威性，采用喜闻乐见的方式，实现典型慈善事迹进社区、进机关、进楼宇、进学校。充分发挥公众人物的宣传优势，请公众人物担任慈善事业的代言人，发挥公众人物的社会感召力，激发公民积极参与慈善活动的热情。同时，做好国家层面的慈善奖励工作。政府应切实推进"国家建立慈善表彰制度"的工作进程，适当调整"中华慈善奖"的奖励级别，利用媒体优势进行广泛宣传，以发挥"榜样力量"培育方法的优势。再次，拓宽慈善荣誉表彰的受众面。慈善荣誉表彰不应局限于精英慈善，而应扩大至全社会范围，突出公民慈善的大众化，普通公民、单位、富人、政府官员等均可以成为表彰对象。所表彰的慈善行为也不应局限于捐钱捐物，也可以是捐献时间、捐献技术资源、捐献志愿服务等，只要其为社会做出重要贡献，均可作为表彰对象。最后，优化慈善荣誉表彰的程序。政府应注重公开、公平和公正的基本工作要求，完善国家荣誉授予制度，确保授予荣誉的权威性和可信度。政府应借助媒体的力量，在重要的传统节日举行荣誉授奖仪式，以提高公民对荣誉的向往，并激发公民行善的积极性，从而达到新时代公民慈善

---

❶ 张树华，潘晨光，祝伟伟. 关于中国建立国家功勋荣誉制度的思考 [J]. 政治学研究，2010（3）：39-43.

美德培育的目的。

第二节　优化社会环境，实现慈善美德培育的社会化

一、重视家庭对慈善美德培育的启蒙作用

2014 年《国务院关于促进慈善事业健康发展的指导意见》中强调慈善文化"五进"的重要性，在慈善文化建设中，家庭是一扇重要的窗口。慈善文化进家庭的要求是把爱心、善心和善行融入生活中，是培养公民爱心、增强公民社会责任感的重要举措，是公民践行慈善美德的应有之义。习近平总书记在全国教育大会上指出："家庭是人生的第一所学校……帮助扣好人生第一粒扣子。"[❶] 家庭是个人慈善美德启蒙的重要场域。家庭的慈善美德培育主要从以下两个方面来考察。

（一）充分发挥家长践行慈善美德的模范作用

家庭教育对个人道德素养的形成具有奠基作用，每个人的成长都离不开家庭教育，其中家长的言行对孩子思想行为的塑造具有示范作用，由于家长是孩子接触时间最长的人，自然会成为孩子最信任的人，孩子的生活习惯、价值理念和道德素养、言行举止等都会不同程度地受到家长的影响，家长是孩子的第一个榜样，这是学校教育和社会教育无法取代的。教育学家马卡连柯提出："不要以为只有在你们同儿童谈话，或教育儿童、吩咐儿童的时候，才是进行教育。其实生活中家长的一切行为对儿童都有着重要的意义。"[❷] 因此，家长自身要提升道德修养，坚持做到言教与身教的统一，注重从生活中的细微处入手，比如善待动物、关爱流浪人士等。家长在生活中表现出来的慈心善举有效地激发孩子的爱心意识，增加其未来从事慈善事业的可能性。同时，家长也可以在日常家庭生活中引导孩子学习慈善美德知识。通过主动

---

❶ 习近平. 坚持中国特色社会主义教育发展道路　培养德智体美劳全面发展的社会主义建设者和接班人［N］. 人民日报，2018-09-11（01）.

❷ 马卡连柯. 马卡连柯全集：第4卷［M］. 耿济安，等译. 北京：人民教育出版社，1956：400.

设计并参与各种各样的亲子活动，引导孩子在活动中形成善良的价值观念。父母在生活中要以身作则，多参与社区、单位组织的慈善活动，做到慈善生活从我做起。父母也可以带领孩子参加社区或社会的慈善活动，特别是一些亲子慈善公益活动，孩子在家长的引导下会逐渐认识到慈善活动的意义，增强其获得感，在这种环境的熏陶下，孩子会逐渐收获关爱他人和关心社会的善良品质。总之，家长一方面要注重提升自身的道德素养，起到榜样示范作用；另一方面应注重日常生活的教化，及时灌输慈善美德，不断提升孩子的道德品行。

（二）充分发挥家庭在慈善美德培育中的第一课堂作用

家庭环境是人生活的重要环境，是塑造人的性格和品性的重要场域，对公民慈善美德的形成和发展具有重要的影响，尤其是良好的家风、和睦的家庭关系以及家庭所具有的文化气息，为孩子慈善美德的形成和发展创造了有利的外部环境。因此，应当引导父母营造良好的家庭环境，主动在家庭中宣传"善"的思想，践行慈善美德。首先，重视家庭教育，树立良好家风。家风在《辞海》中的释义为"家庭或家族世代相传的风尚、生活作风"❶。可见，家风会直接影响和制约家庭成员的言行举止，在一定程度上具有传承性、时代性和实践性等特点。家风对孩子的成长起着潜移默化的作用，好的家风是建立和谐家庭、传达社会美德的有效途径。利用社区优势，开展以"弘扬慈善精神，构建和谐家风"为主题的宣传活动，以社区为发散点逐步让人们意识到慈美德的重要性，用良好的家风涵育道德品质。树立良好的家风，能够促使人形成向上和向善的力量，从而培育出崇德向善的人才。其次，营造和谐的家庭氛围，培养孩子善良的品质。家庭关系主要以情感为纽带得以维系和发展起来，家庭成员之间情感关系的亲疏影响着家庭成员行为方式的友善程度。孩子浸润在友善、和睦的家庭氛围中容易逐步形成善良的品性，孩子从家庭中学会了与人为善、形成了社会责任意识。因此，孩子慈善美德的培育与和谐的家庭氛围息息相关。最后，提升家庭成员的文化素养，打造书香之家。家庭生活质量与家庭成员的文化修养有直接的关联。文化气息浓厚

---

❶ 夏征农，陈至立. 辞海：缩印本［M］. 上海：上海辞书出版社，2010：1023.

的家庭，家庭成员尤其是孩子在文化气息的熏陶下对生活方式有着更高层次的追求，更偏重对精神文明的追求，在生活中会主动进行学习和提升个人素养等。相反，文化气息比较淡薄的家庭，孩子对生活的追求层次可能会局限于物质方面，更多的是关注与生存有关的内容。慈善美德作为精神文明高度发展的产物，浓厚的文化气息更有助于培养家庭成员的慈善美德。因此，提升家庭成员的文化素养，是营造良好家庭环境的重要基础，是培育家庭成员慈善美德的重要任务。

二、强化学校对慈善美德培育的规范作用

社会文明的进步需要提高公民的道德水平，而公民的慈善美德是评价其道德水平的重要指标。党的十八大以来，习近平总书记多次提到要培育公民向上向善的风气，在全社会形成一股向上向善的力量。这对培育公民慈善美德来说既是机遇也是挑战。《慈善法》明确指出：学校等教育机构应当将慈善文化纳入教育教学内容。慈善文化进学校，是新时代对学校进行慈善公益事业知识和素养教育的新要求，其目标是让慈善公益成为学生学习和生活的一部分。学校应该发挥其载体优势，营造良好的校园环境，以提升学生的道德素养。

（一）充分发挥学校的教育优势，提升学生的慈善认知水平

学校秉持"三个面向"的教学理念，以培养"德智体美劳"为教学目标，在各项能力中，将思想品德确定为学生的核心素养。慈善是一种美德，因此慈善美德理应成为学校思想品德培育的内容之一。公民参与慈善活动需要以正确的慈善认知为前提。学校应充分发挥其在思想品德培育中的主导作用，提高学生的慈善美德认知水平，充分激活学校慈善美德培育的载体作用。

1. 发挥思想品德和人文社会科学等课程的主渠道作用，促进新时代慈善美德的传播

思想品德和人文社会科学等课程是宣传慈善美德的重要渠道。首先，对于中小学生来说，思想品德课是进行道德修养的主渠道，也是宣传慈善知识的主要课程。部分地区的中小学有统一的慈善课程教材，但是没有安排具体的课程在课堂上进行专门的学习。应发挥思想品德课在落实立德树人任务上

的优势，充分挖掘中小学慈善教材的深度，培养中小学学生的爱心和善心。其次，大学生可以依托思想政治理论课程和人文社会科学课程，提升教师挖掘课程资源的能力，善于运用课程中蕴含的慈善知识，结合时代变化和学生的实际发展需要，切实让学生在课程中认识到慈善美德的重要性。充分利用"同上一堂思政课"等特色课程，不断整合课程资源，在思想教育、道德教育、法治教育和人文素养的培育中不断融合慈善美德等知识，从而培养学生的志愿精神和为民奉献的美德，提升大学生的道德境界。最后，教师也要扩充自身的知识面，不断发挥课程思政的优势，在"课程思政+思政课程"的协同下不断提升慈善美德培育的效果。教师要形成对慈善美德知识的正确认识，运用教学设计和教学方法不断整合慈善美德与思想品德课的资源，促进新时代慈善美德在学生中的传播。"身正为师，学高为范"，教师要不断充实自身的慈善理论知识，最终用自身的学识和个人魅力去感染学生，引导学生对慈善形成正确的认知。

2. 重视师资队伍的建设，促进慈善美德的培育和传播

教师的示范作用是培育学生慈善美德的关键因素。因此，学校需要配备相应的师资力量，并根据实际情况对教师进行慈善知识和素养的培训。教师自身要怀有爱心和善心，起到示范作用。其一，学校应优化管理体制，充分挖掘教师在慈善美德培育上的示范作用，增强教师的慈善知识和素养。为了促进教师主动学习和践行慈善，学校可在考察教师的职业道德修养时融合教师参与社会服务等因素，以鼓励教师积极行善，从而起到示范作用。对于主动学习慈善知识和践行慈善美德的教师给予社会名望、荣誉等非物质性的鼓励，在教师的岗位竞聘和职称晋升等方面，也可以适当地将参与社会慈善服务等内容列入考察范围。其二，规范慈善之举的标准。对于新时代慈善美德的践行，不能简单地认为是捐款捐物，应对其进行公正的评价。新时代慈善美德不应局限于捐款捐物，更强调一种志愿精神和为民奉献的美德，因此，捐款捐物不能作为衡量慈善美德的唯一标准，主动承担社会责任，捐献时间、技能、体力等也是值得被鼓励的。其三，学校要因师制宜，提升教师参与慈善活动的积极性。学校要充分发挥教师的专长和特长，并重视对慈善美德培育工作的相应经费支出、相关信息及资源的购买和获取，以及相关设备的配

备，从而提升教师践行慈善的积极性，激发其主动承担社会公共责任的意识。

3. 立足校园文化，拓展慈善认知的途径

校园文化作为显性教育和隐性教育相结合的文化教育载体，采用物质文化和精神文化相融合的方式，旨在陶冶学生情操、促进学生身心健康。营造良好的校园文化能够潜移默化地提升学生的思想道德修养。其一，利用校园文化活动的宣传作用，将慈善融入校园文化的建设中。学生通过参与校园文化活动，潜移默化地感受到慈善文化的魅力，并在脑海中逐步形成对慈善美德的认知，长期的熏陶可实现内化于心，并践行于日常生活中。将慈善美德融入校园文化建设中，适应学生的多样化发展需求，增强慈善美德培育的吸引力，是时代发展的必然趋势。其二，采用专题的形式，使慈善与校园文化建设相融合，营造和谐、友善的校园环境。目前，学校为顺应快节奏、高效率的生活而进行快速的校园建设，缺乏思想文化精神的特点，没有达到"会说话的墙壁"的作用。为了使慈善美德更好地与校园文化氛围相融合，可以通过建筑设计、校园标语、校园环境等实现以境育情。学生在和谐的校园文化熏陶中，逐步形成对"好的"和"善的"观念的思索，从而种下慈善美德的种子。其三，成立以慈善为主题的社团组织，丰富学生的校园生活。学校应充分挖掘网络空间的功能，通过网络打造慈善主题活动，成立社团组织，不断拓展隐性课程的思想政治教育魅力。同时，通过校园广播、校园网络、宣传栏、内部刊物、板报、QQ、微信等校园文化宣传阵地有针对性地宣传慈善知识、突出慈善美德的先进典型。学校通过营造人文关怀的氛围，以沉浸式慈善美德培育的方式弘扬慈善精神。

（二）发挥学校与慈善组织的合作优势，强化慈善践行教育

学校作为培养人才的摇篮，其办学能力的提升需要政府的大力支持。学校在进行慈善美德培育工作时，如果仅局限于宣传而不引导学生付诸行动，学生将很难形成慈善美德。这是因为慈善美德不能仅停留在认知层面，更要在践行中感受其真谛。在强化学生慈善践行教育的过程中，学校仅凭一己之力是无法完成的，需要加强与慈善组织的合作，实现从慈善认知到慈善实践的飞跃。

1. 依托慈善组织，引导学生参与社会慈善活动

为了丰富学生的业余生活，实现多样化的校园生活，应发挥学生社团的优势，加强社团与校外慈善组织的沟通。充分发挥学校社团外联的能力，完成与校外慈善组织的对接工作，积极引导学生参与校外慈善活动。学生通过参与校内外的慈善活动，能够更直接地接触社会、了解社会，为慈善美德培育开启新的窗口，也为学生慈善美德的培育提供新的起点和平台。志愿服务类社团以志愿精神和为民奉献为宗旨，这与新时代公民慈善美德的内容有共同之处，因此，充分发挥校园志愿服务类社团在慈善美德培育中的作用是由其社团性质所决定的。其一，鼓励和支持中小学学生参加社团活动。依托社会慈善组织和社会福利机构，将中小学社团活动拓展至校外，如"日行一善""义卖""慈善一日捐""环保有我"等，中小学学生通过参与社团活动，增了对社会的了解，真切地感受到助人为乐和与人为善所带来的快乐，实现精神境界的升华，在践行慈善中加强自我慈善美德的修炼。其二，充分提高大学生参与志愿服务等活动的主动性和积极性，较之中小学学生，大学生参与慈善活动的范围和平台更为广阔。学校要依据时代要求，选择贴近大学生生活的团体活动，如志愿者活动、"三下乡"活动、精准扶贫、灾难救助等，这样有利于拓宽大学生的视野，提升其参与慈善活动的主动性，通过参与慈善活动，大学生对慈善美德会有更深刻的印象。大学生通过社团了解并参与慈善活动，有助于增强其慈善情感，强化其社会服务意识。

2. 积极开展校园慈善活动，强化慈善美德的实践教育

新时代慈善美德包含平等友善和权责共生等内容，部分学生对新时代慈善美德还没有形成正确的认知，有的只有零碎化的印象。因此，学校停留在慈善美德理论知识的传授上是不够的，还需要借助校园慈善活动来强化慈善美德培育工作，在宣传慈善和开展慈善活动的过程中，逐渐形成"我为人人，人人为我"的崇德向善的品质。其一，教师应发挥主导作用，鼓励学生成立志愿服务等社团组织。以服务师生为目标，在校园内开展团体帮扶活动和志愿服务活动。在志愿服务活动中，学生接触的不再是生硬的理论认知，而是通过情感的体验，领会到友善、合作、奉献、分享等品质，使其慈善美德得到有效的升华。其二，结合时代特色，创建形式多样的校园慈善项目，开设

符合校园文化建设要求的慈善活动。学校要结合校园实际情况、紧跟时代，引导和鼓励师生创建特色校园文化，使校园慈善活动更具时效性、吸引力和感染力，打造校园慈善活动的品牌效应。借助校园慈善活动的发力，逐步沉淀和培育新时代慈善美德。其三，加强校际慈善活动的合作，平衡学校在慈善美德培育上的地区性差异。欠发达地区的学校可以向校园慈善活动实施较完善的地区学习，并结成合作关系，拓宽慈善美德培育的辐射范围。例如，"青年志愿者协会""绿色爱心屋""衣心衣意""校园单车"等活动不仅为师生提供了生活上的便利，也让其意识到校园慈善活动的魅力和价值。随着时代的发展，学校可以通过校际合作，结合自身学校特色，利用师生的知识、技能和时间优势，逐步打造校园慈善活动品牌，以慈善活动促进学生慈善美德的形成和社会责任感的养成。

（三）加强制度和经费保障，促进学校慈善美德培育工作

"百年大计，教育为本"，政府应重视对学校的经费支持。慈善美德培育作为学校教育中的新内容，部分学校因没有经费而无法实施，因此，政府要加大对慈善美德培育工作的经费支出，为学校提供制度上和经费上的双重保障。

其一，政府应出台相关政策和法律制度保障学校有效开展慈善美德培育工作。《中国慈善事业发展指导纲要（2011—2015）》明确提出慈善文化需要与社会主义思想道德建设相融合，《慈善法》更是为学校宣传和培育慈善美德提供了法律依据与保障。各地方政府也开始结合本地区的特点，制定了慈善事业相关促进条例。不同地区的学校应依据不同层次的学生制定本校慈善美德培育的相关规章制度，以缩小学校慈善美德培育的区域差异。其二，政府要加大对教育的支出，为学校开展慈善美德培育工作提供坚实的经济基础。学校进行师资队伍的建设、课程的设计、教材的引入以及慈善相关理论的研究等都需要资金的投入。目前，政府对教育的投入呈逐年上升的趋势，学校也应逐步优化其慈善美德培育的经费支出。

三、重视媒体对慈善美德培育的宣传引领作用

(一) 加大媒体对慈善美德的宣传力度，唤醒公民的慈善意识

媒体宣传慈善美德的力度是影响公民慈善意识形成的重要因素。媒体舆论具有覆盖面广、传播速度快等特点，是促进整个社会慈善环境和慈善氛围形成的重要因素。因此，加大媒体舆论对慈善美德的宣传力度，也是培育公民慈善美德的重要方式。通过媒体对弱势群体、突发自然灾害等重大事件的实时报道，公民可以了解相关事件并自然地形成同情之心，部分公民会主动参与慈善捐赠。但是，当前媒体对慈善组织公信力的失信行为报道得过多，在一定程度上挫伤了公民行善的积极性，因此，媒体应加大对慈善美德的正面宣传，从而唤醒公民的慈善意识。

1. 强化媒体的社会责任，宣扬与时俱进的慈善美德

媒体是向公众传递新闻信息的主要媒介，目前常见的媒介有电视、网络、报纸、广播等。科学技术的发展加速了"互联网+"时代的到来，信息的传播方式在传统媒体的基础上实现了速度和平台等方面的突破。媒体应主动承担宣传慈善美德的社会责任，发挥其在文化传递和信息沟通上的优势，这是时代赋予媒体的新任务和新挑战。其一，优化媒体的资源分配，不断激发媒体对慈善美德的正面宣传作用。在媒体报道中，不能过分偏重经济资讯和娱乐新闻，应该增加宣传慈善美德的报道，从而调动社会各界投入慈善事业的积极性。充分发挥现场报道的优势，用细节刻画的手法对突发事件进行真实报道，激发公民的同情之心。充分利用现代媒体覆盖面广的优势进行专题报道，策划专门的慈善类节目。如对于新冠病毒感染疫情，媒体通过搜集典型事例、做好正面引导、号召募捐、开展心理援助等活动，使人们开始行动起来，用自己的方式进行爱心接力和爱心传递。媒体应聚焦社会热点事件的报道，营造良好的社会慈善环境。其二，利用"互联网+"的资源，激发网络媒体活力，强化媒体传播慈善美德的社会责任。网络媒体较之其他媒体，具有传播速度快、表达方式有效的特点，《中国互联网络发展状况统计报告》指出，我国网民总数逐年上升，网络媒体在宣传慈善美德方面的挑战和机遇并存。网络的发展拓展了慈善美德培育的空间，公民可以更直接地接受慈善事例的报

道。同时，公民接触网络媒体的信息量较大，但是网络媒体中信息的真实性和可靠性有时会让人产生疑惑，尤其是网络媒体对慈善诈捐事件的过分渲染，对培育公民慈善美德具有相当大的冲击力，公民行善的热情会受到削减。因此，网络媒体宣传应根据时代要求，以贴近生活为原则，选取日常生活中感人的慈善行为，增强公民对慈善活动的亲近感和认同感。同时，公民要不断提升自身素养和增强信息辨别力，更要学会抵制低俗信息和获取具有正能量的信息。网络媒体宣传更应注重慈善事件报道的及时性和真实性，调动公民及时、有效地参与慈善活动。慈善组织应借助网络媒体的优势，逐步设立慈善公益网站，开展慈善活动，提高公民参与公益慈善活动的主动性。媒体在慈善知识的普及中具有不可替代的作用，也将吸纳更多的公民参与到慈善事业中，为营造良好的社会慈善氛围奠定基础。

2. 加强媒体对慈善美德的正面宣传，传播新时代慈善美德

"新闻本身不局限于对真实的判断，它也包含了价值观"，"持久的价值观"❶。新时代媒体需要转变方式，以解放思想、灵活应变的方式宣传慈善美德，努力营造良好的社会慈善环境。目前，我国媒体对慈善的正面宣传效果不明显，公民的受益面不广。因此，媒体需要关注慈善美德正面宣传的有效性。其一，提升媒体的宣传力度，提高媒体在报道慈善热点上的有效度和持久度，媒体对慈善美德的宣传应聚焦影响力。媒体报道的内容和角度都会直接影响其报道慈善热点的效果，也会影响公民对慈善知识的认知。媒体应公正地宣传慈善事件，尤其应注重对慈善典型事件的跟踪报道，以提升慈善热点影响的持久力。目前，媒体偏好聚焦慈善事件和慈善捐赠活动，缺乏对慈善活动的持续关注。媒体应该发挥宣传作用，设立关于慈善报道的专栏，长期报道慈善事件，引导公民从情感上接受慈善公益活动，从行动上主动践行慈善美德。其二，深入挖掘社会资源，关心弱势群体，展现媒体专题报道的影响力。社会转型催生了媒体的利益导向，其表现为偏重消费信息的传播。媒体应聚焦弱势群体、贫困人口和社会中需要帮助的人群，以均衡报道信息，营造和谐的社会舆论环境。同时，应逐步用专题式报道替代情景式报道。情

❶ 赛佛林，坦卡德，传播理论起源、方法与应用 [M]. 郭镇之，等译. 北京：华夏出版社，2000：12-17.

景式报道慈善事件虽然可以借助具有感情色彩的语言来赢得受众的情感共鸣，但也容易引起受众的"情感疲劳"，甚至会使其怀疑慈善事件的真伪。多采用专题式报道慈善事件可以有效地规避"情感疲劳"，借助理性思维将慈善事件全方位地展现给受众，以增强慈善事件报道的深刻性和长远性。

(二) 加大力度宣传慈善榜样，营造良好的社会慈善氛围

1. 重视对慈善榜样的挖掘，增强社会慈善氛围

慈善榜样人物为公民践行新时代慈善美德提供了重要的行为示范和精神导向。充分利用媒体的影响力，加强对慈善人物的报道，是媒体义不容辞的社会责任。其一，加大媒体对慈善榜样的宣传力度。慈善榜样具有催人奋进的力量，其包括公民慈善榜样和名人慈善榜样。公民慈善榜样是公民身边的行善感人行为，与名人慈善榜样相比，其因更贴近人们的生活而彰显出亲和力和可效仿力。因此，主流媒体应考虑加强对公民慈善榜样的宣传，通过充分挖掘公民慈善榜样，使慈善宣传内容逐步面向社会、面向大众的需求，以提升公民对慈善榜样的认可度。媒体选取身边的好人好事进行宣传，号召公民学习榜样"乐于奉献、友善待人"的崇高品德，运用榜样教育的方法，培养公民的爱心凝聚意识，从而营造美好的慈善氛围。其二，以微信、微博的"微力量"为契机加强对慈善榜样的宣传。当前，慈善组织充分利用微信、微博等网络平台的优势发布慈善活动的相关信息，为慈善诚信生态创造了权威、可信的慈善救助渠道。充分利用公民"朋友圈"的力量挖掘生活中的"慈善大使"，借助"慈善大使"的外部激励作用，促进公民对慈善美德的认同。

2. 合理发挥明星慈善效应，营造良好慈善氛围

目前，媒体对明星慈善的报道夹杂着负面信息，这些负面信息影响了公民对明星慈善的评价。公民对明星慈善的认知主要依附于媒体对明星慈善的报道，媒体的态度直接影响公民对明星慈善的态度。因此，媒体应加大对明星慈善的积极宣传，合理发挥明星慈善效应。其一，提升公民的道德素质，理性看待明星慈善。部分公民认为明星作为高收入群体就应该多捐。新时代慈善美德强调的是权责共生的理性慈善，其共享的公共性奠定在自觉、自愿的理性慈善基础上。因此，公民应提高自身的涵养，不能以捐赠数额为标准

对明星进行道德标榜。其二，媒体应关注诚信明星，并对其慈善行为进行广泛的宣传，充分挖掘明星慈善的隐性思想政治教育功能。明星参与慈善活动，其爱心和善心更容易引起公民的关注，公民在知晓关于明星慈善的积极报道时，会在潜意识中受到感动和启发，促使其做力所能及的慈善行为。明星积极行善的行为为普通百姓树立了好典型、好榜样。鼓励明星多参与慈善晚会和明星义演等活动，充分发挥明星慈善榜样的示范作用，激励公民自愿、自觉地参与慈善活动。

四、加强社区对慈善美德培育的创造作用

（一）积极开展社区慈善活动，营造良好的社区氛围

社区是伴随着城镇化进程逐步形成的，于城镇居民而言，社区活动对公民怡情知德的作用日益彰显，因此，应挖掘社区组织的活力，积极开展社区慈善活动，提升社区居民参与慈善活动的积极性，从而提高慈善美德培育的主体实效。目前，由于社区组织发育不成熟，社区开展慈善活动得不到居民的有效支持，慈善理念在社区的宣传难以开展。因此，要开展形式多样的社区慈善活动，积极引导社区居民参与，选取社区中有影响力的居民作为社区组织的带头人，推动慈善文化进社区的进程，从而培育社区居民的慈善美德。一方面，拓展社区组织慈善活动的范围，强化社区居民在慈善活动中的责任感。当前，社区居民主要关注自己的"小康之家"，因工作、家庭等问题，一些人对社区开展的活动态度冷淡，尤其是对社区的慈善活动和志愿服务，有些认为是富人的"作秀"、普通人的"禁地"。因此，提升社区居民对慈善的正确认识、培育社区居民的善心、强化社区慈善组织在慈善美德培育中的主体作用势在必行。充分利用社区慈善组织开展活动，形成慈善美德培育的固定场所和多样化的活动。另一方面，拓展社区慈善组织的活动范围，加强慈善交流，以增强社区与社区、社区与社会之间的互动和学习。通过对慈善相关知识的学习与交流，有助于社区慈善组织学习经验，加强本社区的慈善美德培育工作。

（二）构建"三社联动"培育模式

"三社联动"是强化社区开展慈善活动、以活动为载体培育居民慈善美德

的创新之举。从实践层面来看，目前对"三社联动"没有统一的观点，大多数学者认为是"实现'社区、社会组织、社工'的'三社联动'"❶。社区慈善美德培育需要依托社区活动的平台优势，通过社区自治逐步推行。"三社联动"培育模式主要是指社区、社区慈善组织、社区工作人员充分利用社区的资源优势，不断提升社区组织对慈善知识的宣传力度，并在实践中强化慈善美德培育，以实现社区培育慈善美德的目标。首先，充分发挥社区的平台优势。社区是在城镇化的发展进程中不断形成的，"熟人社会"发展为"陌生人社会"，社区成为个人与个人、个人与社区、个人与社会的关系纽带。由于人员流动性过大，社区成员的变动也大，原有的邻里关系发生变化，人与人之间的关系开始弱化。美国学者格兰诺维特用"认识时间的长短""互动频率""亲密性"和"互惠服务的内容"来评估关系强弱。❷ 社区与居民生活有密切的联系，社区具有多功能服务的特点，其服务的空间开始拓展，从社区服务走向社会服务；其服务的内容实现了多样化，从饮食起居到社会交流。在社区服务组织中，居民之间的交流开始增加，居民彼此的信任度也在加深，居民之间的互惠服务开始增多，从而提升了居民之间的关系强度。社区居民形成强大的凝聚力，为培育社区居民的慈善美德提供了肥沃的土壤，滋养着社区居民，从而提高了居民参与社区活动的积极性。其次，激活社区慈善组织的载体活力。在新时代，社区承担的责任和职能越来越多，社区居委会和社工服务需要进一步创新服务理念与方式，充分激活社区慈善组织的载体活力，挖掘社会资源和社会力量参与社区慈善活动，为居民解决更多的生活困难。加强社区间的交流与合作，组建社区特色的志愿服务队；充分激活志愿者的活力，为居民排忧解难；增强社区居民之间的互动，增进居民之间的关爱和支持；拓展社区居民的交流空间，发挥居民的专长。社区居民通过主动参与慈善活动，不断培育其慈善美德。最后，提升社区工作人员的素养。社区工作人员素养的高低决定着慈善活动的成效，影响着慈善美德培育工作的效果。因此，强化社区工作人员的学习，为社区工作人员提供培训机会，让他们学习慈善相关知识，这样才能更好地懂慈善、宣慈善、用慈善，不断增强其业务能力。

---

❶ 顾东辉. "三社联动" 的内涵解构与逻辑演绎 [J]. 学海, 2016 (3)：104—110.

❷ GRANOVETTER M. The strength of weak ties [J]. American Journal of Sociology, 1973, 78 (6)：1361.

（三）倡导社区居民参与慈善活动

社区慈善组织为社区居民践行慈善美德提供了天然的土壤，倡导社区居民参与慈善活动，有利于提高其对慈善美德的认同度。一方面，应创新社区慈善活动的方式，增强社区慈善活动的趣味性，激发社区居民参与慈善活动的原动力。受传统观念的束缚，一些居民对社区慈善活动的参与热情不高甚至是冷漠的，社区可以结合居民的生活状况开展慈善募捐、慈善超市、公益创投等具有社区特色的活动，从而增强居民参与慈善活动的热情。另一方面，优化社区慈善活动的效果，增强社区居民的互动，培育社区居民的慈善美德。要增强社区居民的互动，必须将社区慈善活动与人们的日常生活相结合，做到贴近生活，帮助社区居民解决生活实际困难，以润物细无声的方式来培育慈善美德。

第三节　加强公民自我教育，实现慈善美德培育的终身化

一、重构理性、全面的慈善认知

"法治""无偿""平等""共享"和"合作"是时代赋予慈善美德的新内容，有别于传统慈善美德中的"恩赐""怜悯"等。慈善是社会多元主体在社会交流过程中逐渐形成的一种朴素情感，是维系社会多元主体间情感交流的纽带。公民应该积极、主动地学习并从内心上接受，才能重新认识慈善美德，突破传统慈善观念的束缚。

（一）正确定位慈善的社会功能

传统慈善将施助或者说扶危济困视为慈善的社会功能，新时代慈善的社会功能不局限于扶危济困，其蕴含着更多的社会价值。其一，慈善发展更趋向于"时时有、处处在、人人行"的社会状态，逐渐实现全方位地渗透人们的社会生活。慈善不再停留在原有的扶贫济困上，而是上升为公民社会责任感。其二，慈善的发展更趋向于"助贫、扶志、助心"，逐步实现全方面地扶

助弱势群体。慈善不再局限于物质上的资助，更要突出精神上疏导的重要性。因此，新时代的慈善凸显出社会互助、与人为善、多元合作的社会功能。

(二) 明确慈善参与形式的变化

科学技术改变了生活，也改变了公民参与慈善活动的方式。传统的慈善活动参与方式被狭隘地界定为捐款捐物，一些经济实力不够的公民似乎与慈善毫无关联，部分人用捐款多少来衡量拥有爱心的程度，这种一元思维严重挫伤了公民行善的积极性。"互联网+慈善"时代的到来，对公民而言，既是机遇也是挑战。公民应摆脱行善的固定模式，当今参与慈善活动的方式已拓展至捐献时间、技能、体力等，根据时代特色来表达自己行善的方式。

(三) 明确慈善参与空间的变化

"互联网+慈善"以及"微公益"等慈善活动方式的出现，改变了公民对慈善的认知，也摆脱了行善的空间约束，逐步实现了行善空间的扩大化和公共化。传统的慈善事业是基于家族血缘关系的、具有私人性质的相互帮扶，特别注重"滴水之恩，涌泉相报"。"慈善行为的起止、存废则主要基于宗族熟人间的道德监督。"[1] "熟人社会"约束了行善的施展空间，面对面接触的行善方式也不可避免地导致了行善的尴尬局面。这种慈善活动的形式增加了受助者的心理压力，尤其是当受助者无法回报施助者时，其心理压力便会倍增。社会发展使人与人的交流方式发生了巨大的变革，网络平台为人际交流提供了更广阔的平台，慈善参与的空间也随之发生改变。慈善组织的发展避免了施助者和受助者的面对面接触，这在一定程度上淡化了感恩和求回报的心理要求，推动了慈善参与空间的公共化进程。

二、培育科学、合理的慈善美德

公民对慈善美德的理性认识需要经历吸收和内化的过程。公民在吸收"慈善是什么"的知识后，要进一步内化为"慈善能够做什么"。公民通过参

---

[1]　上海慈善基金会，上海慈善事业发展研究中心. 慈善理念与社会责任 [M]. 上海：上海社会科学院，2008：290.

与慈善活动感知到共享的意义，并将共享的品质践行于日常生活之中：以契约精神实现多元合作；体会人的生命价值在于为民奉献和承担社会公共责任；接受慈善和理解财富的意义，并以宽广的胸襟分享自身的财富。公民主动参与慈善活动并在其过程中完成了内化，逐渐实现从"道德他律"到"道德自律"的演变。

（一）培育平等待人的友善美德

公民出于担心自己的爱心会受到欺骗而不敢主动对陌生人给予援助，这种自我保护意识阻碍了公民对陌生人的行善行为。公民的自我保护意识可以理解，要破解陌生人行善的困境，需要培育公民平等待人的友善美德。

（二）树立多元合作的公共责任意识

公共责任意识是基于社会公共利益的意识，是新时代慈善美德的内容之一。慈善空间的拓展，使公民与社会公共生活领域有了更多的交集。"人们作为公民的交往生活的发展，人们对这种发展着的公民交往生活的意识的发展，表明这个公民社会正在形成。"[1] 在我国，社会公共领域的慈善并没有发育完全，但是公民的公共责任意识正推动着慈善在公共领域的发展。"公共责任意识主要包括身份、法律、责任、参与和监督等意识。"[2] 其一，新时代条件下，公民更注重自身的权利和义务，并凸显出权利和义务的双向性，公民的社会责任感无疑被提上日程。慈善作为一种社会责任，公民理应以主人翁的情感参与慈善活动，这是新时代社会治理的新需要，也是公民增强自身身份意识的必然选择。其二，公民在新时代法治意识和责任意识的引导下，努力践行慈善美德，以高度的社会责任感积极地参与慈善活动。新时代慈善美德不仅是出于道德诉求的行善，更是公民社会责任担当的体现。慈善不仅是出于恻隐之心的偶然行为，更是以责任为驱动力的日常行为。基于此，应切实做好慈善法律的普法工作，拓展公民学习慈善知识的路径，开阔公民的视野，帮助公民通过参与慈善活动来参与社会治理。

---

[1] 廖申白. 形成中的中国公民社会 [J]. 首都师范大学学报（社会科学版），2008（4）：33-42.

[2] 诸昕雯. 试论新时期我国民众慈善意识的培育 [D]. 上海：华东师范大学，2010：43.

(三) 培育理性行善的奉献美德

慈善美德凸显奉献精神，注重在理性基础上为社会提供一些力所能及的服务。"道德信念是基于道德情感化与情感道德化相互促进的结果。"❶ 慈善发端于人的恻隐之心，是出于情感上的道德需要而为，但是新时代的慈善美德更强调实现慈善情感和理性的有机结合，避免出现慈善参与的从众性和非理性。其一，围绕慈善美德主题，深化公民的奉献教育。慈善美德的奉献精神是慈善事业历经从否定到肯定的过程逐步展现出来的。要使公民接受并践行慈善美德，必须在思想政治工作中融合对慈善美德，尤其是奉献精神的培育。培育公民的奉献精神，首先要使其在思想上正确认识奉献的意义，尤其是其在发展慈善事业和缩小贫富差距中的价值。公民在思想上对奉献精神的认同更有利于其投身慈善事业。其二，立足现实生活，进行奉献实践教育。奉献美德不是书本上的教条，而是从身边活生生的事例中感知到的，也是自我反省后的体验。培育公民的奉献美德，必须把学习理论知识和实践锻炼结合在一起；必须把奉献美德与公民的日常生活结合起来。同时，培育公民奉献美德，应使慈善活动更贴近实际、贴近生活、贴近群众，这不仅有利于提升慈善活动的参与度，也有利于将慈善美德的培育工作与思想政治教育工作有效地衔接起来。其三，树立当代慈善典型，引领奉献风尚。树立典型是思想政治教育常用的方法，是"通过具有典型、榜样意义的人或事（正面的、先进的或反面的、落后的人或事）的示范引导、警示警戒作用，教育人们提高思想认识、规范自身行为的方法。"❷ 通过身边的感动人物，学习他们身上的无私奉献精神，对整个社会的公民慈善美德培育都起着重要的作用。

(四) 培育分享财富的共享美德

"福荫子孙"是传统财富观的典型思想，新时代财富观摆脱了传统财富观的局限性，逐步形成了公民财富分享的美德。慈善事业的发展需要分享和共享美德，以构建和谐社会。其一，财富只有被用于帮助处于困境中的人们，

---

❶ 乔建中. 道德教育中的情绪基础 [M]. 南京：南京师范大学出版社，2006：81.

❷ 陈万柏，张耀灿. 思想政治教育学原理 [M]. 北京：高等教育出版社，2007：226.

才能真正体现其价值。随着市场经济的发展，财富成为人们追求的目标之一，如果获得财富后无法实现其真正的价值，财富也就毫无意义可言。"财富的意义就在于它能够用来实现其他价值，如果只是用来实现自身，就把财富自身荒谬化了。"❶ 马克思主义幸福观从幸福与财富的关系出发，认为幸福的基础取决于物质财富和精神财富的统一。个人的物质财富源于社会，个人只有将自身的物质财富理性地分享到社会中才能获得精神财富，体会到共享的快乐和慈善美德的魅力。在公民慈善美德培育的过程中，需要引导公民理性地看待贫富差距，形成健康的财富观。一方面，做好富人的引导工作，提升富人科学、合理的财富管理能力，使财富处于阳光下，实现财富的获取合法、支出透明。同时，增强富人的社会责任担当，树立财富分享意识，实现财富的分享有益、共享获益，最终实现财富更高的社会价值。另一方面，公民应该清晰地认识到富人取得财富的合法性，肯定富人在参与慈善活动中给社会带来的效益，消除嫉妒和仇视富人的情绪。同时，公民也要改变慈善是富人专属品的观念，在自身力所能及的范围内捐献出部分物质财富，在分享财富的过程中塑造崇高的人格。

三、践行以人为本的慈善美德

在新时代中国特色慈善事业发展中，公民的慈善美德成为重要因素，因此，鼓励公民积极参与慈善活动是推动慈善事业发展的重要动力，是培育公民慈善美德的重要途径。

（一）鼓励公民在慈善活动中开展自我教育

"外因是变化的条件，内因是变化的根据，外因通过内因而起作用。"❷ 开展自我教育是公民自我提升的重要途径，主要是指公民在应对外部环境的变化时，通过自我疏导来实现自我行为的调整。因此，公民在参与慈善活动的过程中实现自我教育是非常有必要的。党的十八大报告指出：教育受主观和客观两个方面的影响，其目的是启发公民的意识，提高其自觉性，最终实

---

❶ 赵汀阳. 论可能生活 [M]. 北京：中国人民大学出版社，2004：17.

❷ 毛泽东. 毛泽东选集：第 1 卷 [M]. 北京：人民出版社，1991：302.

现自我教育和自我提高。正如陶行知所言：教是为了不教。其一，鼓励公民在日常生活中自主学习慈善知识，提高公民学习慈善知识的实效性。鼓励公民参与政府、单位、社区等组织的慈善活动，认真地向身边的慈善榜样人物学习，这有助于公民对慈善美德基本内涵和精神实质的内化，并使其踊跃地参与日常的慈善活动。其二，鼓励公民严格自律和自我强化道德修养，在慈善活动中实现自我完善。自律管理是指"自觉运用法纪、规章制度和道德规范约束自己，调控和控制自己的言行"❶。公民依靠自律和自制的能力，不断提升自身素养。公民在参与慈善活动的过程中做好自律管理，在社会生活中扶贫济困、乐于奉献、主动分享。其三，鼓励公民自觉反思和自我调整，在参与慈善活动的过程中实现自己的个人价值。反思是指"人们对以往的思想和行为进行系统的总结和深刻的理性思考"❷。公民需要客观地看待传统慈善文化，并在行善的过程中实现自我审查，逐步形成与时俱进的慈善美德，用理性的态度参与慈善事业，逐步掌握新时代慈善美德的内涵和慈善活动的专业知识。通过自我审查，找出问题，及时进行纠正并认真分析，为参加慈善活动做好思想和技术上的准备。其四，鼓励公民进行自我改造和自我提升，在慈善活动中实现自己的社会价值。自我改造是"自觉地接受先进思想、正确理论，克服错误思想和不良行为，促进自己的思想、品德向良好方向转化发展的行为"❸。公民自觉地接受慈善美德知识并逐步掌握新时代慈善美德的内涵，为抵制社会上出现的慈善失信行为提供了理论知识和智力支持，公民通过自我改造，逐渐提升自身参与慈善活动的能力。

（二）坚持以人为本，不断开创公民参与慈善活动的新局面

在鼓励公民参与慈善活动时，要做到以人为本，切实地坚持一切依靠人民和一切为了人民的原则。其一，端正公民思想，明确新时代慈善美德强调的是社会所需，实现慈善活动的动机从"我需要"到"我们需要"的转变。"我需要"突出公民参与慈善活动的"主体性"，"我们需要"展现公民参与慈善活动的"社会性"。新时代慈善活动以构建和谐社会为目标，以实现美好

---

❶ 郑永廷. 思想政治教育方法论［M］. 北京：高等教育出版社，2010：158.
❷ 郑永廷. 思想政治教育方法论［M］. 北京：高等教育出版社，2010：157.
❸ 迟福林，张占斌. 邓小平著作学习大辞典［M］. 太原：山西经济出版社，1992：1228.

生活为指引。公民通过自我调节，强化对新时代慈善美德的认同感。公民在参与慈善活动的过程中协调"主体性"和"社会性"，实现从被动慈善向主动行善的转化。其二，端正公民参与行善的态度，慈善活动只有在公民普遍参与的条件下才是有生命力的。长期以来，国家只重视公民享有权利的落实，对公民参与慈善活动的义务很少提及，导致公民参与慈善活动的后劲不足。因此，我国应大力提倡公民参与慈善活动，逐步实现从精英慈善向公民慈善的转变。公民需要改变以往的固化思维，积极参与到慈善活动中，逐步形成人人为慈善活动献计献策、互惠合作的生动局面。其三，端正公民行善的目的，深化慈善活动在构建和谐社会中的价值。随着互联网技术的发展，网络初步实现全面覆盖，"慈善成为一种时尚"，公民也开始通过微信、手机支付等社交工具和网络平台进行便利的捐赠，在新时代科技革新的基础上实现了行善平台的有效拓展。因此，要引导公民依据自身的实际情况，奉献自己的爱心，同时对公民的行善行为给予积极、正面的评价，鼓励公民通过自身的慈善行为带动身边的人参与慈善活动，最终推动全民慈善局面的形成。

第四节　加快慈善法治建设，促进慈善美德培育的制度化

在价值的引导下，公民慈善美德的培育在慈善实践中不断推进。慈善领域并不是"乌托邦"，而是人性复杂多样的集结地。人性有善恶之分，因此，发展慈善事业既要以公民善良的初心和道德为支撑，也要由有效的法律制度和规范来引领。健全的慈善法律法规能够促进慈善事业的发展，良好的社会环境可以提升新时代公民的道德境界。在推进社会治理现代化的过程中，政府部门和社会组织应守好各自的"责任田"，促进慈善组织与其他社会组织的跨界合作和权责规范。及时制定慈善法律法规，用制度的持久力量来弥补道德说教的低效性，为公民的慈善实践活动提供制度保障，让公民慈善美德在慈善实践活动中持久发力。

一、加快推进依法行善的进程

随着《慈善法》的出台，"慈善事业迈入法治化轨道"❶。2017 年至今，我国慈善事业的法治化进程在稳步推进，但因《慈善法》本身存在的不足和相关部门执行力度不够，依法行善面临核心配套制度尚不完善、基层执法遭遇困境等问题。因此，政府应发挥主导作用，不断将行善工作推向法治化、科学化和规范化，这不仅是慈善事业发展的重要着力点，也是新时代公民慈善美德培育的一剂良药。

首先，加快建设《慈善法》配套体系。完善《慈善法》配套体系的工作是保证慈善法功能发挥作用的基础，也是公民参与慈善活动的重要保障。国家应进一步出台和落实慈善法的重要配套政策，为慈善组织开展慈善活动营造良好的政策环境。例如，国家应该"鼓励高等学校培养慈善专业人才，支持高等学校和科研机构开展慈善理论研究"❷，应将法律规定落到实处。财税部门应将国家针对扶贫济困等慈善活动提出的税收优惠政策落到实处，而不是迟迟不执行，挫伤了公民行善的热情。同时，国家要放手慈善组织发展，不断优化帮扶力度，从购买慈善服务组织到完善慈善组织工作人员的福利待遇以及职称晋升等方面应该有政策上的倾斜，从而使更多的人愿意加入慈善组织和从事慈善事业。其次，一些西方发达国家在慈善立法上的发展比较完备，为我国慈善事业的相关立法提供了很好的借鉴。目前，我国慈善法律法规的制定虽然取得了一定的进展，但尚处于探索阶段，其作用还没有在慈善事业中充分发挥出来。基于此，完善慈善法律的配套体系，加强慈善法治建设，推进依法行善的进程，才能构筑起慈善事业发展的法治屏障，为新时代公民慈善活动保驾护航。

---

❶　慈善事业迈入法治化轨道：民政部有关负责人就慈善法实施答记者问［N］. 人民日报，2016-03-24（15）.

❷　国务院法制办公室. 中华人民共和国常用法律法规全书（精装大字本）［M］. 北京：中国法制出版社，2017：1109.

二、建立健全慈善监督机制

（一）充分发挥党和政府的监督作用，实现依法行善

新时代条件下，慈善组织日益成为影响力较大的社会组织，也是目前党领导社会组织建设的重要内容。"按照应建尽建的原则，加大社会组织党组织组建力度，实现党的组织和工作全覆盖。"❶ 这为《慈善法》的实施提供了有力的依据。2018 年，慈善组织体系建设成为慈善法治集中关注的内容，呈现新的趋势，党和政府开始将慈善事业作为社会治理的重要内容，以党的建设为载体，积极地将社会主义核心价值观的内容融入社会慈善组织的建设中。以党的领导为核心，以政府负责为引领，使慈善监督机制不断摆脱原来的"形式化"和"臃肿化"，为慈善"净环境"做好"最后一道防线"。

（二）以政府负责为原则，增强公民对慈善的信任

目前，政府从大包大揽的社会福利政策中脱离出来，慈善事业开始在社会福利保障等方面发挥其优势。政府实现了从社会福利的"全能者"向社会保障的"监督者"的身份转换。在身份转换的过程中，政府在坚持负责制的原则下，发挥慈善信息公开等制度优势，借助"互联网+"和社会治理大数据的优势，逐步实现对慈善组织及其活动的监督，以全面实施政府管控平台，平台面对组织，社会全面监督，组织依法活动的新体制。同时，在推进制度优势中强化法律制度的优越性。从国家到地方，还需要依据具体情况进一步优化慈善法律法规，保障公民参与慈善实践活动的权益。尤其是针对部分慈善组织以慈善为幌子，实则是实施商业牟利行为甚至诈骗行为，需要政府根据实际情况，做到"有法可依、有法必依"。只有政府对慈善事业施以强硬执行度，才能营造和谐的慈善环境，才能增强公民对慈善的信任，从而培育公民的慈善美德。

---

❶ 《中国政策汇编 2016》编写组. 中国政策汇编 2016：第 4 卷 [M]. 北京：中国言实出版社，2017：3918.

三、普及慈善法律法规知识

中国慈善事业还处于发展积累的阶段，要把慈善法治观念全面延伸至社会各个阶层并不容易，普法教育是最具有典型性、快捷性的方法之一。一方面，慈善法律法规的普及教育要重视普法的内容，强化对公民进行新时代慈善法律内容的教育，以实现普法的目的；另一方面，慈善法律法规的普及教育需要重视普法的宣传方式，逐步创新慈善法律知识的宣传途径，以增强普法的实效性。新时代慈善法律的内容和宣传方式要坚持与时俱进，树立全新的慈善理念，最终实现培育公民慈善美德的目的。

(一) 强化新时代慈善法律内容的普及教育，提升公民的法律素养

公民法律素养的形成不只是法律知识的学习，具体反映在慈善法律法规的普及教育上，至少有以下四个参考指标：其一，公民能够从其周边的环境中接触慈善法律知识，并有进一步了解的愿望；其二，公民对慈善法律法规基本知识有大致的了解，明确其法律界限；其三，公民在学习慈善法律的基础上灵活地运用法律知识，以帮助自己理性行善；其四，公民将慈善法律法规内化为慈善精神信仰，实现内化于心、外化于行。法学家伯尔曼提到："法律不被信仰，将形同虚设。"❶ 因此，为了使慈善组织更好地在社会治理中发挥作用，公民必须树立正确的慈善法治观念，以更积极的态度参与到慈善活动中。其一，将学习法律知识和塑造法治信仰放在同等重要的位置。改变以往单一的灌输式教育方法，即主要以宣传法律知识和法律条文为目标，逐步树立慈善法律法规宣传的双向互动理念，通过一些典型的事例来塑造公民的法治精神，从而增强公民的法治信仰。其二，优化交流沟通的反馈机制。充分利用慈善知识进学校、进机关、进企业、进社区、进农村的政策引导，借助媒体的力量，打造受公民欢迎的网络学习慈善法律法规的互动工程和专项工程，便于公民积极、主动地学习慈善法律法规知识，实现从"被迫"到"主动"的态度转变。

---

❶ 伯尔曼. 法律与宗教 [M]. 梁治平，译. 北京：生活·读书·新知三联书店，1991：前言5.

（二）创新慈善法律知识的宣传形式，增强普及教育的实效

应对慈善法律知识的宣传形式进行创新，使其以多元化载体和多样的文化形式不断融入公民的日常生活，这是普及公民慈善法律知识的重要保障。科技的发展改变了宣传法律知识的载体，其中网络作为重要的宣传载体，在"互联网+"时代日益凸显出其优越性，体现出法律宣传空间拓展化的趋势。目前，有些区域在慈善法律知识的宣传中还沿用单向灌输的方法，这导致慈善法律知识宣传缺乏时效性，因此，要突破传统的慈善法律知识宣传方式，并结合地区特色与宣传对象的实际需要和特点做出相应的调整，充分利用现代科技手段开发新颖的形式进行慈善法律知识的普及教育。采用有创意的方式激活公民学习慈善法律知识的兴趣，激发公民主动接触慈善法律知识的热情，使公民以主人翁的身份接受法治思维方式，逐步形成慈善法治精神，消除公民对慈善的误解。因此，必须改变思维定式，改变慈善法制教育的固态化，要本着取其精华、去其糟粕的态度，找到适合新时代要求的慈善法律知识的普及教育方式。其一，充分利用现代手段，开展形式多样的慈善法律知识宣传活动。充分发挥数字时代的优势，利用网络和电视等媒体，提升慈善法律知识宣传的故事性和趣味性，媒体可以抓住慈善法律的热点，敢于突出社会关涉慈善纠纷的难点，以喜闻乐见的方法使慈善法律进入公民的生活和内心。其二，开设专题栏目，对慈善法律知识进行精准解读。利用网络沟通和信息发布的优势，建立具有大众化性质的慈善法律知识宣传的专属网站，便于在网上进行普及教育，利用法律权威人士对慈善法律知识的专门解读，同时发起专家与公民的互动，使公民更深入、更广泛地了解慈善法律知识。慈善法律知识普及教育的目的不仅是让公民知法、懂法，更重要的是要公民学会用法。公民在知法、懂法的基础上实现向慈善法"实践者"身份的转换。公民在践行慈善法律的过程中扮演着慈善活动监督者的角色，从而实现慈善法律精神的内化，以便更好地从事慈善事业。

结　语

从根本上说，慈善本身就是一种美德，也是衡量一个社会文明进步的标准之一。公民慈善美德作为人类社会发展的一个永恒的主题，展现出人类思想道德素养的升华与完善。因而，新时代公民慈善美德培育研究对完善个体人格、发展慈善事业、构建和谐社会，以及谱写时代文化具有重要的意义。本书以新时代公民慈善美德培育为研究对象，以马克思主义慈善思想、当代思想政治教育和社会治理理论为理论基础，综合运用访谈调查法、比较研究法与多学科综合法等研究方法，按照问题提出、内涵归纳、理论溯源、问题透视、比较分析、对策探讨的研究思路，聚焦"是什么—为什么—怎么办"的逻辑思维，分析了新时代公民慈善美德培育的基本内涵、理论溯源、理论逻辑、时代意义、经验借鉴、现实困境以及实现路径，系统地研究了新时代公民慈善美德培育问题。

基于此，本书的结论有四点：

第一，本书认为新时代公民慈善美德培育要继承性地发展马克思主义经典作家的慈善思想，在中国化的马克思主义慈善思想的指导下，汲取中国传统慈善思想的精华部分。马克思主义经典作家的慈善思想从批判资产阶级的慈善到肯定无产阶级的慈善，最后提出实现共产主义的慈善理念，为中国化的马克思主义慈善思想提供了理论来源。中国化的马克思主义慈善思想在吸收中国传统慈善的"仁爱""民本""天下大同"等思想的基础上，继承和发展了马克思主义经典作家的慈善思想。

第二，本书从慈善美德、公民慈善美德出发，基于新时代公民慈善美德的内涵和本质，提出新时代公民慈善美德具有鲜明的政治性、法制性、无偿性、平等性、共享性、分享性等特点。在此基础上，研究认为新时代公民慈善美德培育并非"无根浮萍"，而是根植于中华民族传统慈善文化、筑基于思想政治教育理论发展和立足于精准扶贫重要论述，新时代公民慈善美德培育是慈善事业持续发展的思想保障、加强公民道德建设的精神动力和积极构建和谐社会的实践要求。

第三，本书在深入剖析美国、德国、日本的公民慈善美德培育现状的基础上，审视新时代我国公民慈善美德培育现状，发现公民慈善美德培育仍存在一些问题，集中表现在政府的重视度、社会的认可度、公民的践行力和法治的约束力等几个方面，针对存在的问题探寻公民慈善美德培育实效性低的原因。

第四，本书从不同维度对新时代公民慈善美德培育的应对策略进行分析，为慈善事业的发展奠定了良好的思想基础。党的领导和政府的支持为公民慈善美德培育提供了政治保障，特别是依托慈善组织和精准扶贫理论的同时发力，为公民慈善美德培育提供了良好的契机。基于社会协同的思考，提出加强家庭、学校、媒体、社区的协同力度和联合推动的关键问题，为培育公民慈善美德营造良好的社会环境。基于公民自身素养的分析，提出公民进行自我慈善美德教育的内生动力，以实现公民从认识到践行慈善美德的跨越。基于慈善立法的视角进行剖析，提出加快慈善事业的制度建设，实现依法行善的目标，为新时代公民慈善美德培育提供法律依据。

REFERENCES 参考文献

一、经典著作类

[1] 马克思，恩格斯. 马克思恩格斯选集 ［M］. 北京：人民出版社，2012.

[2] 列宁. 列宁选集 ［M］. 北京：人民出版社，1995.

[3] 毛泽东. 毛泽东选集 ［M］. 北京：人民出版社，1991.

[4] 邓小平. 邓小平文选：第 1~2 卷 ［M］. 北京：人民出版社，1994.

[5] 邓小平. 邓小平文选：第 3 卷 ［M］. 北京：人民出版社，1993.

[6] 江泽民. 江泽民文选 ［M］. 北京：人民出版社，2006.

[7] 胡锦涛. 胡锦涛文选 ［M］. 北京：人民出版社，2016.

[8] 习近平. 摆脱贫困 ［M］. 福州：福建人民出版社，1992.

[9] 习近平. 习近平谈治国理政 ［M］. 北京：外文出版社，2014.

[10] 习近平. 习近平谈治国理政：第二卷 ［M］. 北京：外文出版社，2017.

[11] 习近平. 习近平谈治国理政：第三卷 ［M］. 北京：外文出版社，2020.

[12] 习近平. 习近平谈治国理政：第四卷 ［M］. 北京：外文出版社，2022.

二、学术著作类

[1] 陈万柏，张耀灿. 思想政治教育学原理 ［M］. 武汉：华中师范大学出版社，2009.

[2] 项久雨. 思想政治教育价值论 ［M］. 北京：中国社会科学出版社，2010.

[3] 郑永廷. 思想政治教育方法论（修订版）［M］. 北京：高等教育出版社，2010.

[4] 罗国杰. 中国伦理学百科全书 ［M］. 长春：吉林人民出版社，1993.

[5] 肖雪慧，兰秀良，魏磊. 守望良知：新伦理的文化视野 ［M］. 沈阳：辽宁人民出版社，1998.

［6］陈东利. 中国公民慈善意识培育［M］. 上海：上海大学出版社, 2014.

［7］罗国杰. 伦理学原理［M］. 北京：人民出版社, 1989.

［8］王银春. 慈善伦理引论［M］. 上海：上海交通大学出版社, 2015.

［9］张耀灿. 中国共产党思想政治教育史论［M］. 北京：高等教育出版社, 2006.

［10］程立显. 伦理学与社会公正［M］. 北京：北京大学出版社, 2002.

［11］俞可平. 权利政治与公益政治［M］. 北京：社会科学文献出版社, 2000.

［12］卢汉龙. 慈善：关爱与和谐［M］. 上海：上海社会科学院出版社, 2004.

［13］徐麟. 中国慈善事业发展研究［M］. 北京：中国社会出版社, 2005.

［14］周秋光, 曾桂林. 中国慈善简史［M］. 北京：人民出版社, 2006.

［15］甘绍平. 应用伦理学前沿问题研究［M］. 南昌：江西人民出版社, 2002.

［16］徐卫华. 发展慈善事业的理念认知与行为方式［M］. 北京：中共中央党校出版社, 2006.

［17］漆玲. 和谐社会思想的由来［M］. 天津：天津人民出版社, 2006.

［18］郭齐勇. 中国哲学史［M］. 北京：高等教育出版社, 2006.

［19］黄传新, 吴兆雪. 构建和谐社会与意识形态建设［M］. 合肥：安徽人民出版社, 2007.

［20］冯志亮, 桂玉. 和谐社会建设研究［M］. 郑州：河南人民出版社, 2007.

［21］杨团, 葛道顺. 和谐社会与慈善事业［M］. 北京：社会科学文献出版社, 2007.

［22］上海市慈善基金会, 上海慈善事业发展研究中心. 慈善理念与社会责任［M］. 上海：上海社会科学院出版社, 2008.

［23］王俊秋. 中国慈善与救济［M］. 北京：中国社会科学出版社, 2008.

［24］王海明. 道德哲学原理十五讲［M］. 北京：北京大学出版社, 2008.

［25］杨竞业, 姜晓丽. 人的全面发展问题的当代论域［M］. 武汉：武汉大学出版社, 2008.

［26］郭金鸿. 道德责任论［M］. 北京：人民出版社, 2008.

［27］邓正来. 国家与社会：中国市民社会研究［M］. 北京：北京大学出版社, 2008.

［28］冯英, 穆风龙, 聂文倩. 外国的慈善组织［M］. 北京：中国社会出版

社，2008.

［29］上海市慈善基金会，上海慈善事业发展研究中心. 慈善：创新与发展［C］.
上海：上海社会科学院出版社，2009.

［30］李亚平，于海. 第三域的兴起：西方志愿工作及志愿组织理论文选［M］.
上海：复旦大学出版社，1998.

［31］张应杭. 伦理学概论［M］. 杭州：浙江大学出版社，2009.

［32］易中天. 先秦诸子百家争鸣［M］. 上海：上海文艺出版社，2009.

［33］武晓峰. 伦理视域中的当代中国慈善［M］. 北京：中国财政经济出版
社，2010.

［34］刘建军. 追问信仰［M］. 石家庄：河北人民出版社，1998.

［35］康晓光. 权力的转移：转型时期中国权力格局的变迁［M］. 杭州：浙江人
民出版社，1999.

［36］周秋光. 近代中国慈善论稿［M］. 北京：人民出版社，2010.

［37］蔡元培. 中国伦理学史［M］. 北京：商务印书馆，2010.

［38］彭柏林，卢先明，李彬. 当代中国公益伦理［M］. 北京：人民出版
社，2010.

［39］莫文秀，邹平，宋立英. 中华慈善事业：思想、实践与演进［M］. 北京：
人民出版社，2010.

［40］赵华文，李雨. 慈善的真相［M］. 合肥：安徽人民出版社，2012.

［41］辛世俊. 马克思主义人学中国化新探［M］. 北京：人民出版社，2013.

［42］邓朴方. 人道主义的呼唤［M］. 北京：华夏出版社，1999.

［43］陈国庆，于洋. 慈善与慈善文化研究［M］. 厦门：厦门大学出版
社，2016.

［44］杨团. 慈善蓝皮书：中国慈善发展报告（2017）［M］. 北京：社会科学文
献出版社，2017.

［45］杨团. 慈善蓝皮书：中国慈善发展报告（2018）［M］. 北京：社会科学文
献出版社，2018.

三、学位论文类

［1］王薇. 中国传统慈善思想评析［D］. 北京：北京师范大学，2008.

［2］闫钊. 慈善美德及其社会价值研究［D］. 石家庄：河北师范大学，2009.

［3］高永峰. 慈善理念的思想政治教育功能研究［D］. 太原：山西财经大学，2010.

［4］诸昕雯. 试论新时期我国民众慈善意识的培育［D］. 上海：华东师范大学，2010.

［5］文丽. 当代大学生慈善价值观的培育问题研究［D］. 福州：福建师范大学，2010.

［6］代小芳. 慈善伦理教育研究［D］. 太原：山西财经大学，2010.

［7］闫乐乐. 中国特色社会主义慈善理论研究［D］. 上海：华东师范大学，2012.

［8］张婷. 中国传统慈善理念面临的现代困境及对策［D］. 上海：上海大学，2014.

［9］孟凡平. 当代中国志愿精神培育研究［D］. 济南：山东大学，2013.

［10］胡婷. 建国以来中国共产党人的慈善观研究［D］. 太原：太原科技大学，2014.

［11］潘乾. 马克思恩格斯慈善观研究［D］. 长春：东北师范大学，2014.

［12］连万桂. 我国慈善道德教育的历史与现实研究［D］. 福州：福建师范大学，2015.

［13］欧舒娅. 当代中国公民友善美德及其培育研究［D］. 长沙：湖南师范大学，2015.

［14］闫佳璐. 公民慈善意识培育与核心价值观引领［D］. 上海：上海师范大学，2017.

［15］乔永刚. 新时代中国大学生志愿服务精神动力培育研究［D］. 哈尔滨：哈尔滨师范大学，2019.

［16］王树芳. 中学慈善伦理教育研究［D］. 上海：上海师范大学，2019.

［17］赵丽娜. 当代大学生友善品德培育路径研究［D］. 石家庄：河北师范大学，2019.

［18］赵瑞凤. 新时代中国慈善扶贫研究［D］. 太原：山西大学，2019.

［19］杜雪娇. 新时代大学生中华传统美德教育研究［D］. 长春：东北师范大学，2019.

[20] 涂兆宇. 新时代中国特色社会主义慈善事业发展研究［D］. 长春：吉林大学，2020.

四、期刊论文类

[1] 杨守金，汪继福. 试论慈善理念的培育［J］. 东北师大学报（哲学社会科学版），2006（1）：43-47.

[2] 王小波. 试论普通人参与慈善事业的意义、影响因素及其途径［J］. 道德与文明，2006（2）：12-15.

[3] 蔡勤禹. 慈善意识论［J］. 社会学，2006（1）：10-16.

[4] 李寿和. 高职院校慈善文化的培育［J］. 教育探索，2007（10）：27-28.

[5] 周秋光，孙中民. 政府在培育社会慈善理念方面的作用与责任研究［J］. 道德与文明，2008（1）：89-93.

[6] 楼慧心. 如何解读马克思恩格斯关于慈善的否定性论述［J］. 马克思主义研究，2008（12）：91-97.

[7] 罗竖元，李萍. 论慈善意识的培育与慈善事业的发展［J］. 湖北社会科学，2009（2）：52-55.

[8] 楼慧心. 马克思主义研究领域在慈善研究中的集体失语及其分析［J］. 人文杂志，2009（2）：8-14.

[9] 程立涛. 论慈善事业的道德支撑［J］. 石家庄学院学报，2009，8（2）：32-34.

[10] 武晓峰. 思想政治教育视域中大学生慈善意识的培养［J］. 教育理论与实践，2010，30（15）：32-34.

[11] 任平. 论马克思主义慈善观［J］. 学术研究，2010（5）：9-15.

[12] 鲁洁. 道德教育的根本作为：引导生活的建构［J］. 教育研究，2010，31（6）：3-8，29.

[13] 龙静云，戴圣鹏. 论企业的慈善责任［J］. 伦理学研究，2010（4）：70-75.

[14] 周秋光，孙中民. 当代中国社会阶层结构变迁中的利益分化与政府整合［J］. 湖南师范大学社会科学学报，2011，40（1）：60-65.

[15] 罗竖元. 培育慈善意识发展慈善事业：美国经验及其启示［J］. 行政论坛，

2011, 18 (1)：92-96.

[16] 周中之. 慈善伦理教育：德育新的生长点 [J]. 思想理论教育, 2011 (17)：38-43.

[17] 王银春. 中国特色社会主义慈善观建构的伦理反思 [J]. 思想理论教育, 2011 (9)：10-14.

[18] 张亚月. 慈善伦理与公民意识培育 [J]. 思想理论教育, 2012 (1)：56-60.

[19] 陈东利. 论邓小平理论视野下的中国特色慈善理念 [J]. 重庆理工大学学报 (社会科学), 2012, 26 (10)：71-75.

[20] 欧阳光明, 张婷. 论慈善意识的培养 [J]. 思想理论教育, 2012 (12)：10-14.

[21] 郑富兴. 当代学校慈善教育应当具有三种意识 [J]. 思想理论教育, 2012 (12)：4-8.

[22] 郑莹. 慈善文化教育：学校德育的新课题 [J]. 思想理论教育, 2012 (12)：19-22.

[23] 胡勇. 托克维尔的公共慈善观与近代自由主义的转型 [J]. 政治思想史, 2012 (3)：57-66, 198.

[24] 王淑玉. 共青团工作的延伸与创新：青少年公益慈善意识培育 [J]. 中国青年政治学院学报, 2012, 31 (5)：8-12.

[25] 王淑玉, 张萌园. 美国青少年公益慈善意识的培育及其借鉴意义 [J]. 当代教育科学, 2012 (23)：45-48.

[26] 陈东利. 论当下公民慈善意识弱化的成因 [J]. 山西师大学报 (社会科学版), 2012, 39 (4)：32-34.

[27] 李鹏. 儒家慈善意识与现代慈善理念 [J]. 四川大学学报 (哲学社会科学版), 2012 (5)：145-149.

[28] 陈鸿雁, 魏艳. 大学生慈善意识调查研究 [J]. 教育与职业, 2013 (5)：168-169.

[29] 沈韬, 陈国庆. 慈善人性与慈善教育 [J]. 教育评论, 2013 (3)：9-11.

[30] 王振耀, 童潇. 现代公益和现代慈善的兴起及培育：北京师范大学王振耀教授访谈 [J]. 甘肃社会科学, 2013 (1)：38-42.

［31］邓玮. 城市居民慈善意识影响因子分析及动员策略［J］. 重庆大学学报
（社会科学版），2013，19（3）：143-150.

［32］毕素华. 网络民权社会与公共慈善精神的培育［J］. 理论探讨，2013（6）：
168-172.

［33］玉苗，陈元明. 论马克思主义公益慈善观［J］. 学术论坛，2013（7）：
1-5.

［34］刘威. 解开中国慈善的道德枷锁：从"恻隐之心"到"公共责任"的价值
跃迁［J］. 中州学刊，2013（10）：66-71.

［35］石国亮. 我国居民的慈善意识及其影响因素：基于全国五大城市的调查分
析［J］. 理论探讨，2014（2）：157-161.

［36］刘爱生. 美国大学治理结构的主要特征及其文化基础［J］. 外国教育研究，
2014（12）：32-50

［37］张继华. 美国大学社会捐赠良性生态系统形成及特征［J］. 比较教育研究，
2014，36（12）：32-37，50.

［38］周中之，祝叶飞. 慈善公益与社会主义核心价值观的培育和践行［J］. 思
想理论教育，2015（6）：21-25.

［39］石国亮. 倡导和培育内在驱动的利他导向的慈善动机：兼论"慈善不问动
机"的片面性［J］. 理论与改革，2015（2）：168-171.

［40］刘威. "好人好事"与中国人的慈善观［J］. 社会科学战线，2015（8）：
188-196.

［41］王斌. 论我国新型慈善观的构成要素及其建设路径［J］. 中共福建省委党
校学报，2015（9）：77-83.

［42］徐先凤，毕宪顺. 美国慈善与教育事业互动发展机制及对我国的启示［J］.
当代教育科学，2015（22）：44-47.

［43］吴宏洛. 中国特色慈善事业的历史演进与发展路径［J］. 东南学术，2016
（1）：70-79.

［44］陈立栋. 慈善教育之于高校思想政治教育的重要意义［J］. 学校党建与思
想教育，2016（3）：42-44.

［45］石国亮. 慈善文化与慈善教育研究［J］. 中国青年社会科学，2016，35
（5）：45.

[46] 石国亮. 崇德向善：慈善教育的使命和价值 ［J］. 中国青年社会科学, 2016, 35 (5)：45-50.

[47] 赵巧. 基于微慈善的大学生社会主义核心价值观的培育与弘扬 ［J］. 思想教育研究, 2016 (5)：66-69.

[48] 陈东利. 论慈善意识的本质特征 ［J］. 学术界, 2016 (7)：66-76, 325.

[49] 方世南. 慈善在培育和践行社会主义核心价值观中的功能 ［J］. 理论视野, 2016 (8)：12-15.

[50] 刘於清. 论中小学慈善伦理教育及其路径选择 ［J］. 教学与管理, 2016 (9)：69-72.

[51] 胡侠玲. 家庭濡养视角下的慈善伦理教育路径探析 ［J］. 学校党建与思想教育, 2016 (11)：36-39.

[52] 方圆. 习近平公益慈善思想述论 ［J］. 湖南社会科学, 2017 (2)：96-102.

[53] 石国亮. 慈善教育的课程、教材和教师关系论 ［J］. 学校党建与思想教育, 2017 (3)：58-61.

[54] 石国亮. 论"回归生活世界"理念下的慈善教育 ［J］. 社会科学研究, 2017 (5)：133-143.

[55] 周忠华, 黄芳. 慈善文化的多层性与核心价值观的引领 ［J］. 中州学刊, 2017 (10)：93-98.

[56] 胡帆, 胡晓梅. 马克思恩格斯慈善观及当代价值 ［J］. 齐齐哈尔大学学报 (哲学社会科学版) 2017 (10)：29-31.

[57] 赵立新. 中国内生型慈善文化建设研究 ［J］. 理论导刊, 2018 (1)：88-92.

[58] 潘乾. 传统慈善文化的教育实践逻辑 ［J］. 东北师大学报 (哲学社会科学版), 2018 (3)：43-48.

[59] 刘琼莲. 慈善共治视域下发展我国残疾人慈善服务研究 ［J］. 中国矿业大学学报 (社会科学版), 2018 (4)：46-61.

[60] 石国亮. 培育和坚持慈善文化自信的战略考量 ［J］. 长白学刊, 2018 (6)：137-142.

[61] 金锦萍. 疫情应对中慈善组织的特殊规范和行动特点 ［J］. 学海, 2020 (2)：26-31.

［62］谭泓. 新时代慈善事业与共享发展研究 ［J］. 东岳论丛，2019，40（2）：
14-20.

［63］刘梓琳. 社区内的人文关怀：以广东本地回族的慈善发展为例 ［J］. 回族
研究，2019，29（3）：49-53.

［64］聂文军. 论慈善活动中的个人偏好 ［J］. 伦理学研究，2019（4）：100-104.

［65］冯春，黄静文. 网络慈善失范现象及其治理 ［J］. 贵州财经大学学报，
2019（5）：102-110.

［66］赵文聘，陈保中. 国外公益慈善监管发展趋势及对我国的启示 ［J］. 上海
行政学院学报，2019，20（6）：91-99.

［67］杨思斌. 慈善法治建设：基础、成效与完善建议 ［J］. 社会科学战线，
2019（10）：190-198.

［68］朱斌，刘雯. 又红又善：企业政治联系影响企业慈善捐赠的机制分析 ［J］.
吉林大学社会科学学报，2020，60（3）：215-225，240.

［69］毕素华. 慈善事业中的政府、慈善组织与公众：公众微观认知的视角 ［J］.
学术研究，2020（4）：64-68.

［70］周中之. 抗疫中慈善组织道德建设的反思 ［J］. 道德与文明，2020（5）：
16-22.

［71］周秋光，胡远志. 试论习近平关于慈善重要论述的主要内容和特点 ［J］.
湖南社会科学，2020（5）：112-119.

［72］文杰. 我国慈善信托法律规则之反思 ［J］. 理论月刊，2020（6）：116-125.

［73］林梅. 慈善领域应急机制的建立与完善 ［J］. 人民论坛，2020（14）：
49-51.

［74］朱颖. 健全慈善捐赠失信行为治理机制 ［J］. 人民论坛，2020（19）：
100-101.

［75］赵文聘. 精准扶贫战略下我国慈善事业发展格局突破与持续进路 ［J］. 福
建论坛（人文社会科学版），2020（7）：190-200.

［76］周秋光. 中华慈善文化及其传承与创新 ［J］. 史学月刊，2020（8）：
105-113.

［77］谢晓娟，柳杨. 从抗击疫情中的志愿服务看新时代中国精神 ［J］. 思想政
治教育研究，2020，36（2）：62-67.

五、外文译著类

[1] 莫尔. 乌托邦［M］. 戴镏龄，译. 北京：商务印书馆，1982.

[2] 康帕内拉. 太阳城［M］. 陈大维，黎思复，黎廷弼，等译. 北京：商务印书馆，1960.

[3] 奥古斯丁. 忏悔录［M］. 周士良，译. 北京：商务印书馆，1963.

[4] 洛克. 政府论：下篇［M］. 叶启芳，瞿菊农，译. 北京：商务印书馆，1964.

[5] 卢梭. 爱弥儿［M］. 李平沤，译. 北京：商务印书馆，1978.

[6] 马克思. 剩余价值学说史：第二卷［M］. 郭大力，译. 北京：人民出版社，1978.

[7] 休谟. 人性论［M］. 关文运，译. 北京：商务印书馆，1980.

[8] 柏拉图. 申辩篇［M］. 苗力田，译. 北京：商务印书馆，1983.

[9] 但丁. 论世界帝国［M］. 朱虹，译. 北京：商务印书馆，1985.

[10] 朱熹. 四书集注［M］. 长沙：岳麓书社，1985.

[11] 包尔生. 伦理学体系［M］. 何怀宏，廖申白，译. 北京：中国社会科学出版社，1988.

[12] 伯恩施坦. 社会主义的历史和理论［M］. 马元德，等译. 北京：东方出版社，1989.

[13] 梯利. 西方哲学史［M］. 葛力，译. 北京：商务印书馆，1995.

[14] 米尔恩. 人的权利与人的多样性：人权哲学［M］. 夏勇，张志铭，译. 北京：中国大百科全书出版社，1995.

[15] 贝克. 人类行为的经济分析［M］. 王业宇，陈琪，译. 上海：上海人民出版社，1995.

[16] 斯密. 道德情操论［M］. 蒋自强，等译. 北京：商务印书馆，1997.

[17] 卢梭. 论人类不平等的起源与基础［M］. 李常山，译. 北京：红旗出版社，1997.

[18] 吉登斯. 现代性的后果［M］. 田禾，译. 北京：译林出版社，2000.

[19] 罗尔斯. 正义论［M］. 何怀宏，何包钢，廖申白，译. 北京：中国社会科学出版社，2001.

［20］斯宾塞. 社会学研究［M］. 张宏晖，胡江波，译. 北京：华夏出版社，2001.

［21］鲍曼. 后现代性及其缺憾［M］. 郇建立，李静韬，译. 北京：学林出版社，2002.

［22］阿德勒. 美国慈善法指南［M］. NPO 信息咨询中心，译. 北京：中国社会科学出版社，2002.

［23］鲍曼. 现代性与矛盾性［M］. 邵迎生，译. 北京：商务印书馆，2003.

［24］库恩. 科学革命的结构［M］. 金吾伦，胡新和，译. 北京：北京大学出版社，2003.

［25］亚里士多德. 尼各马科伦理学［M］. 苗力田，译. 北京：中国人民大学出版社，2003.

［26］康德. 实践理性批判［M］. 邓晓芒，译. 北京：人民出版社，2003.

［27］卡内基. 财富的福音［M］. 杨会军，译. 北京：京华出版社，2006.

［28］韦伯. 新教伦理与资本主义精神［M］. 康乐，简惠美，译. 桂林：广西师范大学出版社，2007.

［29］布鲁克斯. 谁会真正关心慈善：保守主义令人称奇的富于同情心的真相［M］. 王青山，译. 北京：社会科学文献出版社，2008.

［30］拉罗什福科. 道德箴言录［M］. 王水，译. 上海：上海三联书店，2008.

［31］比索普，格林. 慈善资本主义：富人在如何拯救世界［M］. 丁开杰，等译. 北京：社会科学文献出版社，2011.

［32］佩顿，穆迪. 慈善的意义与使命［M］. 郭烁，译. 北京：中国劳动社会保障出版社，2013.

［33］麦金太尔. 伦理学简史［M］. 龚群，译. 北京：商务印书馆，2014.

［34］尼采. 善恶的彼岸［M］. 赵千帆，译. 北京：商务印书馆，2015.

［35］鲍尔斯，金迪斯. 合作的物种：人类的互惠性及其演化［M］. 张弘，译. 杭州：浙江大学出版社，2015.

［36］曼德维尔. 蜜蜂的寓言［M］. 肖聿，译. 北京：商务印书馆，2016.

六、外文著作类

［1］COLLIER P，HOROWITZ D. The Rockfellers：An American Dynasty［M］. New

York: Holt, Rhinehart and Winston, 1976.

[2] BREMNER R B. American Philanthropy [M]. Chicago: University of Chicago Press, 1988.

[3] OATES M J. The Catholic Philanthropic Tradition in America [M]. Bloomington: Indiana University Press. 1995

[4] DAUNTON M. Charity, Self-interest and Welfare in the English Past [M]. New York: St. Martin, 1996.

[5] SCHNEEWIND J B. Giving: Western Ideas of Philanthropy [M]. Bloomington: Indiana University Press, 1996.

[6] MCCANTS A E C. Civic Charity in a Golden Age: Orphan Care in Early Modern Amsterdam [M]. Urbana: University of Illinois Press, 1997.

[7] ILCHMAN W F. Philanthropy in the World's Traditions [M]. Bloomington: Indiana University Press, 1998.

[8] MARTIN M W. Virtuous Giving: Philanthropy, Voluntary Service, and Caring [M]. Bloomington: Indiana University Press, 2000.

[9] WAGNER D. What's Love Got to do with it? A Critical Look at American Charity [M]. New York: New Press, 2000.

[10] MCCARTHY K D. Women, Philanthropy, and Civil Society [M]. Bloomington: Indiana University Press, 2001.

[11] OGILVIE R S, Voluntarism, Community Life, and the American Ethic [M]. Bloomington: Indiana University Press, 2004.

[12] WALTON A. Women and Philanthropy in Education [M]. Bloomington: Indiana University Press, 2005.

[13] ARISTOTLE. Politics [M]. Cambrige: Harvard University Press, 2005.

[14] DAMON W, VERDUCCI S. Taking Philanthropy Seriously: Beyond Noble Intentions to Responsible Giving [M]. Bloomington: Indiana University Press, 2006.

[15] PAYTON R L, MOODY M P, Understanding Philanthropy: It's Meaning and Mission [M]. Bloomington: Indiana University Press, 2008.

[16] SCHERVISH P G, WHITAKER A K. Wealth and the Will of God: Discerning the

Use of Riches in the Service of Ultimate Purpose ［M］. Bloomington： Indiana U-
niversity Press, 2010.

［17］ ADAM T. Buying Respectability： Philanthropy and Urban Society in Transnational Per-
spective, 1840s to 1930s ［M］. Bloomington： Indiana University Press, 2010.

［18］ STERN K. With Charity For All： Why Charities Are Failing and a Better Way to
Give ［M］. Wellington： Anchor, 2013.

附录（访谈提纲1~6）

1. 慈善组织工作人员的访谈提纲

（1）您认为慈善组织在培育公民慈善美德过程中扮演什么角色？

（2）您对目前您所在的慈善组织进行慈善活动有什么意见？

（3）您认为目前您所在的慈善组织如何吸引公众来参与慈善服务？具体做法有哪些？

（4）您认为目前您所在的慈善组织在进行慈善活动过程中遇到的最大困难是什么？

（5）您认为目前《慈善法》及其配套体系对慈善组织的管理能否起到实质性作用？

（6）您认为慈善组织开展慈善活动过程中是否有不合理的地方？如果有，应该如何改进？

（7）您所在的慈善组织开展慈善活动宣传的频率如何？

（8）您认为目前慈善组织在慈善美德传播方面存在哪些问题？

2. 民政局工作人员的访谈提纲

（1）您认为目前民政局在当地慈善事业中的管理情况怎么样？

（2）您认为目前《慈善法》及其配套体系对慈善组织的管理能否起到实质性作用？

（3）您对慈善组织的监督管理工作有什么意见？

（4）您认为民政局对社区慈善组织的管理存在哪些问题？

（5）您认为民政局号召社区开展慈善活动遇到的最大阻力是什么？

（6）您对《慈善法》的颁布和实施有什么意见？

（7）您对《慈善法》的相关配套制度有什么意见？

（8）您对培育公民慈善美德有什么建议？

3. 企业工作人员的访谈提纲

（1）您所在的企业员工有多少全职工作人员？有多少名工作人员加入过慈善组织？

（2）您所在的企业是否经常组织员工参与慈善活动？

（3）您所在的企业有哪些具体落实慈善文化进企业的措施？您对此有何建议？

（4）您所在的企业组织员工进行慈善美德培育的具体措施有哪些？

（5）您所在的企业是否享受过关于慈善捐赠的免税政策优惠？

（6）您认为目前《慈善法》及其配套体系对慈善组织的管理能够起到实质性作用吗？

（7）您所在的企业是否充分发挥党组织的优势来开展慈善活动？

（8）您对企业参与慈善活动有哪些建议？

4. 大中小学管理人员的访谈提纲

（1）您认为国家提出慈善文化进学校的目的是什么？

（2）您认为学校管理人员在落实慈善文化进学校中应该扮演什么样的角色？

（3）您所在的学校组织学生参与慈善活动的频率如何？

（4）您所在的学校在课程设置上有哪些合理的措施来落实慈善文化进学校？

（5）您所在的学校在经费支出上有哪些方面用于慈善活动的开支？

（6）作为学校的管理人员，您是否主动了解过国家在慈善公益活动方面的政策？

（7）您所在的学校是否充分发挥党组织的优势来开展慈善活动？

（8）您所在的学校未来对慈善文化进学校会有哪些新的举措？

5. 大中小学教师的访谈提纲

（1）您认为新时代的慈善应该有哪些新的内容？

（2）您认为您所在的学校在开展慈善活动方面有哪些新变化？

（3）您自身是否愿意参加慈善活动（如捐款、捐献造血干细胞、做志愿服务等)？如果没有参加，是哪些因素导致您没有参加慈善活动？

（4）您认为自身的言行是否会间接影响到学生参与慈善活动的积极性？

（5）您认为社会思潮对学生参与慈善活动是否有影响？

（6）您认为学科教学中是否可以渗透慈善美德教育？

（7）您认为开展主题班会对提升学生慈善美德是否有帮助？

（8）您认为学校在培育学生慈善美德方面可以采取哪些举措？

6. 大中小学学生的访谈提纲

（1）您了解什么是慈善吗？对其有什么认识？

（2）您经常参与慈善活动吗？

（3）父母的言行举止对您参加慈善活动与否有影响吗？

（4）父母对您参加慈善活动的态度是什么？

（5）您参与慈善活动的信息是从哪些渠道获得的？

（6）您参与慈善活动的动机是什么？

（7）您对媒体报道明星慈善有什么看法？

（8）您认为媒体对慈善意识的宣传有什么作用？

（9）您会向您的亲友推荐一起参与慈善活动吗？

（10）您能否带动更多的人一起参与慈善活动？

后 记

我的第一部独著《新时代公民慈善美德培育研究》终于完稿了，这是在我的博士论文的基础上经过进一步修改、完善形成的。本书的出版得到了老师、前辈、同仁的无私帮助，借此专著出版之际，表达我无以尽述的感激之情。

首先，感谢导师刘海春教授对我的谆谆教诲。虽然学生资质愚钝，但恩师的包容、接纳与教诲，使我在求学路上重拾信心，生命又获得了一次升华的机会。记得刚入学时，刘老师给我推荐参考书目并让我有计划地阅读，不定期地汇报学习情况，引导我进入博士学习状态，学生的点滴成长无不倾注着刘老师的心血；在博士论文选题时，刘老师像一位指路人；当我纠结于几个选题时，他耐心地指导我并指出每个选题的优劣，最后让我选择了一个适合自己的选题；当论文即将开题时，他更是鼓励我协调好工作和学习的关系，争取按照正常的学习进度开题。如果说开题是播种的话，论文撰写更像是耕耘。我很庆幸在耕耘的路上有刘老师帮我修改框架、理清思路甚至精简语言，恩师的每一次批阅和纠正，都让我"心存敬畏、不断求索"。同时，恩师在传道授业解惑之余也会耐心、细致地教导我做人、做事。

此外，我要由衷地感谢导师组的其他导师：王宏维教授、陈金龙教授、刘卓红教授、魏则胜教授、关锋教授、王京跃教授、霍新宾教授、张青兰教授、王鹏教授等，他们渊博的专业知识、精益求精的治学态度、诲人不倦的教学作风、朴实无华的人格魅力深深地感染着我。感恩的心，无以回报。唯有诚实做人、踏实做事、扎实求学，以期不辜负老师们的谆谆教诲。

感谢和我朝夕相处的同窗好友们，虽然有些同学之间有着十多岁的年龄差，但是我们因有共同的梦想而走到了一起。塑胶跑道上奔跑的身影、图书馆里的求学共勉、研究生楼前的合影留念、陶园饭堂的倾心长谈，都留下了我们求学的身影和青春的脚印。感谢黄煌华在我学习感到困惑时的鼓励，感谢师姐曾汉君和周碧蕾对我的诸多帮助和指导。

感谢我的同事对于我潜心钻研学业、撰写论文的理解和支持，在工作与学业之间发生冲突时，是他们的慷慨相助缓解了我的焦虑，没有他们的理解和帮助，我将需要经历更长时间的徘徊。

同时，我要感谢家人对我的关爱、理解和支持。感谢我的公公婆婆对孩子无微不至的照料，让我有时间和精力去完成写作。感谢我的先生，在写作过程中，每当我遇到瓶颈时，他都会不厌其烦地帮我分析困难，让我走出焦虑区，以更加平和的心态完成我的写作。

在本书写作过程中，参阅并引用了相关学者和专家的研究成果，并在行文中标明了出处，在此一并致谢。除此之外，才是本人的一点习作。但需要指出的是，由于本人才疏学浅，书中难免存在不当之处，敬请学人多多批评指正，以期在再版的时候加以完善。

李寒梅

2022 年 10 月，于韶关陋居